中国人民大学国际文化交流学院主办

ZHONGWEN JIAOXUE YU YANJIU

中文教学与研究

《中文教学与研究》编委会 编

第 1 期

图书在版编目(CIP)数据

中文教学与研究. 第1期/中国人民大学国际文化交流学院主办;《中文教学与研究》编委会编. —北京:商务印书馆,2023
ISBN 978-7-100-22445-1

Ⅰ.①中… Ⅱ.①中…②中… Ⅲ.①汉语—对外汉语教学—教学研究—文集 Ⅳ.①H195.3-53

中国国家版本馆CIP数据核字(2023)第076874号

权利保留,侵权必究。

中文教学与研究
第 1 期
中国人民大学国际文化交流学院 主办
《中文教学与研究》编委会 编

商 务 印 书 馆 出 版
(北京王府井大街36号 邮政编码100710)
商 务 印 书 馆 发 行
北京虎彩文化传播有限公司印刷
ISBN 978-7-100-22445-1

2023年6月第1版	开本 787×1092 1/16
2023年6月北京第1次印刷	印张 13

定价:78.00元

《中文教学与研究》编委会

学术顾问　　赵金铭　吴勇毅　崔希亮

主　　编　　李　泉

编委会成员（按音序排列）
　　　　蔡永强（中国人民大学）
　　　　陈　默（中国人民大学）
　　　　丁安琪（华东师范大学）
　　　　冯丽萍（北京师范大学）
　　　　李宝贵（辽宁师范大学）
　　　　李禄兴（中国人民大学）
　　　　史金生（首都师范大学）
　　　　王丹萍（新西兰奥克兰大学）
　　　　温晓虹（美国休斯敦大学）
　　　　吴应辉（北京语言大学）
　　　　吴中伟（复旦大学）
　　　　杨德峰（北京大学）
　　　　叶秋月（匈牙利罗兰大学）
　　　　张新生（英国理启蒙大学）
　　　　赵守辉（挪威卑尔根大学）

编辑部主任　　蔡永强

书名题签　　崔希亮

目 录

代发刊词

"中国方案"之范例
——赵金铭《国际中文教育十三讲》序 ………………………… 李 泉 （1）

国际中文教育发展研究

从中文学习者到中文教师：本土非母语教师身份认同框架
……………………………… 王丹萍　孙 莹　Claudia Mason （7）

中文教学理论与方法研究

VR 技术应用于国际中文文化教学的效果研究
——兼谈具身认知情境的构建 ………………… 吴勇毅　王婍璇 （20）
中高级视听说教材中国形象呈现研究 ……………… 史金生　陈子君 （38）
韩国汉语学习者口语能力表现的现状与问题
——基于 2018 年 HSKK 大数据的分析 ………… 丁安琪　程海婷 （54）
反向设计教学：培养初中级学生的汉语跨文化交际能力 ……… 张永芳 （66）
国际中文师生对"格局＋碎片化"语法编排模式需求的调查分析
………………………………………… 刘振平　戴一绚　常 理 （78）

汉语言文字本体与教学研究

也说动宾式离合词的宾语前移 …………………………………… 杨德峰 （97）
汉字习得中形符辨识能力的调查分析 ………………………… 李禄兴 （110）
从反预期情态看语义积淀对"竟然""偏偏"个性差异的影响
………………………………………………………………… 童小娥 （121）

传信与情态范畴视角下的"横竖"功能研究
　　——兼论"横竖"与"反正"的区别 ················ 袁中慧　常　娜（132）
国际中文教材中的话语标记考察与分析
　　——以《博雅汉语》《发展汉语》为对象 ················ 潘先军（141）

专门用途汉语教学研究

"中文＋职业技能"教育服务"一带一路"：价值意蕴与实现路径
　　··· 李宝贵　李　辉（155）
来华留学生汉语学术写作能力的培养 ················ 高增霞（165）

汉语学习词典研究

融媒体时代汉语学习词典编纂面临的机遇与挑战 ············ 蔡永强（175）
汉语学习词典称呼语语用信息编纂模式考察与分析 ············ 章　欣（188）

《中文教学与研究》征稿启事 ······································（198）

补白

赵金铭《国际中文教育十三讲》出版 ································（6）
"华文水平测试丛书"出版 ··（37）
张宝林《汉语中介语语料库建设研究》出版 ···························（53）
周小兵等《汉语教材词汇研究》出版 ································（109）
《全球华语研究文献索引》出版 ····································（131）
《近代汉语官话方言课本文献集成》出版 ····························（199）

"中国方案"之范例

——赵金铭《国际中文教育十三讲》序

李 泉

新中国成立以来的70余年间,由先辈数人到成百上千、成千上万以至数以万计,一代又一代对外汉语教师在海内外汉语二语教学领域辛勤耕耘、无私奉献,为这项国家和民族的事业做出了无可替代的贡献。20世纪50年代,业界先辈筚路蓝缕,开创"先语后文"和"语文并进"两种教学模式,功不可没;出版第一部对外汉语教材《汉语教科书》,影响深远。60年代,为满足海外汉语教学需要,国家从有关高校先后选拔四批优秀毕业生(1961—1964),作为出国储备师资(150余人),这是颇有远见的战略性举措。这些师资不仅开拓性地完成了60—70年代海外汉语教学任务,而且集体性地成为80—90年代学科建设的中坚力量,不少人成为业界知名专家、学者和领导者,赵金铭先生就是其中杰出的代表。

赵先生毕业于北京大学中文系,受业于王力、高名凯、朱德熙等名师大家,在大家们学贯中西、严谨治学、崇高人格的熏陶下,开阔了学术眼界,厚实了语言学基础,走上了语言研究之路。然而,正值蓄势待发的青春年华却赶上了荒疏学术那十年。直到1979年,春天来临,赵先生才在《中国语文》上发表第一篇学术论文《敦煌变文中所见的"了"和"着"》,这是国内较早专门以敦煌文献为语料研究汉语实词虚化的重要文章,给注重词语考释的汉语史研究注入了新的活力,不仅耳目一新,也拓宽了汉语历史语法研究的领域;而"了""着"作为现代汉语最重要的时体助词,是如何由实词演变为虚词的,本身就是一个重要课题。该文不仅自身论述严谨、结论可信,语料新颖、选题独到更是其价值所在,而这应该得益于赵先生深厚的学养和对选题学术价值的把握能力。文章发表后被国内外学者广泛引用,成为赵先生成名作,亦是近代汉语研究的经典文献。

20世纪80年代以来,中国大地处处欣欣向荣,百业蒸蒸日上。对外汉语教学伴随国家的对外开放,迎来了前所未有的发展机遇。来华留学生不断增加,师资队伍不断壮大;成立国内国际学术团体,召开国内国际学术会议,创办专业期刊,培养专业汉语教学人才;开设各类新课,编写各类新教材,学科意识普遍增强,学术地位不断提高。呈现出生机勃勃、日新月异的喜人景象。在80—90年代这20年间,赵先生始终深处学科建设和研究的前沿,他以饱满的热情、旺盛的精力和强烈的使命担当,投身学术和行政、本体和教学研究工作中。

1997年出版的《汉语研究与对外汉语教学》，收录了这一时期赵先生在《中国语文》《世界汉语教学》《语言教学与研究》等期刊上发表的涉及上古汉语、近代汉语和现代汉语语法研究的论文10篇，涉及语音、汉字和语法教学理论与方法以及对外汉语教学学术评论15篇。其中，《教外国人汉语语法的一些原则问题》（1994）所提出的六项基本原则，大大深化了对教学语法的认识；《对外汉语语法教学的三个阶段及其教学主旨》（1996）所划分的初中高各阶段的语法教学目标和内容，对教学实践和教材编写很有指导意义，这两篇文章被广泛引用，成为对外汉语教学研究的经典文献；而诸如第一届（1985）、第二届（1987）、第四届（1993）国际汉语教学讨论会的论文综述，《近十年对外汉语教学研究述评》（1989）、《对外汉语教学与研究的现状与前瞻》（1996）等系列学术评论，对凝聚学科理论研究共识、引导学科发展方向，发挥了重要的作用。这是赵先生在学科建设视野下，统揽全局，高瞻远瞩，从学术评论的角度为学科发展做出的独特贡献，至今读来不仅仍具有学术价值和启发性，还增添了时代感和亲切感。

进入21世纪以来，60年代的四批"储备师资"绝大多数都已退出教学和科研一线，而赵先生不仅仍奋斗在学科建设的前沿，还被任命为教育部百所人文社科研究基地对外汉语研究中心首任主任（对外汉语教学界唯一的国家级基地），并以其令人瞩目的学术成就，在进入新世纪前的1998年就被评为对外汉语教学方向的博士生导师，也是当年四批师资中唯一的博导。新世纪前十余年，赵先生出版了《汉语与对外汉语研究文录》（2005）、《赵金铭国际汉语教育论文集》（2012），两部文集视野开阔，内容宏富，既有综观学科发展建设的高屋建瓴之作，如"九五""十五"期间的学科研究与建设、对外汉语教学研究的基本框架、汉语国际传播研究、汉语二语教学的理念与模式、对外汉语教材的创新路径等，又有涉及教学实践具体问题的接地气之作，如课程体系与实习体系、论教案及相关问题、"说的汉语"与"看的汉语"、教材的文化取向、商务汉语论文标题的内容与词语分析等，可谓不忘初心，龙虫并雕。其中的一些文章，不仅选题聚焦学科研究的根本问题、重大课题，颇具引领性和导向性，而且具体研究成果也代表了学科研究的水平。例如，发表在《语言教学与研究》上的《论对外汉语教材评估》（1998），在相关论述基础上，制订了第一个汉语教材评估表，开启了教材评估研究的先河，成为引用率"置顶"的又一经典文献。发表在《世界汉语教学》上的《对外汉语教学法回视与再认识》（2010），系统梳理了90年来国内与美欧汉语二语教学法发展和演变历程，并从理论和实践两个方面总结和论证了汉语教学界百年来所形成的"汉语综合教学法"是行之有效的，呼吁业界应"守住自我，不追赶时髦，不轻言放弃"。文章立意高远，格局宏大，饱含深情，见解深邃，充分体现了业界在汉语二语教学法理论建设上的高度自信。发表在《中国语文》上的《汉语句法结构与对外汉语教学》（2010），结合汉语本体研究的成果和语言学、认知心理学上的依据，并借鉴早期应用词组教授汉语的尝试和中国传统语文教育经验，多角度论证了句法结构（词组）在汉语教学和教材编写中的价值，文章不仅有重要的理论和应用价值,也是赵先生一贯倡导的"基于汉语汉字特点来研究对外汉语教学"学术思想的体现,更是赵先生力行道路自信的典型体现。坦率说,只有赵先生这样具有深厚汉语本体理论素养、丰富的二语教学和教材编写经验、宽广的学术视野和敏锐的学术洞察力的学者,才能发现这类独到的选题,写成这样高水平的文章。

在新世纪的前20年间,赵先生不但个人发表了大量学术成果,参与和引领学科建设,同时,作为业界名副其实的学科带头人,他主持编写了多部教材,如他主编的《对外汉语教学概论》(2004初版,2019修订本),作为第一总主编的《商务馆对外汉语专业本科系列教材》(2012年前后连续推出),是国内影响力最大、使用最广泛的教材,为培养汉语二语教学专业人才做出了重要贡献;他还主持了大型系列研究丛书的编选工作,如作为总主编的《商务馆对外汉语教学专题研究书系》第一辑22种(2006)、第二辑24种(2019),系统梳理和选编了新世纪以来海内外汉语二语教学界在"学科理论、教学理论、教材编写、口语和听力教学、阅读与写作教学、综合课教学、文化教学、汉语要素教学、汉语水平测试、汉语二语认知与习得、计算机辅助汉语教学、教师专业素质与教师发展、教学标准与大纲、汉语教学资源、汉语二语教学史"等几十个领域具有代表性的研究成果,构建了一个比较完整的学科体系框架,为本学科专业知识的集成和普及做出了重大贡献,受到海内外同人的普遍赞誉,极大地提升了国际中文教育学科在学术界的影响力。这其中,赵先生付出的热情和精力、心血和智慧,不能被忘却。

令人欣喜的是,在新世纪的第二个十年,70岁之后的赵先生,不但仍奋战在学科研究和建设的前沿,而且为业界奉献出更加精彩的《国际中文教育十三讲》。孔子言"五十而知天命,六十而耳顺,七十而从心所欲,不逾矩"。冯友兰在《中国哲学简史》中解释说:"孔子到七十岁时,可以从心所欲,而所做的都合于规范,他的行为不再需要意识去引导,可以顺乎自然,这是圣人在心灵修养上最后阶段的造诣。"在我看来,70岁之后的赵先生,对中文教育方方面面的认识"随心所欲"又"合于规范",所论皆顺乎汉语汉字二语教学的自然规律,且近乎纯青之境。所谓"顺乎自然规律",就是顺乎汉语汉字的自身特点,顺乎汉语作为第二语言教学应有的理念、特有的途径、适合的方法。这在"十三讲"中有充分的体现。本书的主要特色和价值还在于,编排讲究,自成体系;守正创新,微言大义,堪称国际中文教育的"中国方案"。

"十三讲"系由所选十三篇论文,经过合理的次序安排和必要的技术处理编辑而成,各"讲"之间总体上有很强的内在逻辑性,构成一个相对完整的体系,方便读者对学科问题的系统性认知,可谓由单篇论文的巧妙集成,到系统化学术思想呈现的"华丽转身",虽属"巧合",宛若"天成"。读单篇论文,当然会有收获,但那是散珠之光,读集成后的"十三讲",则有散珠成串,光艳夺目之效,从中可了解到作者在国际中文教育基本问题、关键问题和方向性问题上,系统化的学术思想,获得感会大大提升。

第一讲是对汉语二语教学的历史回顾，读者不仅可以对70年来学科发展的来龙去脉、研究领域和研究现状，有一个系统而精准的把握，而且读后"一下子"就切入到学科中来，乃至成为"学科中人"。这就为阅读后面各"讲"提供了一个宽阔的认知背景。第二讲开宗明义："国际汉语教育的本旨是汉语教学"，这既是学科的一个原点性问题，也是对近年来一些业界人士和社会舆论对这一学科的主旨有所迷茫，对这一学科的属性有所偏识之正本清源。学科名称可改，教学形态可变，但学科本旨不能变，使命不能改。明确了学科的使命，接下来应是如何完成使命，于是，第三讲便论述"语文分开"教学模式。这是70年来，首次为汉语二语教学独有的教学模式进行全方位正名。事实上，这不仅是为"语文分开"这一初级汉语教学模式"恢复名誉"的问题，本质上，是重视还是忽视汉语汉字特点的问题，是关乎国际中文教育质量和效益的问题，乃至关乎本学科是否道路自信的问题。明确了有效的教学模式，接下来便是如何实施的问题，也即汉语教学的基本单位问题，于是，也就有了对汉语教学"本位"问题的阐释，对音节、汉字、词汇教学的研究，对语法、文化教学的论述，这便是第四至第九讲的内容："汉语二语教学基本单位""音节与汉字、词汇的配置和选择""词中字义的析出与教学""动结式二字词组及其教学""汉语二语教学语法：格局+碎片化""国际汉语教育中的跨文化思考"。这些"讲"所涉及的问题，无论在何时何种语境下，也无论以何种方式教学，都是汉语二语教学不可逾越的问题。对这些问题的认识与教学实施，是汉语二语教学的核心知识与核心技术，研究这些问题永不过时。上述各"讲"，就是赵先生在"不逾矩"年代与时俱进的新思考。比如，所提出的"格局+碎片化"的语法教学理念和实施路径，即可谓汉语二语语法教学的新方略。该方略的基本要义是：对初学者应该先介绍一个汉语语法的基本框架，称作语法格局。支撑语法格局的是，自然语言中大量碎片化的语法事实。语法格局是"静"，碎片化语法是"动"。静者定其位，动者充其实，构成汉语二语通用教材的基本框架。这是语法教学理念与方法的重大革新，已引起业界高度重视。接下来的第十讲，是在广泛的视野下对整个二语教学法进行的理论思考，并提出"语言教学法必附丽于特定的语言，才能成为真正的教学法"这一重要论断，其相关论述为创建具有汉语特点的教学法提供了理论基础；其理论意义、应用价值和学术水平，可与国际二语教学的经典文献相比美，而绝无逊色。

最后三讲，则由微观性的核心问题转向对影响全局的宏观性问题的讨论，包括具有指导性的"国际汉语教育的'国际化''本土化'"，具有引导性的"语言类型视角的区域汉语教学"，具有前瞻性的"国际中文教育资源体系构建"。整个"十三讲"，由宏观性的纵横70年学科发展历程讲起，到微观性的学科内涵问题的再研究和新思考，再到宏观问题的引领与展望，史论结合，巨细兼容，很好地呈现了赵先生国际中文教育的学术思想。

"十三讲"编得巧，效果佳，固然好。然而，更为重要的还是内容好。好在"守正"，即守住汉语及其作为二语教学的特点，守住汉语教学的历史传统、宝贵经验和学术积淀。可贵的更在于，能在守正的基础上"创新"，即不拘泥既有的经验和成见，而是放眼世界二语教学的新发展、新理念、新方法，来关照和讨论汉语二语教学；不拘泥现代汉语现象，而是在古今汉语对照下，在语言类型学视野下，来看汉语和汉语二语教学。因而，能够提出新见新解、新说新论。就赵先生而言，创新的动因还在于，在"从心所欲而不逾矩"年代，所具有的"心灵修养上"的造诣，所"天然"具有的学术睿智力、洞察力和判断力。

守正创新，体现在各"讲"之中。比如，第二讲中所提出的"国际汉语教育的深刻内涵在于语言文化不可分"，便是一个新表述、新认识。这一论断表明，国际中文教育中的文化教学，不是来源于语言之外的，是与语言教学相伴相随的，不是"贴"上去的，是润物无声的。正因此，赵先生指出了目前国际汉语教育中文化教学的一些不当理念和做法，"有些急功近利，讲述过于直白，多少带有为介绍中华文化而讲文化的倾向，甚至于将文化的介绍作为汉语教学的主体"。他认为"文化的教学与学习，本来就是语言教学学科内涵中所必备的。这完全是因为语言文化的一体性而决定的"。"从某种意义上说，教语言与学语言必定伴随着文化。"进而提出"应该将汉语教学方法与教学模式的研究，与文化介绍的途径与方略的研究同时论证"的新观点、新方向、新课题。

中国作为汉语的母语国，有责任和义务，为国际中文教育提供更多可供借鉴乃至应用的"中国经验""中国理论""中国方案"。这是国内对外汉语教学界应有的使命与担当，目前这样的"经验、理论和方案"还不够多。业界不少同人把精力用在"紧跟国际二语教学前沿"上，这不为错，但很难从中提出"中国方案"。语言不同、文字不同，语言跟文字的关系不同，这就从根本上决定了不应把基于拼音文字和相关语言的二语教学理论和方法，当作适合汉语汉字二语教学的理论和方法，至少不能完全如此。从这个意义上说，赵先生顺应汉语汉字特点来探究汉语二语教学规律的"十三讲"，所体现出的学术思想，特别是其中的新解新见、新说新论，便堪称国际中文教育的"中国方案"。比如，第十讲中，在提出"语言教学法的创建依托于语言的特定性"这一理论主张的基础上，结合汉语的教学内容，提炼并阐释了附丽于汉语的教学法，赵先生谦逊地称之为口诀：（一）"听说领先，读写跟上"，即初级汉语教学走"先语后文"之路；（二）"妈麻马骂，汤糖躺烫"，即语音教学必唱四声，掌握汉语的声调；（三）"字不离词，词不离句"，即字、词、句贯通，首先进行整词教学，掌握一定数量词语后，再析出字义，系连词汇，融入句中；（四）"整体识字，先认后写"，即先学会简单的口语，而不急于见汉字，更不急于将汉字打散，接触汉字亦应整体识读，先描再写；（五）"结构组块，词组本位，精讲多练"，即语法教学从复合词的构成，到词组，再到句子，均体现出陈述、修饰、支配、补充等汉语结构关系。赵先生总结和阐释的初级汉语教学法，充分契合汉语汉字的特点，体现了汉语二语教学应有的规律。这样的"中国方案"，不仅有深厚的理论基础，广泛的应用价值，也是国际中文教育理论和方法可以自信的有力例证。

这本《国际中文教育十三讲》，是业界资深专家赵金铭先生，70岁以后，"合于规范"的守正之言，"从心所欲"的创新之说。从学科发展的历史和现状看，所讲的这些"讲"，或者是影响学科发展的全局性问题、关键性问题，或者是教学实践中的具体问题、不可逾越的真问题。书中，老问题讲出新见解、新思路，新课题讲出新方向、新方略。这样的人，这样的书，实属稀缺。在此，作为赵先生的学生，我必须向已然"80后"的老师，表示衷心的祝福和由衷的敬意。

作为余言，我不能不说几句我与赵先生，说几句这篇序的荣幸与纠结。自从 1999 年，师从赵先生读博后，学业上、工作上、生活上，样样得到先生无微不至的关怀和指导。20 多年岁月里，赵先生与我不仅是师生关系，亦是忘年友，先生对我的提携，那真是不遗余力。2019 年 5 月，《语言战略研究》约请赵先生撰写《中国对外汉语教学七十年》，编辑部慧眼，赵先生是不二人选。然而，先生却力荐我来写，我虽然远远不是合适人选，但编辑部不好驳赵先生面子，也就同意由我来凑数。此次，先生嘱我为"十三讲"写序，无疑是又一次提携我。可学生为老师写序，实在不合学术伦理，这让我很是纠结了一阵子。纠结中，我想起了先生常说的一句话"我们是亦师亦友"。于是，柳暗花明，豁然开朗，即刻给自己找到了一个稍能心安的说辞：以"忘年友"的身份来完成这一难违的师命，而且这个身份也可以"不必"再为自己的能力和水平而纠结。

（李　泉　中国人民大学国际文化交流学院　liquan@ruc.edu.cn）

赵金铭《国际中文教育十三讲》出版

《国际中文教育十三讲》内容涉及国际中文教育学科发展、学科理论、教学理论、教学模式、教学方法、语言要素教学以及区域汉语教学、跨文化交际等各个分支。全书共十三讲，由对汉语作为第二语教学的历史回顾开篇，到对学科本旨的阐述；从宏观角度探讨学科发展的来龙去脉，到阐明学科的科学体系与学科的根本宗旨。在教学与研究方面，从"语文分开"教学模式的论证，到汉语教学"本位"问题的阐释，再到对汉语本体音节、词汇和语法教学的研究，以及对文化教学的认识，从微观层面论述了国际中文教育领域的诸多核心问题。书中还从更加广阔的角度论述了汉语教学的国际化、本土化，并从语言类型的视角探讨了区域汉语教学。最后，以阐释国际中文教育资源体系的特色与构建作结，具有指引性、前瞻性。全书关注纵横 70 年的学科发展历程，注重阐释学科的内涵发展，关注研究的新进展和新思路，史论结合，体现了赵金明教授国际中文教育的学术思想。

本书既是一部国际中文教育研究的著作，也是一部国际中文教育的研究生教材，可供本专业硕、博研究生及相关从业人员参考选用。

从中文学习者到中文教师：
本土非母语教师身份认同框架

王丹萍　孙　莹　Claudia Mason

摘　要：随着国际中文教育在海外的快速发展和本土化进程的不断深入，进一步推进本土非母语师资培养，尤其是如何协助非母语教师构建专业身份认同并有效指导其教学实践，成为一个亟待探索的新问题。本文采用身份三角模型作为分析框架，通过为期12周的教学实践，跟踪调查了一位中文专业毕业的白人大学生在初次从事中文教学时如何将其中文学习者的身份转化为中文教师身份的全过程。研究结果表明，该本土非母语教师对中文教育的职业认知不具备强烈的工具性动机和融合性动机，反而是中文学习和教学过程中的独特体验以及新机遇与新挑战所激发的冒险精神，是其成为中文教师的主要原因。本文最后针对如何指导本土非母语教师首次教学实践提出可行性建议。

关键词：本土教师；非母语教师；身份认同；新手教师；教学实践

海外本土师资培养是实现国际中文教育可持续发展的关键。随着国际中文教育在海外的快速发展和本土化进程的不断深入，海外本土教师的培养方式更加多元，包括以孔子学院为单位的本土教师培养、国内外教学机构合作培养和学历教育（吴坚，2014）等多种形式。

关于"本土教师"的界定，不同的学者持不同的观点。李东伟（2014）和刘晶（2019）等学者倾向于将范围限定为本国人士。而郭鹏（2012）认为本土教师不应该简单理解为本籍本族人士，"还包括汉外双语的海外华人以及可能留在当地工作的中国留学生"。我们认为，本土教师不仅包含本籍本国人士，还应该包含取得所在国国籍或居住权、具备良好的汉语语言基础和教学技能、长期稳定在所在国担任汉语教学工作的中国或他国[①]教师。其中，来自中国或母语为汉语的华裔人士为本土母语教师，本籍本国和他国人士为本土非母语教师。

而在本土教师队伍壮大的同时，在海外从事中文教学的教师大多是在中国出生并完成本科教育的汉语母语人士，部分在所在国通过了教师资格考核，成为本地中小学注册教师，即由中国输入的母语本土教师。在海外，母语教师（native speaker teacher）与非母语本土教师（non-native speaker teacher）比例一直处于严重失衡的状态。例如在澳大利亚，学校中超过90%的中文教师是"华裔背景且出生在中国内地"（Orton，2011）。又如在新西兰，尽管中文是过去

[①]　典型的例子是一位母语为俄语的俄罗斯人，具备一定的汉语基础，在取得墨西哥永久居住权后长期在墨西哥从事汉语教学，该教师也应属于墨西哥非母语本土教师。

十年来该国增长最快的语言项目（Wang，2021），但在高中阶段全职的中文非母语教师预计不足 10 人，而本土母语教师约有 100 人，其中绝大部分出生在中国内地且在中国完成了本科教育。在美国（Yue，2017）和英国（Yang，2019）等其他英语国家也都有类似的母语与非母语教师比例严重失衡的情况。

海外中文教师队伍缺乏种族、文化、价值观和教育背景的多元化表现，群体的高度同质使汉语教师成为单一文化的弱势群体，他们的教学不可避免地遇到跨文化理解能力较弱、对移民国家学生多样性理解不足的困扰，这也是海外中文教师群体饱受诟病的主要问题。（Moloney，2013；Orton，2016；Wang & Du，2014；Zhou & Li，2015；Liao, Yuan & Zhang，2017）缺乏非母语教师尤其是非华裔教师，对本地多元种族的学生群体而言不仅缺少了积极的榜样和示范作用，也导致学生无法从教师身上看到中文学习与本地生活经验的关联，因而成为非华裔学生流失率较高的原因之一。例如，根据一项全国调查（Orton，2016）显示，澳大利亚中小学阶段中文项目学生的流失率高达 95%，其中九成是非华裔学生。在新西兰，已有研究（East，2018；Kennedy，2020）指出，多元背景的学生群体与单一背景的教师群体存在文化调适上的巨大差异，仅靠母语教师无法有效吸引本地多元背景的学生。由于非华裔学生的高流失率，有学者指出，中文教学在这些国家的教育体系似乎成了"中国人用中文教中国人"（Scrimgeour，2014）的教育飞地，难以在本地多元族群扎根，因而导致生源不足，进而又导致非母语教师严重不足。

由于非母语教师的短缺，我们对他们成为中文教师的动机、自我观念、身份认同的过程，以及他们所生活的"平行空间"知之甚少。（Day et al.，2007）Moloney 和 Wang（2016）指出，现有的关于海外中文教师及其教师的职业身份认同研究几乎完全基于中文母语教师的案例（例如：Sun，2012；Lü & Lavadenz，2014），对非母语教师而言参考意义不大。在少数几例有关本土非母语教师的研究中（例如：Zhang & Zhang，2018；Liu & Wang，2018），讨论的焦点仍聚焦于他们如何成长为一个成功的语言学习者，而对他们复杂的职业身份构建过程缺乏深入讨论。Ushioda（2017）指出，这种普遍的以语言学习是否达到母语水平为目标的观点不利于激励学习者成为语言教师，反而使学习者在语言学习的过程中过早放弃成为教师的可能。特别是对英语学习者来说较难的中文，学生通常会对遥远的母语者标准望而却步，这也是中文非母语教师长期短缺的主要原因之一。（Swanson & Mason，2018）

一、相关文献综述

（一）教师身份认同研究

身份认同（identity）是教师研究的核心领域之一，近十余年间发展迅速。随着后结构主义在语言教育领域成为主流，教育的主体逐渐由语言结构向人转变，教师身份认同研究在语言教育领域逐渐发展成为一门显学。英文的 identity 一词源于拉丁文 idem，原义是"相同""一致"。身份认同主要回答"我是谁"的问题，是对于自己有相同性、一致性事物的认知。身份认同是一个内涵极其丰富但却极难准确定义的概念（Beauchamp & Thomas，2009）。Varghese et al.（2005）提出了身份认同的三个基本属性：第一，身份认同是一个与政治、经济、文化等因素有密切关系的概念；第二，身份认同是一个复杂多变，且内部充满矛盾的概念；第三，身份认同是一个需语言来建构、维系和协商的，特别是某一群体专属的话语体系。

根据已有研究，我们认为教师身份认同是指教师对自身专业角色的觉察，包含了教师个人和社会环境之间的多元互动，教师在过去、当下与未来的不同时空中建立起来的生命体验和价值追求，以及教师作为个体对自身主体性与个体性的肯定。随着教学经验的累积，教师对于自己的职业身份的理解也会发生变化，对于如何承担好教师一职会有不断变化的观点和态度。由于教师身份认同的社会性、复杂性及流动性，已有研究通常只能针对某一方面提供碎片式的描述，而无法对教师的心理建设、行为变化及其社会关系提供综合完整的写照。

为解决这一问题，Dugas（2021）提出了教师身份认同的三角模型（identity triangle model）（图1），将教师身份的多个领域整合到一个统一的框架中，从而能够从更立体的角度，更加全面地理解教师的身份构建。

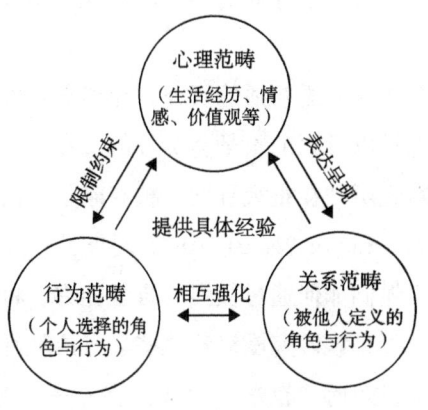

图1 教师身份认同三角模型

根据图1的教师身份认同三角模型，教师身份认同由三个范畴组成，即心理范畴、行为范畴和关系范畴。心理范畴是指教师身份是一个不断重建自己的生活经历的过程，受情绪、信仰、价值观等心理因素的影响。（McAdams，2001）心理范畴的身份认同以生活叙事构建与重建为中心，因为正是通过这个过程，教师才能将自己生活经历的方方面面理解为一个连贯的"我"。行为范畴的身份认同指教师扮演的多重角色以及他们指导课堂、管理不当行为、与学生建立关系、与同事和管理人员互动等的具体行为，（Dugas，2021）教师通过掌握和使用专业的行为与技能构建并确认自己的职业身份。关系范畴则指教师的内心生活叙述与教师如何被他人定位之间实现一致性，教师通过他者的定位与评论来不断调整并提升自己的职业身份认同。在从学生转变为教师，或者说从语言学习者转变为语言教师的过程中，关系范畴对于新手教师来说尤其重要，他人的定位对新手教师也更为敏感。（Farrell，2003；Harrington & Sacks，2006）教师身份认同的三个范畴之间是相互影响的关系，心理范畴呈现或制约了行为与关系范畴的表象，而行为和关系范畴提供的具体经验使心理范畴的构建具象化，行为范畴与关系范畴之间是彼此强化的关系。

（二）非母语中文本土教师研究

在外语教育领域，非母语教师研究成果十分丰硕。（Llurda，2005；Moussu & Llurda，2008）在过去的几十年里，非母语教师身份认同研究一直以英语教学为主。随着英语在全球的普及，大多数国家的英语教师已经转变为具备本地生活经验的非母语教师，他们在自己的国家接受英语教育和教师培训，受聘于本地教育机构。目前世界上大多数国家都不再依赖英语国家的母语教师担任主要的教学任务，母语教师主要以外教的身份来到非母语国家从事英语教学。从已有研究来看，基于英语的非母语教师身份认同研究特别热衷于比较母语和非母语教师的优缺点，例如非母语教师的语言能力"是否达到母语水平""是否有口音""是否被学生接纳"等，（例如：Calafato，2019；Fan & De Jong，2019）这些研究均展现出一种以英语母语教师为标杆的、以工具性目标为导向的语言教育观，非母语教师并不具备自己独立的身份认同视角。

英文期刊仅有数篇关于中文非母语教师的研究。和英文非母语教师研究的发展路径十分相似，中文非母语教师研究也是以母语的教师为标杆的，在成为中文教师的过程中，他们复杂独特的成长经历和社会经验经历却在很大程度上被忽略了。已有研究的重心主要集中在他们的学习策略和成就上。例如，Liu & Wang（2018）调查了6位美国的以英语为母语的非华裔中文教师，研究的重点在于他们如何通过极强的自学能力，将自己培养成终身学习者，在中文学习的道路上获得成功，可见该研究围绕着这些非母语教师如何"学好"中文，如何成为一个"优秀的学习者"，而非如何"教好"中文，成为一个优秀的非母语教师。在丹麦，Zhang & Wang（2017）分析了两位本土非母语非华裔教师的身份认同构建的过程，研究发现本土非母语教师在师生关系和教学方式上能够发挥本土优势，使用学生熟悉的语言和方式快速高效地展开教学。同样在丹麦，Zhang & Zhang（2018）调查了四位在丹麦高校任职的丹麦裔中文非母语教师，他们发现非母语教师的身份认同以及他们对非母语教师的认知是参照母语教师的行为构建起来的，因而缺乏自下而上构建专业身份所需的主体性，尤其缺乏工具性动机，非母语教师并没有将教中文当成是谋生手段。可见，成为中文老师并非是他们有目的的职业选择，在某种程度上是因为一些偶然事件，使自己已有的中文知识得以派上用场，因而成为了本土中文教师。

根据现有文献，关于本土非母语中文教师身份认同的研究仍然充斥着母语标准至上的意识形态，使研究视角无法摆脱工具主义的狭隘目标，即一个人必须成为一名母语水平的学习者才能成为一名合格的外语教师。（Ushioda，2017）由此可见，在非母语教师的研究和叙事当中，由于极度缺乏本地经验和本地知识的参项，中文学习者无从得知一个学习者如何向一位教师转变的复杂过程，因而认为成为中文教师是一个十分遥远且不切实际的想法。Moloney & Wang（2016）提出要特别重视本土非母语教师这个群体，在工作中为中文非母语教师和研究者创造一个更具包容性的专业环境，在研究上探索如何帮助具备一定中文水平的学习者成为中文教师和研究者的可能性。基于以上文献分析，我们提出使用教师身份认同三角模型作为理论框架，追踪首次从事中文教学的本土非母语教师将其中文学习者的身份转化为中文教师身份的全过程。

二、研究设计

（一）研究背景

本研究是在新西兰一所大学的中文项目中进行的。社会宏观层面围绕语言学习的话语和态度对教师职业身份认同的构建与发展有十分深刻的影响。（Gayton，2016）在过去十年中，英语国家的外语教育进入低潮期。（Lanvers et al.，2021）对于英语国家的大学毕业生来说，成为一名语言教师不是一份稳定且有吸引力的工作。（Swanson & Mason，2018）过去十余年，新西兰一直依赖孔子学院从中国高校招募短期的中文助教，依靠这些志愿者协助中小学的中文教学工作。由于志愿者大多仍是在读硕士，缺乏完备的中文教学能力，也无法在一到两年的任期内掌握本地教育文化，无法充分发挥母语教师的优势。因而，当地学者 Eriksen（2018）提出新西兰迫切需要培养熟悉本地教育体系和多元文化的本土中文教师，以确保新西兰的中文教育有稳定供应的师资力量，而无需一直依赖中国高校的志愿者。新西兰高校目前没有针对中文师资培养的学历课程，负责中文课程授课的教师一般为该高校亚洲研究或语言文化学院的讲师以及研究生，通常为中文母语教师。

（二）研究对象

本文的研究对象叫 Claudia Mason，下文称"克劳迪亚"，是本文的第三作者。克劳迪亚是一名在新西兰出生成长的白人女性，以英语为第一语言，在大学主修心理学和英语文学。她在本科毕业前一年选修了中文，经过一年的学习争取到奖学金，获得了赴北京大学参加为期一年留学项目的机会。她原计划继续在北京攻读硕士学位，但由于疫情暴发遂返回新西兰攻读研究生课程。在攻读期间，被聘为兼职中文教师，接受教学培训，成为该所大学唯一一名非母语、非华裔的中文教师。目前 Claudia 进入坎特伯雷大学继续深造，立志从事言语治疗（speech therapy），帮助儿童解决发音障碍的问题。

在为期12周的学期内，克劳迪亚每周在课堂独立授课4小时，每周与6名中文母语教师一起参加备课会议。她同时也独立负责给学生提供作业反馈、管理考试以及批改试卷等工作。克劳迪亚负责教授的是一门零起点中文课，共有181名学生，她负责的班有28名学生。学期结束后，她的教学工作与其他授课教师一样，都需要通过大学教育体系的正式评估。

（三）数据收集与分析

本研究采用的是"师徒合作模式"（Nakata et al., 2021）。本文的第一作者是Claudia的指导教师，能够观察到她作为非母语教师初次参与教学之前、期间和之后在心理、行为和关系范畴上的显著变化。

该研究遵循叙事案例研究方法设计的原则（Barkhuizen, 2019），数据完全由研究对象自己提供，通过教师展开自我反思与分析，获得更多不受已有研究方向限制的一手数据。数据收集模型遵循Vitanova（2017）倡导的多源数据整合法，使用多渠道、多类型的叙事数据展开研究，以便更深入、更全面、更立体地了解一名非母语新手教师的身份认同构建的全过程。在为期12周的教学过程中，首先，克劳迪亚撰写了人生故事（life story），从语言和文化层面介绍并分析了她的生活环境、价值观念、成长经历等。通过书写人生故事，初步构建了她的自我意识。其次，克劳迪亚撰写了每日教学反思日志（reflective journal），记录了整个12周教学过程与教师身份构建相关的关键事件。第三，在学期过半后，她展开了教师行动研究（action research），通过分析自己的教学视频撰写反思报告，以观察者的视角重新审视她自己在课堂上的行为与表现。数据分析遵循身份认同三角模型理论（Dagus, 2021），按心理、行为和关系范畴三个大类，对该教师提供的丰富的文本数据进行编码。

三、本土非母语教师身份认同框架

（一）心理范畴

首先，克劳迪亚经历的显著的心理范畴称为"冒名顶替者综合征"（impostor syndrome）。这个心理现象对于深入理解由学生转变为教师的过程中的心理变化尤为重要。（Bernat, 2008）克劳迪亚在反思日志中使用"冒名顶替者综合征"一词来描述对自己中文教学能力的自我怀疑。在她的教学实践开始时，这种感觉尤为强烈，并且在她的大部分反思日记中都有她对自己中文语言能力和教学能力不自信的记录。

> 这是我第一次教中文。这个新的冒险显然带来了一系列的恐惧和忧虑。这段时间，我的脑海中一直在重复这些问题：我能做好吗？我真的适合这份工作吗？

尽管她已经是多项奖学金获得者，又有在中国高校留学的经历，并成功通过了工作面试，但她不可避免地受到了"母语者至上"（Vallente，2020）思维的影响。很明显，以成功学习者为楷模的学习目标、以母语者为标杆的职业标准，以及以获得技能为导向的高度市场化的教育环境，使得非母语教师的成长空间极为狭窄，致使他们对自己成为中文教师的身份存有质疑，始终无法摆脱母语者凝视。

其次，勇敢走出舒适圈和接受冒险挑战是克劳迪亚能够成为中文教师的动力之一。与以往研究不同，本研究观察到该非母语教师缺乏长期接触中国文化的人生经历，并没有特别渴望融入中文社群的融合性动机。她说到，她长大的环境是一个单一文化的白人社区，很晚才接触到其他文化。在自传中，她解释了她曾经作为"书呆子"的自我认同。她解释说，她决定在毕业前学习中文，去中国留学以及申请中文教师的工作的动机，均是因为她一直渴望获得一个"重塑"自己的空间，能够在充满不确定性的冒险中，接受全新的挑战，从而获得全新的生命体验。

> 我在北大上中文课的时候显得特别外向，甚至因此被选为了课代表，参加了演讲比赛，还得了第一名。尤其是在中国的一年时间，我远离家乡，获得了重新认识自我的空间。我喜欢这种挑战，它让我的人生更加丰富多彩。

这说明，她成为教师的动力更多是为了丰富自己的人生体验，而非是基于某种工具性或融合性动机。相比 Liu & Wang（2018）研究中的 6 名非母语教师，克劳迪亚认为出国留学并不仅仅是为了提高中文水平或文化理解，也是为了获得一个走出舒适圈的机会。她认为空间的变化是促使她敢于冒险并不断改变自己的催化剂，（Kayi-Aydar，2015）也正是这段挑战自我的经历让她可以"鼓起勇气"申请中文教师的工作并最终站上了讲台。

（二）行为范畴

由学习者转变为教师的经验，使非母语教师格外关注学生在学习过程中的感受，并采用相应的本土的教学方法调适与学生的关系。克劳迪亚在针对自己教学实践的行为研究报告中写到，过去作为语言学习者和学生的经历使她特别在意如何"让学生感到舒适"。她在报告中分析了自己课堂语言的使用情况，她发现自己常常"过度解释"，因为她觉得自己有责任帮助她的学生解决那些在她作为学生时曾经让她困惑的词汇、发音和语法问题。

> 在转写了课堂语言录音后立即注意到的是师生语言使用的比例。我感觉我可能过度解释了某些概念，我总是担心他们会像我一样觉得难以理解。我意识到，我现在是老师，我的责任是引导，让学生自己得出结论，而不是灌输给他们。

尽管非母语教师更擅长使用学生熟悉的第一语言解释困难的概念，但他们也可能低估学生自己完成复杂学习任务的潜力，成为新知识的裁断者和掌控人，反而导致教师语言使用过多。克劳迪亚的反思说明了，教师身份的心理范畴会影响甚至限制他们的行为。同时，教师的行为也折射了心理范畴的身份定位。因此，在教学实践中，教师通过对具体行为的分析，可以清晰地了解自己在专业身份认同上所处的发展阶段。

（三）关系范畴

Dugas（2021）指出，当新教师初次承担教师任务时，新手教师对他人如何对待他们格外敏感，他们更加关注其他人在得知他们教师身份时的反应，或者因为担心遭到他人质疑而隐瞒自己的教师身份。在这个过程里，他们会特别关注自己的年龄、性别、种族等个人特征，这些因素也会导致他们的教师身份被质疑。克劳迪亚在日记中写道：

> 我记得在教中文的第一周，我特别注意观察学生们的反应，我很担心他们不把我当回事，或者认为我没有能力能成为他们的老师，尤其是我还是个白人，看起来又很年轻。

克劳迪亚意识到了教师身份的脆弱性。虽然一些担忧出自于她作为新手教师的经验不足，但其他担忧与她非母语教师的身份地位直接相关，她认为自己无法像母语教师一样对发音和语法规则信手拈来，因而担心学生会产生跟一位白人老师学习中文而导致学到的中文不正宗的想法，这也回应了她在心理范畴上的"冒名顶替综合征"现象。然而，通过与学生的接触，她认识到，她所顾虑的情况并没有出现在实际教学当中，学生并没有因为她的性别、年龄、种族和非母语者的身份而质疑她作为中文教师的身份。她的教学工作在学期末的教学评估中受到了学生的好评，由于她可以利用本地语言优势和自身经验优势，对于零起点的学生来说，反而更多了一种"安全感"，也激发了一种"我也可以像她一样"的信念。

四、结论

本研究通过使用教师身份三角模型理论，跟踪考察了一位本土非母语新手教师如何构建中文教师身份认同的过程。通过对心理、行为和关系范畴的分析，本研究提供了一个观察非母语教师身份认同的框架，使我们对非母语教师的理解能够更具整体性，而非仅仅局限在如何提升他们的语言能力上。如何理解并分析中文学习者到中文教师的转变过程与独特经历，需要得到更多研究的关注。

本研究采用身份三角模型，在中文教学背景下，首次通过多源数据整合了非母语教师专业身份建构的不同领域。特别是，本研究认为，对学习者到教师过渡时期教师身份认同研究不仅需要考虑他们在课堂上的直接行为反应，还需要考虑他们心理状态的演变和发展，以及通过与他人的互动呈现出他们先前的看法和拟定的身份。通过身份三角模型，本研究发现非母语教师的职业身份认同更适合基于丰富的叙事数据作为一个多层次、不断变化的概念来讨论。

克劳迪亚作为白人非母语教师，十分看重如何将新的人生经验与过往经验统一关联起来，从而形成一个连贯的个人经验，而非迫切舍弃已有经验向新经验同化。这一点与抱有强烈动机想要成为英语非母语教师，借英语的价值提升自己社会地位的案例有极大差异，因而更加说明中文非母语教师研究应当发展自己的理论框架，而不应当因循英文非母语教师研究的思路。

本文通过分析克劳迪亚的背景与经历，发现她并非一直抱有成为中文教师的强烈职业愿望，而是由于一系列的机缘巧合，使她不断获得接触中文、前往中国学习深造的机会，并因自己的语言能力和留学经历成功获聘为中文教师。她在自传中着墨较多的地方正是她努力将自己已有生活经验构建起来的心理范畴，并与她意外成为中文教师所产生课堂行为范畴与人际关系范畴联系了起来，形成一个完整人生经验。克劳迪亚坦言，直到写下自己的人生故事，她才开始意识到自己学习中文、到中国留学等经历不再是单独的事件。成为中文老师的这段经历，在心理、行为和关系范畴统一了过往作为学习者和留学生的经历，使她见证了中文学习经历可以转化为中文教师的机会。诚然，我们不缺乏动机饱满的新手中文非母语教师，他们立志学好中文、从事中文教学，将从事中文教育当作是谋生手段和事业追求。然而，我们更应当鼓励如克劳迪亚一样的案例，这些潜在本土非母语中文教师才是开发本土师资的宝库，他们微弱的信念也应当得到尊重和保护，这样才能让更多学习者看到成为中文教师的意义和可能性。

本研究有两个主要的局限性。作为单一案例，其代表性可能并不显著，但这项研究可以成为大规模研究的试点，让本土非母语教师研究得到更多关注。其次，身份三角模型主要依据的是新手教师如何成功获取他们的首次教学经验与他们正在进行的生活叙述之间的整合和连贯性，（Dagus，2021）需要更多的研究来确定身份三角模型是否可以用于更有经验的教师。

五、建议

由于本土教师自身组成结构和教学活动具有一定程度的复杂性，因此在谋求和促进本土教师发展的问题上我们绝对不能一刀切。不同来源本土教师在融入和理解当地文化、自身汉语语言基础和身份认同历程等方面都有其各自的特点与优势，尤其是非母语本土教师，所以在本土教师发展问题上我们应该有所区分。根据本研究的分析与结论，我们针对海外非母语本土中文教师的培养和指导工作提出如下建议。

首先，应立刻展开非母语中文教师的专门研究。首先重视非母语教师身份认同研究的迫切性，采取扎根或者叙事研究，分析非母语教师的成长与教育经历，真正全面了解非母语教师对职业身份的认知。（李泉、金香兰，2012；李泉、丁安琪，2020）同时，国际中文教育应尽早展开对非母语教师的研究，并设立专门的经费支持海外高校开发学位课程，培养本土非母语教师从事中文教育，使海外国家自身具备将中文学习者转化成中文教师的能力，而不是仅仅依靠国内高校提供远程培训。唯有如此中文项目才能更加深入地扎根海外，从根本上解决师资供给严重失衡的问题。

第二，应制定海外非母语中文师资标准。在针对非母语教师的教学指导工作上，非母语师资的培养不应照搬母语教师培养经验。以往的汉语师资培养都采用的是统一培养标准,即《国际汉语教师标准》,将本土教师与非本土教师、母语本土教师和非母语本土教师趋同化,一方面会导致本土汉语教师语言准入门槛的提高,另一方面又会导致本土化需求和本土教师多样性的弱化。因此,伴随着国别化本土教师研究这一趋势逐渐出现,我们应该编写制定更具国别化、实用性和针对性的母语及非母语本土教师标准和师资培养方案,更好地指导当地本土教师师资发展。

第三,在具体的非母语本土教师培训中争取做到对口培养、精准消化,增强非母语本土教师的成就感、认同感与参与感。在国别化本土教师标准和培养方案的指导下,立足当地汉语教师需求,大力培养通用汉语教师甚至是专门用途汉语教师,"均衡培养结构,丰富培养层次"(吴坚,2014),不仅能够促进和丰富本土汉语教师师资团队,还有助于专门领域汉语教学的发展和专门领域的技术交流,全方位、多领域、立体化地增强本土汉语教师体验。

第四,丰富培养模式和培养渠道,学历教育和阶段性培养相结合、国内和本土相结合、线上与线下相结合,弥补孔子学院师资供应流动性强、供需错位和长期发展限制的不足,(徐丽华、包亮,2019)帮助非母语本土教师增进对中国的了解、观摩反馈教学的不足、合理利用和优化国内外教学资源,强化职业荣誉感、使命感和幸福感。

此外,通过本研究我们可见,非母语教师在身份认同的各个范畴都有自身独特的经历和迫切需要解决的问题,而非母语本土教师最终势必会成为海外中文教育的主力。因此,我们还应该更多地关注非母语本土教师在行为、心理和关系范畴的诸多问题与特点,赋予非母语教师在中文教师群体的主人翁意识,与来自不同语言和文化背景的非母语教师一起共同打造一支更加包容、平等的中文教师团队。

参考文献

高莉(2022)论数字时代专门用途中文本土教师的培养,《云南师范大学学报》(对外汉语教学与研究版)第3期。

郭鹏(2012)关于海外本土汉语教师培养问题的思考,《国际汉语教育》第1期。

李东伟(2014)大力培养本土汉语教师是解决世界各国汉语师资短缺问题的重要战略,《民族教育研究》第5期。

李泉(2017)优秀汉语教师:知识、能力和素养及其维度与权重,《对外汉语研究》第2期。

李泉、丁安琪(2020)专业素养:汉语教师教育的起点与常态——"素养—能力—知识"新模式,《云南师范大学学报》(对外汉语教学与研究版)第5期。

李泉、金香兰(2012)国际汉语教师的角色认知,载世界汉语教学学会秘书处编《第十一届国际汉语教学研讨会论文选》,高等教育出版社,2013年。

刘晶(2019)《吉尔吉斯斯坦本土汉语教师身份认同现状研究》,新疆大学硕士学位论文。

潘玉华(2015)国际比较视野下的汉语教师标准与素质研究,中央民族大学博士学位论文。

王添淼、刘薇、赵杨(2022)欧洲《教师语言教育能力指南》及对国际中文教师标准的启示,《汉语学习》

第 1 期。

吴坚（2014）孔子学院本土汉语教师培养：现状、问题与对策,《华南师范大学学报》（社会科学版）第 5 期。

徐丽华、包亮（2019）孔子学院师资供给：现状、困境与变革,《浙江师范大学学报》（社会科学版）第 3 期。

周庆生（2016）语言与认同国内研究综述,《语言战略研究》第 1 期。

Barkhuizen, G. (ed.) (2019) *Qualitative Research Topics in Language Teacher Education*. Routledge.

Beauchamp, C. & Thomas, L. (2009) Understanding teacher identity: An overview of issues in the literature and implications for teacher education. *Cambridge Journal of Education* 39(2): 175−189.

Bernat, E. (2008) Towards a pedagogy of empowerment: The case of 'impostor syndrome' among preservice non-native speaker teachers in TESOL. *English Language Teacher Education and Development* 11(1): 1−8.

Calafato, R. (2019) The non-native speaker teacher as proficient multilingual: A critical review of research from 2009–2018. *Lingua* 227: 1−25.

Day, C., Sammons, P., Stobart, G., Kington, A. & Gu, Q. (2007) *Teachers Matter: Connecting Work, Lives, and Effectiveness*. Open University Press.

Dugas, D. (2021) The identity triangle: Toward a unified framework for teacher identity. *Teacher Development* 25(3)：243−262.

East, M. (2018) Teaching languages in schools: Rationale, potential, constraints and recommendations with particular relevance to Mandarin Chinese. Report prepared for the New Zealand China Council. https://nzchinacouncil. org. nz/wp-content/uploads/2019/02/Teaching-Languages-in-Schools-. pdf.

Eriksen, L. (2018) Review of the Mandarin Language Assistant Programme at the Confucius Institute in Auckland: Enhancing New Zealand's capacity to teach additional languages. The University of Auckland. https://ci. ac. nz/wp-content/uploads/2020/06/MLA-Review_Final. pdf.

Fan, F. & De Jong, E. J. (2019) Exploring professional identities of nonnative-English-speaking teachers in the United States: A narrative case study. *TESOL Journal* 10(4): 495.

Farrell, T. S. C. (2003) Learning to teach English language during the first year: Personal influences and challenges. *Teaching and Teacher Education* 19(1): 95−111.

Gayton, A. M. (2016) Perceptions about the dominance of English as a global language: Impact on foreign language teachers' professional identity. *Journal of Language, Identity & Education* 15 (4): 230–244.

Harrington, G. N. & Sacks, S. R. (2006) Student to teacher: Novel strategies for achieving the transition. *Journal of Education for Teaching* 10(2): 154−163.

Kayi-Aydar, H. (2015) Multiple identities, negotiations, and agency across time and space: A narrative inquiry of a foreign language teacher candidate. *Critical Inquiry in Language Studies* 12(2): 137–160.

Kennedy, J. (2020) Intercultural pedagogies in Chinese as a foreign language (CFL). *Intercultural Education* 31(4)：427−446.

Kramsch, C. (2019) Between globalization and decolonization: Foreign languages in the crossfire. In Macedo, D. (ed.) *Decolonizing Foreign Language Education: The Misteaching of English and Other Colonial Languages*: 50−72. Routledge.

Lanvers, U., Thompson, A. & East, M. (eds.) (2021) *Language Learning in Anglophone Countries: Challenges, Practices, Ways Forward*. Palgrave Macmillan.

Liao, W., Yuan, R. & Zhang, H. (2017) Chinese language teachers' challenges in teaching in U. S. public schools: A dynamic portrayal. *The Asia-Pacific Education Researcher* 26(6): 369−381.

Liu, S. & Wang, F. (2018) A qualitative study on learning trajectories of non-native Chinese instructors as successful Chinese language learners. *Asian-Pacific Journal of Second and Foreign Language Education* 3(1).

Llurda, E. (2005) *Non-native Language Teachers: Perceptions, Challenges and Contributions to the Profession*. Springer.

Lü, C. & Lavadenz, M. (2014) Native Chinese-speaking K–12 language teachers' beliefs and practices. *Foreign Language Annals* 47(4): 630−652.

McAdams, D. P. (2001) The psychology of life stories. *Review of General Psychology* 5 (2): 100–122.

Mockler, N. (2011) Beyond 'what works': Understanding teacher identity as a practical and political tool. *Teachers and Teaching* 17(5): 517–528.

Moloney, R. (2013) Providing a bridge to intercultural pedagogy for native speaker teachers of Chinese in Australia. *Language, Culture & Curriculum* 26(3): 213−228.

Moloney, R. & Wang, D. (2016) Limiting professional trajectories: A dual narrative study in Chinese language education. *Asian-Pacific Journal of Second and Foreign Language Education* 1(1): 1−15.

Moussu, L. & Llurda, E. (2008) Non-native English-speaking English language teachers: History and research. *Language Teaching* 41(3): 315−348.

Nakata, Y., Tokuyama, M. & Gao, X. S. (2021) From teacher to teacher-researcher: A narrative inquiry into a language teacher becoming an agent of motivational strategies. *Asia-Pacific Journal of Teacher Education* 50(4): 343−356.

Orton, J. (2011) Educating Chinese language teachers—Some fundamentals. In Tsung, L. & Cruickshank, K. (eds.), *Teaching and Learning Chinese in Global Contexts: CFL Worldwide*: 151−164. Continuum.

Orton, J. (2016) Issues in Chinese language teaching in Australian schools. *Chinese Education & Society* 49(6): 369−375.

Scrimgeour, A. (2014) Dealing with "Chinese Fever": The challenge of Chinese teaching in the Australian classroom. In Murray, N. & Scarino, A. (eds.), *Dynamic Ecologies: A Relational Perspective on Languages Education in the Asia-Pacific Region*: 151−167. Springer.

Sun, D. (2012) "Everything goes smoothly": A case study of an immigrant Chinese language teacher's personal practical knowledge. *Teaching and Teacher Education* 28(5): 760–767.

Swanson, P. & Mason, S. (2018) The world language teacher shortage: Taking a new direction. *Foreign Language Annals* 51(1): 251–262.

Ushioda, E. (2017) The impact of global English on motivation to learn other languages: Toward an ideal multilingual self. *The Modern Language Journal* 101(3): 469−482.

Vallente, J. P. C. (2020) Framing pre-service English language teachers' identity formation within the theory of alignment as mode of belonging in community of practice. *Teaching and Teacher Education* 96.

Varghese, M., Morgan, B., Johnston, B. & Johnson, K. A. (2005) Theorizing language teacher identity: Three perspectives and beyond. *Journal of Language, Identity & Education* 4(1): 21–44.

Vitanova, G. (2017) Multimodal autobiographies as sites of identity construction in second-language teacher education. *Auto/Biography Studies* 32(1): 39–53.

Wang, D. (2021) Seventy years of Chinese language education in New Zealand: A transdisciplinary overview. In Zhang, Y. & Gao, X. (eds.) *Frontiers in the Teaching and Learning of Chinese as a Second Language*: 170–184. Routledge.

Wang, L. & Du, X. Y. (2014) Chinese teachers' professional identity and beliefs about the teacher-students relationships in an intercultural context. *Frontiers of Education in China* 9(3): 429–455.

Yang, J. (2019) Understanding Chinese language teachers' beliefs about themselves and their students in an English context. *System* 80: 73–82.

Yue, Y. (2017). Teaching Chinese in K-12 schools in the United States: What are the challenges?. *Foreign Language Annals* 50(3): 601–620.

Zhang, C. & Wang, D. (2017) Becoming professional: Exploring identity construction of non-native CFL teachers. In Jin, T. & Dervin, F. (eds.) *Interculturality in Chinese Language Education*: 89–106. Palgrave Macmillan.

Zhang, C. & Zhang, Y. (2018) Language teacher identity construction: Insights from non-native Chinese-speaking teachers in a Danish higher educational context. *Global Chinese* 4(2): 271–291.

Zhou, W. & Li, G. (2015) Chinese language teachers' expectations and perceptions of American students' behavior: Exploring the nexus of cultural differences and classroom management. *System* 49: 17–27.

（王丹萍　新西兰奥克兰大学文学院　danping. wang@auckland. ac. nz

孙莹　中国人民大学文学院

Claudia Mason　坎特伯雷大学理学院）

VR 技术应用于国际中文文化教学的效果研究*
——兼谈具身认知情境的构建

吴勇毅　王婍璇

摘　要：本研究以《中国研习》系列教材为蓝本，借助 VR 技术，自主开发 VR 文化教学资源，同时，基于具身认知、情境认知理论与沉浸式认知模型，提出 VR 具身认知情境构建中的技术创新方式及其融入国际中文教育文化教学的教学模式，并对其应用效果进行实证研究。研究结果表明：VR 的融入能改善学习者的文化学习兴趣、情感与态度，有利于提升文化学习效果与文化接受度，情境环境质量、学习者对技术设备的接受度会影响 VR 作用的发挥。基于研究结果，文章对 VR 的沉浸性、互动性优势进行了分析，探究其对文化教学的影响路径，并结合使用者/学习者的反馈，为 VR 应用于国际中文教育文化教学的发展提出建议。VR、人工智能等新科技的开发与应用，是国际中文教育教学技术改革的必由之路。

关键词：VR 技术；国际中文文化教学；具身情境；体验；教学效果；实证研究

虚拟现实（virtual reality，VR）是创建和体验虚拟世界的技术，由 Ivan Sutherland 于 1965 年提出，（Sutherland，1965）它可以让使用者沉浸其中，获得仿真体验。如今 VR 已进入全面发展阶段，技术手段日趋成熟，（斯凯·奈特，2016）沉浸性、交互性、构想性是其优势特征。

VR 技术的教育应用最早可追溯到 20 世纪 80 年代，（Pantelidis，2009，转引自李宝敏等，2019）但迄今在教学中的实际应用仍较少。（江婕、徐德坤，2019）随着教育信息化的发展、VR 技术的进步和成本的降低、教育界对 VR 认识的逐步提高，以及相关实践与研究的开展，VR 在教育领域将迎来新的增长期，（高义栋等，2017）在国际中文教育方面也将大有可为。

VR 能提供超越时空的体验，实现沉浸式的语言与文化教学，尤其是可以帮助学习者身临其境感知文化，获得更好的学习效果；VR 的趣味性也有利于满足多元文化背景学生的需求。（范氏秋庄、李馨逸，2017）

虽然 VR 优势明显，但目前其实际运用仍存在不少问题。资源开发难度大、成本高，适用于国际中文教育文化教学的资源有限。此外，VR 与教学融合度不足，相关的教学原则、教

---

* 本文是国家社科基金重点项目"中文纳入'一带一路'沿线重点国家国民教育体系研究及数据库建设"（项目编号：20AZD131）、教育部中外语言交流合作中心 2020 年度国际中文教育重点项目"中文纳入南美各国国民教育体系研究暨数据库建设"、教育部中外语言交流合作中心国际中文教育创新项目《实境直播短期中文教学模式构建与实践》（项目批准号：21YH013CX1）的阶段性成果。

学模式有待深入研究。因此,如何开发与国际中文教育适配的 VR 资源并合理融入文化课堂,提升教学效果,就成为亟待解决的重要问题。

本研究使用沉浸式手机 MVR,配合头盔显示器、谷歌 Cardboard VR 眼镜,取代视野。这种廉价方案可满足教室内多人各自使用或线上学生独立使用的需求,效果如图 1。

图 1 沉浸式手机 MVR 使用效果示意(高义栋等,2017)

本研究充分考虑教学需求与技术的匹配,(Zhang et al., 2017)运用 VR 构建具身认知情境,创新教学技术和模式,(Xie et al., 2021)探究 VR 融入文化教学对学习者兴趣与情感态度、学习效果、中国文化接受度的影响,促进 VR 更好地为国际中文教育的文化教学服务。

一、理论基础及相关研究

(一)理论基础

1. 具身认知、情境认知理论

具身认知(embodied cognition)理论讨论身体、认知及环境的关系。(Niedenthal et al., 2005)Risku(2010)提出与具身认知相辅相成的情境认知(situated cognition)理论,指出认知活动是具身的,也是情境的,受物理、社会文化背景影响;(叶浩生,2015)认为学习应嵌入环境,利用环境减轻认知负担。(Wilson,2002)具身认知下的体验痕迹理论(theory of experiential traces)则阐明身体体验在语言理解中起重要作用。(Pecher & Zwaan, 2005)研究表明,具身加工与二语习得也密切关联,(鹿士义、彭聪,2022)具身环境能为学习提供内容载体和技术、资源支撑。(宋耀武、崔佳,2021)

这些理论的教学意义在于,倡导体验式、体演式学习,让学生在亲身参与中成长;强调创设教学情境,营造和谐宽松的学习氛围。(曹周天,2021)同时,研究指出现代科技在构建具身认知教学情境中的重要作用,认为在技术支持下,具身认知情境的优势可以得到充分发挥,能增强学习真实感(杨云鹏,2021)和"实战性",让学习者更直观地参与学习,辅助认知,优化学习效果。(刘玲等,2010;王宇、汪琼,2018)

2. 沉浸式认知假设模型

Ladendorf(2015)提出沉浸式认知假设模型(hypothetical model of immersive cognition,HMIC),汇集了情境认知、具身认知与信息加工理论。(Atkinson & Shiffrin,1968)

模型指出沉浸式VR(Immersive VR,IVR)学习与传统视频、纸质学习媒介存在根本差异。IVR能激活大脑的物理和运动通道,输入可以直接访问具体记忆,(Pan et al.,2017)建立直接存在感,使大脑相信学习者处于现实环境中。(Riva et al.,2008)此外,远处的、以非现实形式(如在纸张或屏幕上)呈现的物体在超个人空间中,只能通过有限的感官感知。而VR可以为使用者生成周边空间内的物体,(Holmes et al.,2004)减少感知距离,激活多感官图式,简化认知路径,加深学习体验。(Huang et al.,2020)

基于以上理论基础,本研究充分考虑教学需求与技术的匹配,(Zhang et al.,2017)运用VR构建具身认知情境,辅助学习者在"真实"情境中实现沉浸式体验与具身交互,提高学习与探究热情和兴趣,真实感知文化。

(二)相关研究

1. VR应用于外语/二语及文化教学

VR具有沉浸性(immersion)、交互性(interaction)、构想性(imagination)的特征,在教学领域应用前景广阔。

国际上关于VR应用于英语教学的研究成果突出,从听力、口语、词汇、写作教学各方面说明VR辅助教学的效果,认为其沉浸感、互动性有利于改善学习态度和效果,但并不适用于所有人。(Xie et al.,2021;Tai & Chen,2021;Tsai,2020;Alfadil,2020)

VR技术在语言教学中的应用前景和潜力也引起了国内研究者的关注,但仍处于起步阶段,在实践的广度与深度方面都存在进步的空间。(朱尧平,2020)目前国内对VR应用于语言教学的术语尚未统一,郑艳群(1999)首次提出"虚拟语言学习环境",认为VR技术可以模拟二语学习的课堂和社会环境,将课堂和课外学习有机结合。张海森(2011)则使用"虚拟世界辅助语言教学"。国内已有的VR实践主要借助现有商业化平台,相关课程探索也多停留在具体运用上,尚未提出融合VR的教学模式顶层设计。(夏晓燕等,2021)

目前对VR应用于二语/外语、文化教学的效果研究存在不同结论。积极影响包括:在学习情感态度上提供沉浸式体验,增强学习动机,减少焦虑;(Ondarra et al.,2020;Dolgunsöz,2018)在学习效果上能为完成真实的语言任务创造机会,(Huang et al.,2021)带来更好的学习体验。(Huang et al.,2020;Radianti et al.,2020;Lan et al.,2019)此外,也有一些研究表明VR与传统教学方法效果无显著差异,(Xie et al.,2021;Bongaerts et al.,1997)语言教学中应用VR存在消极影响：使用VR过于耗时，影响效率；（Chen & Hsu，2020）若VR体验感不佳则不利于学习；（Ondarra et al.，2020）刺激的沉浸式VR体验可能会导致学习者认知超负荷。（Huang et al.，2020；Bailey et al.，2016）

2. VR应用于国际中文教育

VR应用于国际中文教育的研究也受到关注。有的研究在技术方面进行了分类并介绍应用现状与案例，（Egbert & Hanson-Smith，1999；蔡晓芳，2017）有的阐述了其在教学中的可行性并提出建议，（仇鑫奕，2006）还有的指出VR适用于对外汉语教学，对外汉语教学也需要VR，（李馨逸、范氏秋庄，2017）并进行了案例分析，（赵晶晶，2015）但未涉及教学方案设计。有研究显示，基于虚拟场景进行对外汉语教学，提高了学生参与度。（Xie et al.，2021）在教学效果方面，多数VR被试持积极态度，但也有部分表示反对，如认为其会分散注意力，（Tuli & Mantri，2021）为教室管理带来挑战；（Chen & Chan，2019）需要准备额外的学习材料，加重师生负担；（Hagström & Winman，2018）设备质量无法保证，可能造成眩晕、眼睛疲劳等。（丁楠、汪亚珉，2017）因此VR的实际教学效果仍需要更多实证研究来验证。

从总体上看，VR技术在国际中文教育中的应用研究还较欠缺，（Huang et al.，2021）文化教学的相关研究则更少。国内VR文化教学研究仅关注调查使用VR的传统文化教学现状（李晶津等，2021）或以某一文化课题为例进行具体活动设计（徐沁钰等，2021）等，存在广阔的研究空间。国际上同样较少探讨VR教学应用模式的总体设计。此外，对教学效果进行的实证研究也相对较少，尚未就VR应用于教学的有效性达成共识。现有研究重描述介绍，轻实践实证，可靠性有限。（高媛等，2016）

因此，纳入新VR资源，运用多元评价标准，（Lin et al.，2020）研究VR应用于国际中文教育文化教学的实际效果十分必要。国内外相关研究为本研究提供了重要参考，本研究将在此基础上做出进一步探讨。

二、基于VR的具身认知情境构建

本研究以技术资源契合教学任务为目标，基于《中国研习》教材[①]，结合VR优势与文化教学需求，关注VR如何更好地融入教学。进行VR资源内容的设计与开发，并创新教学模式，升级沉浸式文化教学环境，让学生在与虚拟环境的交互中完成文化知识的意义建构，提高课堂趣味性与实用性。

---

① 《中国研习》是一套为各类国际学校1—12年级学生开发的中国文化与社会探究教材，教材编写参考了IB课程大纲，并且吸收了中国教育部"外籍人员子女学校认证标准"中有关中国文化课程教学的要求。整套教材由吴勇毅主编，刘弘副主编，华东师范大学出版社出版。

（一）技术创新

通过分析教材内容，合理选择 VR 资源呈现对象，进行技术创新，以实用性、趣味性、高质量、低成本为目标，自主开发 VR 文化教学资源。

在硬件设备方面，关注前沿技术和新产品，选用成本低、效果佳的谷歌 Cardboard VR 眼镜，基本可以实现沉浸感与远程交互控制，保证文化体验效果。手机 VR 门槛低，可以实现课上人人有 VR，课下也可以随时体验，利于在降低成本的同时实现最佳教学效果。

在软件资源开发方面，以教学优先、重视 VR 质量为原则，进行 3D 分屏视频的界面设计与交互制作。

首先，确保画面、文字清晰可辨，帮助学生有效获取知识。其次，采用多样形式，选择最能表现文化特征的素材。再次，确保内容组织逻辑合理，使学生可以将知识碎片通过逻辑主线串联起来，方便理解记忆。另外，集成多种媒体，立体化、多方位呈现信息，加强文化表现力，帮助学生融入虚拟情境，产生情感共鸣与具身体验。在准确呈现信息的同时，营造相应的文化氛围。最后，高度重视交互设计，实现情境互动。不仅包括语音讲解触发、移步换景等 UI 元素，（高义栋等，2017）还可以进行 VR 交互式游戏设计，允许学习者具身体演。比如在"宜家家居"中设计购物游戏，允许 VR 使用者操作购物车，完成购物体验。

图 2　部分 VR 资源效果展示

（二）VR 技术融入教学的模式设计

VR 技术融入文化教学需配合相应的教学设计，创新教学策略、改变呈现方式、优化教学活动。本研究基于教材内容，从 VR 技术沉浸性、交互性和构想性优势出发，进行 VR 运用于文化教学的总体模式设计。

借助传统多媒体讲解相关文化和语言知识是充分进行沉浸体验、完成任务的前提，VR 场景的设计也应与教学内容相辅相成，VR 资源的内容是对教材内容的选取、巩固和拓展，VR 技术主要用于导入或进行文化深入感知（具身体验）与实践活动环节（具身体演）。整个教学模式可分为基础讲解、沉浸式文化感知与实践、巩固与测试反馈三个阶段，如表 1 所示。

表1 "VR国际中文文化课"教学模式

教学流程与内容	教育技术手段
导入与学习目标介绍	传统多媒体（PPT等）
热身活动与讨论	
略读课文，初步了解	
文化讲解，初步感知	
深入感知，学习与拓展	VR技术设备与资源
文化实践活动	
重点词汇语法总结	传统多媒体（PPT等）
学习效果测试与自我评估	

三、研究设计

在实施教学的过程中，我们调查了VR技术对国际中文教育文化教学中学生的学习兴趣、情感、态度、效果和文化接受度等方面的影响，运用多元标准评估VR应用于文化教学的作用与价值。同时考查学生对VR学习情境质量、技术设备的满意度，了解他们对VR教学资源的使用感受与需要改进之处。

具体研究问题包括：

（1）学习者对使用VR学习中国文化有何看法？包括对VR创设的学习情境的总体感受、对VR技术设备的接受度及VR教学现存问题与改进方向等。

（2）VR技术的运用对学生文化学习兴趣、情感、态度的影响如何？

（3）VR技术对学生中国文化学习效果与文化接受度的影响如何？使用VR技术与采用传统多媒体教学的效果是否存在显著差异？

（一）调查对象

本研究采用随机抽样方式，抽取外籍人员子女学校（俗称"国际学校"）六年级学生49名，年龄范围为12—15岁，母语为英、俄、日、韩语等；男女性别比例均衡；中文水平为初级，对中国文化的了解度及接受度均无显著差异；课堂上都是仅通过传统多媒体学习汉语与中国文化，无使用VR学习的经历。

（二）研究工具

研究工具主要为自主设计的问卷，使用李克特五度量表进行评价。前测问卷主要调查人口统计学变量及外籍学生对中国文化的了解和接受度。后测问卷着重调查使用VR学习中国文化的体验，分六个部分：第一部分为对VR学习环境总体感受调查，如互动参与度、沉浸感、感官逼真度、界面环境质量；第二部分调查学生对VR技术设备的接受度，包括是否方便使用，舒适度、使用意愿等；第三部分为对学生学习兴趣、情感、态度的调查；第四部分为对 VR 设备是否利于中国文化学习的自我评价；第五部分为中国文化接受度调查；第六部分为开放式问题，了解 VR 融入教学的其他可能的优点、问题与相应的改进建议。后测问卷旨在通过多元化评价标准，共同说明 VR 设备的质量及其教学作用。

为了进一步确定文化教学的实际效果，消解学生自我评价的主观影响，本研究同时通过学习成果测试客观评价使用 VR 技术与传统多媒体手段学习中国文化的效果差异。以上问卷、测试均不限时间，仅要求学生在教学结束后及时完成。

（三）研究过程

主要通过调查问卷与测试题进行定量分析，辅以非参与观察与记录，在实验结束后邀请部分学生口头自陈回忆 VR 学习活动及心理过程并进行录音，随后将录音转写为文字，与定量数据对照分析。

实验前，教师先演示谷歌 Cardboard VR 眼镜的使用，并给予一定时间使学生通过体验素材进行适应。教学实验过程中，以技术手段为自变量，将 VR 技术融入国际中文文化课堂，控制其他变量，由同一教师进行教学，其他内容仅使用教材和传统二维多媒体呈现。教学结束后，请学生现场填写问卷。

四、研究结果与分析

整理实验数据并进行分析，结果如下。

（一）前测描述性统计

在前测中通过学生自我评估（以五度量表形式）掌握学生对教学涉及的中国文化的了解度，共 5 题。统计结果显示多数参试者对中国园林（如苏州园林）的了解程度一般，但了解程度分布较均衡，即对本实验涉及的教学内容并不十分熟悉。同时，参试者对中国文化的喜爱度较高，几乎所有参试者都有学习中国文化的兴趣，75.5% 的参试者表示"非常喜欢"，20.4% 的参试者表示"喜欢"，在量表中未出现低分。

（二）文化学习效果测试

1. 试卷分析

试卷信度系数 $\alpha=0.708$，信度尚佳；整体难度指数为 0.701，各题区分度较高，包含较易题和较难题，难易分布较合理，能够反映学生对相关中国文化知识的掌握度。参与测验的 49 位学生平均得分为 8.45（满分 12），标准差为 2.454；低于 6 分的人数占 18.4%，总体上 5—7 分区间人数占比最多。

2. 描述性统计与分析

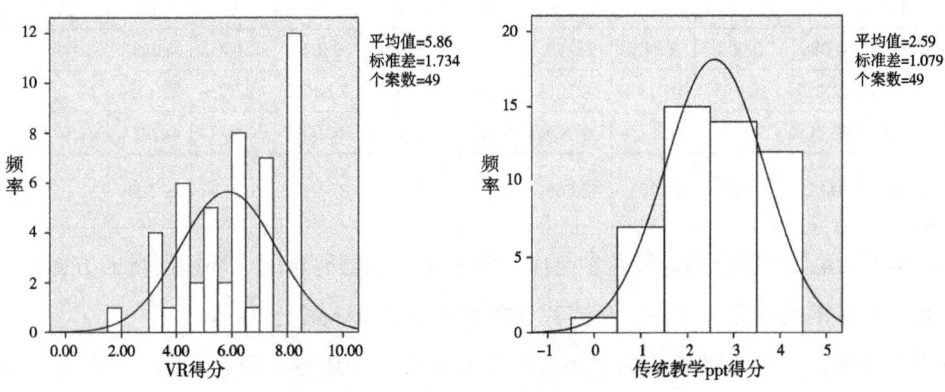

图 3　知识点测试分数段分布

试卷中使用 VR 技术进行教学的知识点测试共 8 题，满分为 8 分，平均得分为 5.86，标准差为 1.734，最小值为 1.75，最大值为 8.00，及格率为 75.5%，平均正确率为 73.25%。使用传统多媒体教学的知识点测试共 4 题，满分为 4 分，平均得分为 2.59，标准差为 1.079，最小值为 0，最大值为 4，及格率为 53.1%，平均正确率为 64.75%。

与使用传统多媒体教学相比，VR 教学的测试结果整体及格率、平均正确率较高，49 位学生中有 12 位为满分，知识点掌握度较高。可见使用 VR 进行教学效果较好，VR 文化教学存在相应的积极成效。直方图 4 显示两组数据均呈非正态状，故采用配对样本的秩和检验进行差异比较，以进一步分析不同教学技术下的总体成绩均值是否存在显著差异。

表 2　样本秩和检验结果

传统 ppt 教学正确率—VR 教学正确率	Z	渐近显著性（双尾）
	−2.078	0.038

表 2 结果显示，$Z=-2.078$，$p<0.05$，参试者在 VR 教学与传统多媒体教学测试中的正确率存在显著差异，VR 教学测试题正确率显著高于多媒体教学测试正确率。从上述分析可知，大部分学生很好地掌握了 VR 教学内容，与传统多媒体教学相比，通过 VR 学习苏州园林相关文化知识，掌握程度更高。

（三）使用 VR 学习中国文化的体验调查

1. VR 学习环境总体感受

表 3　"学习环境总体感受"回答情况

题号	1	2	3	4	5	6	7	8	9	10	11	12
非常不好	0.00%	0.00%	2.04%	0.00%	0.00%	0.00%	0.00%	0.00%	6.12%	2.04%	0.00%	2.04%

续表

题号	1	2	3	4	5	6	7	8	9	10	11	12
不好	0.00%	4.08%	0.00%	2.04%	2.04%	2.04%	2.04%	0.00%	8.16%	4.08%	2.04%	6.12%
一般	14.29%	12.25%	10.20%	16.33%	10.20%	16.33%	28.57%	22.45%	18.37%	22.45%	14.29%	14.29%
好	36.74%	42.86%	51.02%	36.74%	44.90%	40.82%	36.74%	44.90%	40.82%	44.90%	51.02%	51.02%
非常好	48.98%	40.82%	36.74%	44.90%	42.86%	40.82%	32.65%	32.65%	26.53%	26.53%	32.65%	26.53%

VR 学习环境总体感受调查涉及参与度、沉浸感、感官逼真度、环境质量四方面，李克特五度量表下总体平均评分为 4.18，参试者对学习环境的总体感受较好。

由表 3 可见，大多参试者认为使用 VR 学习能够很好地参与教学互动，沉浸感较强，场景较为逼真，VR 界面质量佳。尽管也有少数参试者对"使用 VR 设备时，我会感觉自己能触摸到现实场景"和"VR 设备展现的界面视野清晰"表示不完全同意。这涉及感官逼真度与 VR 界面环境质量两个维度，为实验后期 VR 资源的改进提供了参考。

2. 对 VR 技术设备的接受度

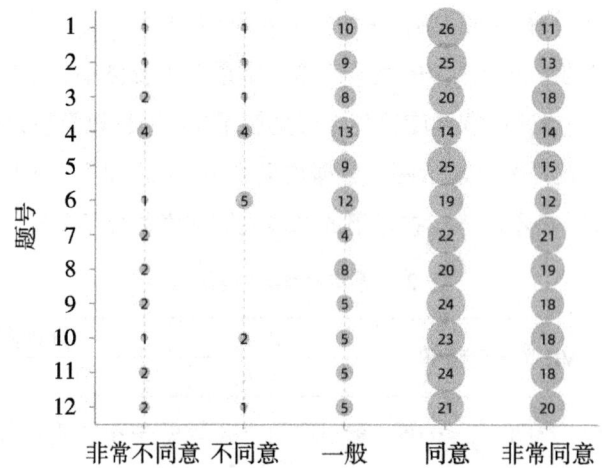

图 4 "学生对技术设备的接受度"回答情况

参试者对 VR 设备接受度平均评分为 4.02，整体接受度较好。由图 4 可见，对所有题目，90% 以上参试者的态度都在一般及以上，唯一例外是对"佩戴 VR 设备没有对我造成很大干扰或影响"，有 16.3% 的参试者不同意，说明有部分同学认为佩戴 VR 头盔显示器对学习造成了影响。因此需要进一步改进和完善 VR 设备，从而降低这种影响。

3. 学习兴趣、态度、情感

参试者在这方面的平均评分为 4.19，兴趣、态度、情感三方面分别为 4.15、4.26、4.13，总体评价极佳。

由表 4 可见 90% 左右的参试者对融合 VR 技术的文化课堂怀有极高兴趣，学习态度积极且缓解了学习焦虑，心情愉悦。个别评价较低的同学，可能是源于上述一、二部分中提到的 VR 整体环境及设备问题的影响。

表 4 "学生学习兴趣、情感、态度"回答情况

题号	1	2	3	4	5	6	7	8	9
非常不同意	2.04%	0.00%	0.00%	2.04%	0.00%	0.00%	2.04%	0.00%	2.04%
不同意	2.04%	2.04%	2.04%	0.00%	2.04%	2.04%	0.00%	2.04%	4.08%
一般	8.16%	16.33%	16.33%	10.20%	8.16%	8.16%	14.29%	12.25%	6.12%
同意	48.98%	48.98%	46.94%	48.98%	48.98%	48.98%	48.98%	48.98%	59.18%
非常同意	38.78%	32.65%	34.69%	38.78%	40.82%	40.82%	34.69%	36.74%	28.57%

4. 学习效果自我评价（VR 设备能否促进中国文化学习）

这部分的平均分为 4.19，总体评价很好。参试者普遍认为使用 VR 学习理解更清楚，效率更高。90% 以上学生反映 VR 能帮助自己更好地了解相关文化，说明参试者对学习效果的自我感知很好，这也与上文文化学习效果测试成绩数据形成互证。

5. 中国文化接受度

这部分平均评分为 4.36，表明参试者的文化接受度相当好，88% 的参试者在使用 VR 学习后（例如苏州园林文化学习），认为其很有趣且愿意深入了解。在判断"我愿意通过 VR 向家人朋友介绍中国文化"时，98% 的参试者表示同意，高度接受、喜爱 VR 中国文化教学方法。

6. 相关性检验

由于各量表下各维度均具有良好的聚合效度，题目代表性较高，故使用维度下对应题目得分平均值代表相应维度得分，以各维度平均得分代表问卷每一部分得分，对问卷各部分间关系进行皮尔逊（Pearson）分析，结果如表 5 所示。

表 5 五部分量表 Pearson 相关性检验结果

	学习环境的总体感受	对技术设备的接受度	兴趣、情感、态度	学习效果自我评价	文化接受度
学习环境的总体感受	1				
对技术设备的接受度	0.809**	1			
学习兴趣、情感、态度	0.805**	0.825**	1		
学习效果自我评价	0.781**	0.883**	0.847**	1	
文化接受度	0.817**	0.847**	0.817**	0.901**	1

** 在 0.01 级别（双尾），相关性显著。

通过相关性分析可见，学生对学习环境总体感受、技术设备接受度的评价与学生的"学习兴趣、情感、态度""学习效果自我评价""文化接受度"间呈现显著正相关关系。这表明提高 VR 质量，利用 VR 进行教学，有利于提高学习效果，提升学习动机和积极态度。

7. VR 发展建议与观察、访谈结果

通过开放式问题了解参试者对 VR 国际中文文化教学的看法，进行数据清洗，生成词云图完成可视化分析见图 5—7。

图 5　回答"您认为使用 VR 学习还有哪些优点"的词云图

图 6　回答"您认为使用 VR 学习还存在哪些问题"的词云图

词云图显示，在"您认为使用 VR 学习还有哪些优点"的答案中，"身临其境"被提及较多次，说明了 VR 的沉浸性优势，在本次教学实践中 VR 的沉浸感帮助学生感知中国文化，比如苏州园林之美。

在回答"您认为使用 VR 学习还存在哪些问题"时，提到最多的是护眼与画质问题，部分学生还指出 VR 画质有待提高，这也与上文分析结果一致。

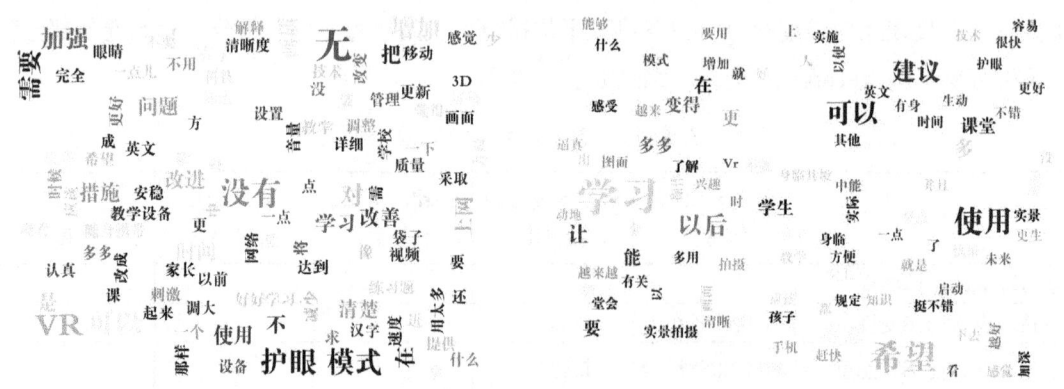

图 7　回答"解决以上问题的措施"与"对使用 VR 学习的建议"的词云图

在回答"您认为解决以上问题需采取哪些措施"时，词云图显示多数人建议增加护眼模式或限制学习时间，保护视力；并提出 VR 画面、音量及稳定性的改善建议。在"您对使用 VR 学习还有哪些建议和意见"的有效回答中，多数人希望 VR 早日用于教学，增加 VR 学习机会，对使用 VR 进行国际中文文化教学接受度较高，兴趣浓厚。

问卷调查后，部分学生受邀访谈，进行相关反思与评价，主要对 VR 设备与资源相关问题进行讨论。部分学生指出设备太重，学习时会感到头晕。此外，有学生指出在虚拟环境中无法看到教材、笔记，无法查询词汇，多有不便。访谈结果不仅详细解释了影响问卷前两部分评分的原因，也为后续设备与资源的改进提供了建议。

综上所述，数据分析结果表明，调查对象对 VR 技术设备与资源质量总体满意，肯定了 VR 与国际中文教育文化教学结合所起的积极作用，认为 VR 利于改善学习兴趣、情感、态度，同时对提高文化教学效果与文化接受度具有促进作用。尽管 VR 设备与资源内容存在着改进空间，但整体接受度很好，可以为文化教学效果的实现提供技术保障。

五、讨论

基于以上实证研究结果，具体分析 VR 技术应用于国际中文教育文化教学的效果及意义，探析其教学优势的原因及其他相关影响因素。

（一）VR 文化教学效果及意义

在文化教学效果方面，VR 的使用为真实的文化感知创造了机会，（Huang et al., 2021）并可以提高文化接受度；在兴趣、情感、态度方面，VR 通过沉浸式学习体验激发了学习者的学习兴趣，减少了学习焦虑，增强了学习动机。

1. 文化教学效果与文化接受度

VR 技术为学习者提供了沉浸式、可交互的虚拟文化情境，有助于学习者直观感受文化，增强文化理解，拉近文化距离。

学习过程的沉浸性和亲历性促进了文化教学质量提升。首先，VR 可以增强文化感知，尤其是在汉语作为外语的教学环境中，可以把"遥远"变成"眼下"；能把抽象的知识转换为具体的体验，实现更有效的知识获取。（Lin et al., 2020）在传统多媒体教学中，学生所处的环境依旧是课堂，而非真实意义上的文化环境（张利红、谭学良，2019a）（尽管从广义上说课堂环境也是一种校园文化环境，但与校门外的社会文化环境仍有很大的不同）；而 VR 为学习者创设了一种全方位的沉浸式社会文化体验，增强内容可感度，有利于学习者在具身情境中感知文化。其次，VR 有助于降低文化理解难度，易于解决学生语言程度与文化学习内容间可能产生的矛盾。与传统课堂相比，虚拟世界的大量非语言信息可以为学习者把握文化含义提供可靠依据。（魏斌，2006）最后，VR 有利于保持文化场景记忆，形成文化/语言图式（schema），具身记忆更可能保存为长期/时记忆。

在文化接受度方面，沉浸式具身认知情境具有行为和心理真实感，这种近距离感知利于拉近与目的语文化的距离，提高学习者的文化接受度。Redondo et al.（2019）通过实验发现，将 VR 技术运用于教学，学生的社会情感明显提升，社会文化接受度普遍提高。

2. 学习兴趣、情感、态度

教学不仅要重视知识和能力的评估，激发学习者的兴趣与热情也很重要。如果教师能为学习者提供更有趣的学习环境，学习效果也会增强。（Jia et al.，2012）

本研究通过 VR 为学生提供更具吸引力的沉浸式学习情境，激发其学习中国文化的兴趣与热情。结果表明，学生认为 VR 可以让他们快乐学习，提高了学习兴趣，保持了积极情感，增强了学习动机。

利用现代教育教学手段是刺激学习兴趣的良好策略。VR 将普通的文化知识讲授发展为轻松愉快的情境体验，实现多感官刺激，增强学生兴趣，激发其文化学习的主观能动性。相关研究也认为 VR 技术利于提高教学趣味性、探索性及动态交互，帮助学生拥有愉快的学习体验。（Zhang et al.，2017）此外，VR 的运用也有利于维持学习兴趣。VR 情境带来的激情与动力会使学习者在后续学习阶段继续保持学习文化的热情，（汤伊立、杨雪，2021）促进学习的持续性。

在情感方面，VR 的作用主要表现为缓解学生的焦虑，帮助学生保持心情愉悦，提高舒适度。虚拟环境有助于降低学生以汉语作为文化学习语言的外语焦虑，促进文化交流和学习。尽管是虚拟环境中的真实体验，但活生生的内容（各种真实资源的综合运用）也能扫除一些过往带着偏见对中国的"宣传"与"介绍"的影响，还学习者一个真实的中国的国家形象。

学习态度体现为学习动力与学习参与。学习动力指学习过程中激发和维持学习活动的内在心理力量，分为内生与外生动力，（Amabile et al.，1994）本研究主要关注 VR 带来的外在刺激。VR 技术将抽象文化知识转换为具体场景体验，提高学习兴趣、引起情感愉悦，能够激发学生的学习意愿，（Lin et al.，2020）从而增强学习动力。学习参与指学生投入到学习过程中的身心能量，（Pace，1982）包括行为、情感和认知参与。（Fredricks et al.，2004）本研究中，学生在使用 VR 进行文化体验的过程中认真观看，参与体验，积极互动；对 VR 学习资源满意度较高，乐于积极配合、努力适应 VR 教学设备，愿意主动通过使用 VR 了解中国文化，这就提高了上述三方面深层次的学习参与程度。

（二）VR 教学所具优势的原因

Lan（2020）认为沉浸感和真实性、社交互动、学习者主动参与是成功学习的关键组成部分，而这可以通过 VR 技术的沉浸性、交互性优势特征来实现。

1. 沉浸性

创设真实可感的文化情境对国际中文文化教学具有重要意义。VR 的沉浸性特征可以模拟逼真的自然与社会文化情境，让学习者完全沉浸其中，增强情境体验（Lan et al.，2019）与具身性，弥补课堂教学缺乏真实文化环境的弊端。本研究中使用的 VR 文化教学资源充分结合了苏州园林、宜家家居等真实文化场景，为学生展示了丰富、立体、真实的中国日常环境，整体情境充满了中国文化元素。

首先，高度沉浸的虚拟环境营造出真实生动的场景，有助于激发积极情感，帮助学习者获得强烈的现场感，在实际氛围中体会中国文化的魅力，消除其对中国文化的陌生感，进而提高文化接受度。（吴小华，2021）

其次，VR 的沉浸性可满足学生在真实环境下学习的需要，（张利红、谭学良，2019b）提高文化知识输入的有效性。加速学习理论表明，以外界环境为刺激可以快速提高学习速度和质量，且人类对外界环境的感知可以促进长期记忆。

此外，VR 头盔能够弱化外界因素的干扰，利于学习者集中关注文化情境，专心致志感知文化。当学习者进入 VR 虚拟空间，他们会被直接引向学习元素，转向目标明确的相关信息，这有利于学习者获取关键信息，提高学习效率。

2. 互动性

VR 为学习者提供了特殊的人机互动与人际沟通渠道，在虚拟环境中学习者可以自由探索并与虚拟环境及角色进行互动。（Huang et al.，2020）

互动性有利于让学习者在具身情境中感到舒适，收获自信，激发文化交流欲；同时提高文化亲切感。每位学生的语言水平、交流方式和性格特点存在差异，个体差异会影响学生在文化学习中的互动参与，对那些性格内向的学生而言，VR 虚拟互动不会使他们因害羞而不敢开口交流。VR 的互动环境和方式不仅使学生使用目的语进行文化交流更放松，也使其文化感知更自然，同时，语言输出也会更加自然、有效。

VR 技术除上述核心特征优势外，还具有便捷、实用与安全的特征，这对文化教学效果也会产生积极影响。

（三）VR 资源质量与使用熟练度的影响

相关性分析结果说明，只有保证 VR 效果达到相应的质量水平，且使用者可以自如操作，才能充分发挥 VR 的潜力，获得积极的学习体验。

VR 软件资源质量至关重要。本调查中有部分参试者反映感官逼真度与 VR 界面环境质量还可以提高，这也导致少量学生在后续调查中对 VR 的实际效果评价较为消极。由此可见，只有高质量的 VR 资源，才能激发学习者的积极情感并促使其全身心投入学习。VR 硬件设备也存在改进空间，如果 VR 装置体验感较差，会妨碍学习。因此如何提高 VR 质量，满足教学使用要求将是一个关注重点。

自然，使用者的操作情况也会影响 VR 优势的发挥。面对新技术，学生对教学资源、交互工具的熟悉需要一个过程，否则可能会在不同程度上影响其学习中国文化的热情与效果。因此，学生在学习或完成任务前需接受 VR 使用培训并耐心尝试。

六、结语

随着教育技术的发展,充分发挥 VR 技术优势,将现代科技更好地与国际中文教育,包括文化教学结合起来,有利于推动中文与中国文化课堂与时俱进,改革教学模式,改善学习态度,提升教学效果与质量。从这个角度来看,基于 VR 技术的沉浸式具身认知文化情境构建与其教学效果的实证研究应该得到充分关注。

本研究着眼新技术,选择低成本高质量的 VR 设备,自主开发 VR 资源,并结合具身认知、情境认知理论与沉浸式认知模式,构建国际中文教育文化教学具身认知情境,实施教学,并对教学效果进行实证检验。希望更新教学资源,改善资源稀少、教学匹配度不高的问题,为自主开发 VR 资源提供借鉴;更重要的是,基于 VR 技术探索文化教学新模式,并检验其实际效果。

实证研究结果表明,融入 VR 技术有利于调动学生学习兴趣,产生积极情感态度,能够改善文化教学效果,提升中国文化接受度,并发现 VR 环境质量与学习者对技术设备的接受度会影响 VR 效果的充分发挥。基于研究结果,本文还阐释了 VR 文化教学的效果与意义,指出其核心优势特点,并探究其他影响教学的因素等。

推动 VR 技术更好地为国际中文教育教学服务,助力国际中文教育技术发展,是新时代国际中文教育的创新探索。VR、人工智能等新科技的开发与应用,是国际中文教育教学技术改革的必由之路。

参考文献

蔡晓芳(2017)《新媒体平台在对外汉语教学中的运用研究》,伊犁师范学院硕士学位论文。
曹周天(2021)具身认知理论引领下的有效教学变革,《当代教育与文化》第 1 期。
丁楠、汪亚珉(2017)虚拟现实在教育中的应用:优势与挑战,《现代教育技术》第 2 期。
范氏秋庄、李馨逸(2017)VR 技术应用在对外汉语教学中的可行性,《学园》第 5 期。
高义栋、闫秀敏、李欣(2017)沉浸式虚拟现实场馆的设计与实现——以高校思想政治理论课实践教学中红色 VR 展馆开发为例,《电化教育研究》第 12 期。
高媛、刘德建、黄真真等(2016)虚拟现实技术促进学习的核心要素及其挑战,《电化教育研究》第 10 期。
江婕、徐德坤(2019)基于虚拟现实技术的沉浸式课堂设计与探究,《科技广场》第 4 期。
李宝敏、王钰彪、任友群(2019)虚拟现实教学对学生学习成绩的影响研究——基于 40 项实验和准实验的元分析,《开放教育研究》第 4 期。
李晶津、宋航莉、徐沁钰等(2021)虚拟现实(VR)技术应用于对外汉语文化教学的设计初探,《汉字文化》第 18 期。
李馨逸、范氏秋庄(2017)VR 技术与远程网络技术在对外汉语教学中应用的对比研究,《山西青年》第 17 期。
刘玲、何瑾、吴晓宁(2010)基于情境认知的 RPG 游戏学习社区的设计与实现,《中国远程教育》第 8 期。

鹿士义、彭聪（2022）具身认知理论下的二语习得，《华文教学与研究》第1期。

仇鑫奕（2006）虚拟现实技术支持下的对外汉语教学模式，《外语电化教学》第1期。

斯凯·奈特（2016）《虚拟现实：下一个产业浪潮之巅》，中国人民大学出版社。

宋耀武、崔佳（2021）具身认知与具身学习设计，《教育发展研究》第24期。

汤伊立、杨雪（2021）汉语国际教育中的中国文化教育，《文学教育》第8期（上）。

王宇、汪琼（2018）慕课环境下的真实学习设计：基于情境认知的视角，《中国远程教育》第3期。

魏斌（2006）虚拟现实技术在大学英语口语教学中的应用，《电脑与电信》第12期。

吴小华（2021）汉语国际教育与中国文化传播平台搭建——评《中国当代文化传播与汉语国际教育》，《中国教育学刊》第7期。

夏晓燕、史红敏、郭亚玲等（2021）具身视角下外语教学VR课程化教学原理和顶层设计探析，《外语电化教学》第2期。

徐沁钰、李晶津、宋航莉等（2021）虚拟现实（VR）技术下对外汉语中国传统文化课堂活动设计的研究——以唐朝行酒令为例，《汉字文化》第19期。

杨云鹏（2021）《具身认知理论视野下小学习作教学探究》，山东师范大学硕士学位论文。

叶浩生（2015）身体与学习：具身认知及其对传统教育观的挑战，《教育研究》第4期。

张海森（2011）国外Second Life虚拟世界教育应用研究的最新进展，《中国电化教育》第4期。

张利红、谭学良（2019a）VR教学模式在对外汉语口语教学中的应用初探，《长春师范大学学报》第5期。

张利红、谭学良（2019b）VR技术在沉浸式汉语口语教学中的应用初探，《汉字文化》第20期。

赵晶晶（2015）《虚拟现实在对外汉语教学中的应用》，山东大学硕士学位论文。

郑艳群（1999）虚拟现实技术和语言教学环境，《世界汉语教学》第2期。

朱尧平（2020）VR技术在高校英语教学领域的应用研究，《科教文汇》第4期。

Alfadil, M. (2020) Effectiveness of virtual reality game in foreign language vocabulary acquisition. *Computers & Education* 153: 103893.1-13.

Amabile, T. M., Hill, K. G., Hennessey, B. A. et al. (1994) The work preference inventory: Assessing intrinsic and extrinsic motivational orientations. *Journal of Personality and Social Psychology* 66(5): 950-967.

Atkinson, R. C. & Shiffrin, R. M. (1968) Human memory: A proposed system and its control processes. In Spence, K. W. & Spence, J. T. (eds.) *Psychology of Learning and Motivation*. (Vol. 2). Academic Press: 89-195.

Bailey, J. O., Bailenson, J. N. & Casasanto, D. (2016) When does virtual embodiment change our minds?. *Presence* 25(3): 222-233.

Bongaerts, T., Van Summeren, C., Planken, B. et al. (1997) Age and ultimate attainment in the pronunciation of a foreign language. *Studies in Second Language Acquisition* 19(4): 447-465.

Chen, H. J. H. & Hsu, H. L. (2020) The impact of a serious game on vocabulary and content learning. *Computer Assisted Language Learning* 33(7): 811-832.

Chen, R. W. & Chan, K. K. (2019) Using augmented reality flashcards to learn vocabulary in early childhood education. *Journal of Educational Computing Research* 57(7): 1812-1831.

Dolgunsöz, E., Yildirim, G. & Yildirim, S. (2018) The effect of virtual reality on EFL writing performance. *Journal of Language and Linguistic Studies* 14(1): 278-292.

Egbert, J. & Hanson-Smith, E. (1999) *CALL Environments: Research, Practice, and Critical Issues*. Teachers of English to Speakers of Other Languages.

Fredricks, J. A., Blumenfeld, P. C. & Paris, A. H. (2004) School engagement: Potential of the concept, state of the evidence. *Review of Educational Research* 74 (1): 59–109.

Hagström, J. & Winman, A. (2018) Virtually overcoming grammar learning with 3D application of Loci mnemonics?. *Applied Cognitive Psychology* 32(4): 450–462.

Holmes, N. P., Calvert, G. A. & Spence, C. (2004) Extending or projecting peripersonal space with tools? Multisensory interactions highlight only the distal and proximal ends of tools. *Neuroscience Letters* 372(1–2): 62–67.

Huang, C. L., Luo, Y. F., Yang, S. C. et al. (2020) Influence of students' learning style, sense of presence, and cognitive load on learning outcomes in an immersive virtual reality learning environment. *Journal of Educational Computing Research* 58(3): 596–615.

Huang, X. Y., Zou, D., Cheng, G. et al. (2021) A systematic review of AR and VR enhanced language learning. *Sustainability* 13(9): 4639.

Jia, J. Y., Chen, Y. H., Ding, Z. H. et al. (2012) Effects of a vocabulary acquisition and assessment system on students' performance in a blended learning class for English subject. *Computers & Education* 58(1): 63–76.

Ladendorf, K., Schneider, D. & Xie, Y. (2015) Mobile-based virtual reality: Why and how does it support learning. In Zhang, Y. (ed.) *Handbook of Mobile Teaching and Learning*: 1353–1371. Springer.

Lan, Y. J. (2020) Immersion, interaction and experience-oriented learning: Bringing virtual reality into FL learning. *Language Learning & Technology* 24(1): 1–15.

Lan, Y. J., Lyu, B. N. & Chin, C. K. (2019) Does a 3D immersive experience enhance Mandarin writing by CSL students?. *Language Learning & Technology* 23(2): 125–144.

Lin, K. Y., Wang, Y. T. & Huang, T. K. (2020) Why people adopt VR English language learning systems: An extended perspective of task-technology fit. Hawaii International Conference on System Sciences.

Niedenthal, P. M., Barsalou, L. W., Winkielman, P. et al. (2005) Embodiment in attitudes, social perception, and emotion. *Personality and Social Psychology Review* 9(3): 184–211.

Ondarra, K. J., Gruber, A. & Canto, S. (2020) When international avatars meet—intercultural language learning in virtual reality exchange. In Frederiksen, K. M., Larsen, S., Bradley, L. et al. (eds.) *CALL for Widening Participation: Short Papers from EUROCALL*: 138–142. Research-publishing. net.

Pace, C. R. (1982) Achievement and the quality of student effort. National Commission on Excellence in Education.

Pan, J. S., Bingham, N. & Bingham, G. P. (2017) Embodied memory allows accurate and stable perception of hidden objects despite orientation change. *Journal of Experimental Psychology: Human Perception and Performance* 43(7): 1343–1358.

Pecher, D. & Zwaan, R. A. (2005) *Grounding Cognition: The Role of Perception and Action in Memory, Language, and Thinking*. Cambridge University Press.

Radianti, J., Majchrzak, T. A., Fromm, J. et al. (2020) A systematic review of immersive virtual reality applications for higher education: Design elements, lessons learned, and research agenda. *Computers & Education* 147: 103778.

Redondo, B., Cózar-Gutiérrez, R., González-Calero, J. A. et al.(2020) Integration of augmented reality in the teaching of English as a foreign language in early childhood education. *Early Childhood Education Journal* 48(2): 147-155.

Risku, H. (2010) A cognitive scientific view on technical communication and translation: Do embodiment and situatedness really make a difference?. *Target* 22(1): 94–111.

Riva, G., Gaggioli, A. & Mantovani, F. (2008) Are robots present? From motor simulation to "being there". *Cyberpsychology & Behavior* 11(6): 631-636.

Sutherland, I. E. (1965) The Ultimate Display. *Proceedings of IFIP Congress*: 506-508.

Tai, T. Y. & Chen, H. H. J. (2021) The impact of immersive virtual reality on EFL learners' listening comprehension. *Journal of Educational Computing Research* 59(7): 1272-1293.

Tsai, C. C. (2020) The effects of augmented reality to motivation and performance in EFL vocabulary learning. *International Journal of Instruction* 13(4): 987-1000.

Tuli, N. & Mantri, A. (2021) Evaluating usability of mobile-based augmented reality learning environments for early childhood. *International Journal of Human-Computer Interaction* 37(9): 815-827.

Wilson, M. (2002) Six views of embodied cognition. *Psychonomic Bulletin & Review* 9(4): 625-636.

Xie, Y., Chen, Y. & Ryder, L. H. (2021) Effects of using mobile-based virtual reality on Chinese L2 students' oral proficiency. *Computer Assisted Language Learning* 34(3): 225-245.

Zhang, X., Jiang, S., Ordonez de Pablos, P. et al. (2017) How virtual reality affects perceived learning effectiveness: A task-technology fit perspective. *Behaviour & Information Technology* 36(5): 548-556.

（吴勇毅　华东师范大学国际汉语文化学院　wuyongyi@hanyu.ecnu.edu.cn

王婍璇　华东师范大学应用语言研究所）

"华文水平测试丛书"出版

暨南大学华文学院、暨南大学华文考试院编"华文水平测试丛书"由商务印书馆出版。

"华文水平测试"是原国务院侨务办公室委托暨南大学华文学院专为海外华裔青少年研发的、具有继承语性质的标准化水平考试。"华文水平测试丛书"则是暨南大学华文学院、暨南大学华文考试院进行理论研究和操作探索的结晶。丛书包括《华文水平测试汉字大纲》、《华文水平测试词汇大纲》、《华文水平测试语法大纲》、《华文水平测试文化大纲》、《华文水平测试考试手册》及《华文水平测试样卷》，展示了海外华文水平测试体系，有理论、有方法、有实践案例，基本实现了华文水平测试目前研究的全覆盖。这是今后相关测试和进一步展开研究的重要基础，是开展海外华语传承、建构中华民族共同体的重要参考。丛书体现了不少新的理念，有鲜明的特色，具有很强的可学性、实用性和可操作性。丛书以引导海外华人社会的华文能力保持为追求，可以作为海外华裔华文水平的标准、评价依据及监测海外华人社会母语言现状及变迁的依据，也可以作为通用华文教材、工具书等的编写参考。

中高级视听说教材中国形象呈现研究

史金生　陈子君

摘　要：教材作为国际中文教育的重要媒介，是建构和传播中国形象的重要平台。本文以四部中高级视听说教材为对象，运用对比分析、问卷调查、访谈等方法，研究汉语视听说教材中国形象呈现问题。文章首先比较分析了《中国微镜头》《中国城市名片》《看电影学汉语》《秦淮人家》四套教材所包含的中国形象要素，继而以《中国微镜头》为例，从视听素材、词汇、注释、图片四个方面详细讨论了教材中国形象的呈现方式，然后结合问卷调查和访谈结果，分析了教材选取中国形象要素和具体呈现方式的优点和不足，并有针对性地提出了教材中国形象呈现的具体策略。

关键词：视听说教材；中国形象；呈现

随着国际中文教育推进步伐的加快，汉语已逐渐成为中国国家软实力的重要象征。教材作为语言和文化的载体，作为留学生了解中国的窗口，担负着中国国家形象传播的使命。许多研究者已关注到对外汉语教材对中国形象传播的重要性，同时也注意到将中国形象要素引入对外汉语教材的紧迫性。比如李泉（2011）就对外汉语教材中文化内容的呈现原则、方式和心态展开论述，指出当前教材中文化内容的选取存在重传统轻当代的现象，文化内容的表述和解说缺乏自然生动、创意独到的情境编排，呈现心态上过分执着于"展示"和"弘扬"，偏离了跨文化交流的初衷。汲传波（2010）、吴平（2013）也对教材的文化呈现和中国形象呈现问题做了具体的讨论。周小兵等（2019）在现有国际汉语教学文化大纲基础上，从二语文化教学的基本维度和话题出发，设计并研制出新的包含3个层级263个项目的国际汉语教材中华文化项目表，并对各个项目在教材库中的出现频数和应用实例做出标注，"弥补了以往中华文化项目表在系统性、涵盖面、辅助信息建设上的不足"（周小兵等，2019）。

本文在已有研究的基础上，选取四套中高级对外汉语视听说教材《中国微镜头》《中国城市名片》《看电影学汉语》《秦淮人家》（以下分别简称《镜头》《名片》《电影》《秦淮》）[①]，总结其中国形象要素类别和呈现方式，通过问卷调查、访谈等方法讨论视听说教材对汉语学习者中国

[①] 这四套视听说教材是：《中国微镜头》（王涛主编，北京语言大学出版社，2017）；《中国城市名片：中高级汉语视听说教程》（邹胜瑛等编著，北京大学出版社，2006—2009）；《看电影学汉语》（王晓凌编著，陕西师范大学出版社，2005）；《秦淮人家：中高级汉语视听说教程》（李菊先、王树锋编著，北京语言大学出版社，2003）。这四套教材的适用对象为中高级汉语学习者，都是基于影视作品改编，具有一定的认可度。

形象认知产生的影响，探讨中高级视听说教材选取中国形象要素和具体呈现方式方面的优点和不足，有针对性地提出教材中国形象呈现的具体策略。

一、四部视听说教材中国形象要素的类别和分布

（一）中国形象要素的分类及统计标准

张昆（2005）对国家形象及其构成要素进行了全面研究，刘继南、何辉（2006）对《纽约时报》《泰晤士报》等世界主流媒体国家形象报道内容及主题进行了梳理，周小兵等（2019）研制了中华文化项目表。本文在这些成果的基础上，结合四套视听说教材的课文主题，将中国形象划分为经济、文化、社会、地理、教育、体育、科技、价值观等8个基本要素和经济制度、历史、饮食等27个二级要素。

视听说教材中国形象要素的考察，主要依据各教材中的视听素材及课文所涉内容。若各个分镜头或语段呈现出中国的人（全体、一类或不同地域的群像）、事（以社会现象为主）、物（包括自然与人文地理风貌、新兴事物等），且内容属于中国形象某一要素并在篇幅上占据主导，则判定该视听素材以中国形象某一具体要素为主题；若内容涉及多个中国形象要素，且没有明确的倾向，即各要素占比相对均衡，则判定该内容体现多个中国形象要素。

本文以课文中的语篇以及视听素材中的影像为考察单位，一篇课文或一个视听素材中可能涉及多个不同的中国形象要素，通过统计各要素的出现频次和占比，考察教材中国形象要素的分布情况。

（二）四部视听说教材中国形象要素对比

《镜头》共设置32个主题篇目，包含64篇课文，对应64个视听素材。《名片》共设置三大核心主题和42个子主题篇目，包含42篇课文，对应42个视听素材。《电影》共设置8个主题篇目，包含20部完整的中国电影，对应20个视听素材。《秦淮》包含16篇课文，对应16个视听素材。四部教材中国形象要素统计结果如下：

表1 四部视听说教材中国形象要素对比

基本要素	二级要素	《镜头》	《名片》	《电影》	《秦淮》	总计
经济	经济制度	2	2	1	0	
	经贸往来	3	9	0	0	
	基础设施建设	1	3	0	0	
	生活水平	8	0	2	1	
	合计/占比	14/10.85%	14/14.58%	3/6.98%	1/4.35%	32

续表

基本要素	二级要素	《镜头》	《名片》	《电影》	《秦淮》	总计
文化	历史	6	7	2	0	
	汉语言文字	6	0	1	0	
	文学与艺术	8	10	3	0	
	饮食	5	12	3	0	
	习俗	4	8	3	2	
	中医药	0	0	2	0	
	服饰	1	2	0	0	
	跨文化交际	12	1	1	0	
	宗教事务	0	0	0	0	
	合计/占比	42/32.56%	40/41.67%	15/34.88%	2/8.69%	99
社会	社会保障	5	0	0	0	
	生活方式	17	5	9	6	
	人际交往	8	0	4	10	
	大众传媒	2	1	0	0	
	合计/占比	32/24.80%	6/6.25%	13/30.23%	16/69.57%	67
地理	自然地理	4	3	2	0	
	人文地理	5	7	4	0	
	旅游地理	2	12	0	0	
	环境保护	0	3	0	0	
	合计/占比	11/8.53%	25/26.04%	6/13.95%	0/0%	42
教育	家庭教育	1	0	0	0	
	基础教育	4	0	3	0	
	高等教育	2	1	0	0	
	合计/占比	7/5.43%	1/1.04%	3/6.98%	0/0%	11
体育	体育活动	4	2	0	0	
	合计/占比	4/3.10%	2/2.08%	0/0%	0/0%	6
科技	科技成就	4	3	0	0	
	合计/占比	4/3.10%	3/3.13%	0/0%	0/0%	7
价值观	价值观念	15	5	3	4	
	合计/占比	15/11.63%	5/5.21%	3/6.98%	4/17.39%	27
总计		129/100%	96/100%	43/100%	23/100%	291

从上表可以看出，四套教材有共同之处，又各具特色。

《镜头》的中国形象基本要素中，文化占比最大（32.56%），其次是社会（24.80%）和价值观（11.63%）。教材共涉及24个二级要素，涉及率达88.89%，出现次数最多的二级要素是生活方式（17），其次是价值观念（15）和跨文化交际（12），并未涉及中医药、宗教事务和环境保护。这套教材中既包含中餐饮食、茶、京剧、春节等中国传统元素，也涉及当代家庭、教育、婚姻、医疗、体育、公益、国际贸易、"一带一路"、城市化等国际社会共通性内容，在中国形象要素的设置上是比较饱满的。

《名片》的中国形象基本要素中,文化占比最大(41.67%),其次是地理(26.04%)和经济(14.58%),该结果与教材的三大核心主题高度契合,符合旅游篇—地理为主、民俗篇—文化为主、商务篇—经济为主的规律。教材共涉及19个二级要素,涉及率达70.37%,出现次数最多的二级要素是旅游地理(12)和饮食(12),其次是文学与艺术(10)、经贸往来(9)。教材并未过多涉及中国的教育、体育和科技。这套教材以纪录片的形式真实展现了中国现代化都市、乡土小镇的风俗民情、名胜古迹、人居环境和建设现状,具有典型性,呈现出多元的中国城市形象。

《电影》的中国形象基本要素中,文化占比最大(34.88%),其次是社会(30.23%)和地理(13.95%),并未呈现中国的体育和科技形象。教材共涉及15个二级要素,涉及率达55.56%,其中,生活方式出现频次最高(9),其次是人际交往(4)和人文地理(4)。这套教材所选取的影片涵盖历史史实、新旧社会习俗、东西部地域差异、东西方文化差异、大陆及港台市井生活、乡村教育、国民传统观念等内容,通过小人物的命运剪影来反映中国的历史变革和发展动态,诠释了"电影艺术来源于生活又高于生活"。比较可惜的是,限于影片的创作时代(均为20世纪末21世纪初),抛开历史题材,即便影像呈现出现代中国的诸多群像和风貌,但和当下中国社会还是有一定的距离。

《秦淮》只设置了中国形象基本要素中的一半,其中社会要素占比最大(69.57%),经济、文化和价值观只是少量涉及。教材只涉及了5个二级要素,涉及率仅有18.52%,其中,人际交往出现频次最高(10),其次是生活方式(6)和价值观念(4)。这套教材的视听素材是以20世纪80年代南京市井生活为背景拍摄的电视情景短剧,每集短剧各自独立且场景相对集中,剧情和人物对话高度生活化,主要呈现的是特定的六户人家各自的生活及他们之间的小故事,因此,包括邻里、家庭、社区成员关系在内的人际交往的内容占绝对主导。

二、视听说教材中国形象要素与学习者兴趣的匹配度

(一)汉语学习者中国形象兴趣调查

教材在中国形象要素的设置上应当充分考虑学习者的兴趣和需求,科学分配各要素在教材中的复现率。为弄清汉语学习者对中国形象各要素的感兴趣程度,我们设计了调查问卷,对非华裔汉语学习者进行了线上问卷调查。调查问卷以上一节中国形象要素分类为依据,包含23个问卷项,让学习者对各要素进行兴趣指数评分,1分代表完全不感兴趣,5分代表非常感兴趣,3分代表一般感兴趣。共回收问卷131份,其中有效问卷117份,学习者(男生45人,女生72人)汉语水平均为HSK4级及以上,通过HSK5—6级的学生超过调查总数的

80%。调查对象来自 26 个国家，包括韩国、日本、英国、法国、荷兰、意大利、俄罗斯、美国、秘鲁、阿根廷、墨西哥、泰国、越南、印度尼西亚、马来西亚、保加利亚、摩洛哥、吉尔吉斯斯坦、哈萨克斯坦、塔吉克斯坦、津巴布韦、捷克、埃塞俄比亚、马里、埃及和朝鲜，其中发达国家受访者 39 人，发展中国家受访者 78 人。经过 SPSS 分析，该问卷的 Alpha 系数为 0.838，说明问卷具有较高的信度。各要素的兴趣平均值、标准差、方差以及不同性别、国家发展水平之间的显著性如下（t_1P_1 代表不同性别之间的差异，t_2P_2 代表不同国家发展水平之间的差异）：

表 2 汉语学习者中国形象兴趣调查结果

基本要素	二级要素	平均分	标准差	方差	t1	P1（双尾）	t2	P2（双尾）
经济	经济制度	3.46	1.038	1.078	2.547	0.013	−2.033	0.046
	经贸往来	3.55	1.011	1.023	2.152	0.035	−1.179	0.242
	基础设施建设	3.77	0.882	0.777	1.207	0.231	−1.651	0.106
	生活水平	3.69	0.872	0.76	−1.129	0.263	−0.957	0.342
文化	历史	3.92	1.118	1.25	−0.464	0.644	0.144	0.886
	汉语言文字	4.24	0.933	0.87	0.403	0.688	−1.02	0.311
	文学与艺术	3.82	1.019	1.037	−0.692	0.491	1.182	0.241
	饮食	3.94	0.941	0.886	−2.036	0.047	0.283	0.778
	习俗	4.08	0.982	0.964	−1.283	0.204	−0.984	0.328
	中医药	3.59	0.994	0.988	−1.057	0.295	−0.332	0.741
	服饰	3.66	0.955	0.913	−2.014	0.05	1.246	0.217
	跨文化交际	4.14	1.004	1.008	−0.816	0.417	1.74	0.095
	宗教事务	3.59	1.05	1.102	1.062	0.292	0.193	0.848
社会	社会保障	3.72	0.959	0.92	0.653	0.516	0.098	0.922
	生活方式	4.38	0.851	0.725	−1.736	0.087	−1.338	0.185
	人际交往	3.80	0.92	0.846	−0.401	0.689	1.093	0.278
	大众传媒	3.34	0.876	0.767	0.487	0.628	−2.126	0.043
地理	自然、人文、旅游地理	3.76	0.94	0.884	0.207	0.836	−0.732	0.466
	环境保护	3.52	0.969	0.939	0.264	0.793	1.421	0.16
教育	家庭、基础、高等教育	3.61	0.902	0.814	0.862	0.392	1.343	0.184
体育	体育活动	3.66	0.963	0.928	−0.391	0.697	0.707	0.482
科技	科技成就	3.75	1.01	1.021	0.961	0.34	−0.577	0.566
价值观	价值观念	4.03	0.984	0.968	1.373	0.174	−0.252	0.802

统计数据显示，除"经济制度"和"大众传媒"，其余 21 个问卷项的兴趣平均值都在 3.5 分以上，说明本研究设置的大部分中国形象要素均可在一定程度上激发汉语学习者的学习兴

趣，学习者最感兴趣的中国形象要素是"生活方式"，包括娱乐方式、出行方式、消费方式、居住方式等社会生活层面，其次是文化层面的汉语言文字。从受访主体的差异性来看，不同性别和不同国家发展水平的受访者在某几个要素上的兴趣指数呈现出明显差异，我们取显著性水平 α 为 0.05，"经济制度、经贸往来、饮食、服饰"这四个要素的双尾开率 P_1 值均小于或等于 0.05，"经济制度、大众传媒"这两个要素的双尾开率 P_2 值均小于 0.05，说明样本中男性和女性在"经济制度、经贸往来、饮食、服饰"要素上的兴趣程度存在显著差异，发达国家和发展中国家学习者在"经济制度、大众传媒"要素上的兴趣程度存在显著差异。

抛开那些样本平均值存在显著差异的要素，我们将汉语学习者最感兴趣的五大中国形象要素（兴趣平均分在 4 分以上）降序排列为：生活方式＞汉语言文字＞跨文化交际＞习俗＞价值观念。

（二）中国形象要素分布与学习者兴趣的匹配度分析

我们首先统计了兴趣平均值排在前五位的中国形象要素在四套视听说教材中的分布情况，然后以各教材中兴趣平均值 3.5 分以上要素的涉及率作为参考，讨论教材中国形象要素的设置是否适切学习者的需求。统计结果如下：

表 3　兴趣值排名前五的要素在四套教材中的分布情况

	生活方式	汉语言文字	跨文化交际	习俗	价值观念	总计
《镜头》	13.18%	4.65%	9.30%	3.10%	11.63%	41.86%
《名片》	5.21%	0%	1.04%	8.33%	5.21%	19.79%
《电影》	20.93%	2.33%	2.33%	6.98%	6.98%	39.53%
《秦淮》	26.09%	0%	0%	8.69%	17.39%	52.17%

统计结果显示，留学生最感兴趣的五大中国形象要素在《秦淮》中的总体出现率最高，但它缺失了对汉语言文字和跨文化交际内容的呈现，覆盖面不尽理想。相比之下，《镜头》和《电影》对五大要素均有覆盖且在总体出现率上旗鼓相当，两套教材中呈现最多的二级要素都是"生活方式"，符合大部分学习者的第一需求，基本要素中同是"文化"比重最大，合理对应当前文化形象传播不饱满的现状。兴趣平均值超过 3.5 分的要素在四套教材中的涉及率由高到低分别为：《镜头》（85.71%，18/21）＞《名片》（71.43%，15/21）＞《电影》（61.9%，13/21）＞《秦淮》（23.81%，5/21）。

综合比较四套教材的中国形象要素及其与学习者兴趣的匹配度，我们认为《镜头》中设置的中国形象要素无论是在均衡度上还是丰富度上都更能满足汉语学习者的认知需求。

三、视听说教材中国形象的呈现方式

"文化内容的呈现方式，包括文化内容的选择、表述和解说，这其中是很有讲究的。因为对文化内容的阐释和表述是否准确和恰当，不仅直接影响学习者的认知理解，也影响教学效果和学习效果，乃至学习者的情感态度。"（李泉，2011）同样，教材对国家形象要素的编排设计是否得当，直接影响学习者对目的语国家形象的接受态度和认知效果。下面我们以《中国微镜头》为例，考察中高级视听说教材中国形象的呈现方式。根据教材体例的设置情况及其特点，《镜头》中的中国形象要素主要通过视听素材、词汇、注释和图片来呈现。以下从这几个方面具体分析其呈现方式。

（一）通过视听素材呈现中国形象

视听素材可以说是视听说教材的核心，词汇、语言点、练习、文化点及实践项目都根据其主题和内容展开编排。《镜头》的视听素材主要由精视精听和扩展视听两部分组成，前者多取自微电影、专题纪录片、情景剧和综艺节目，后者多取自新闻报道和人物访谈，视频材料均来自线上影视资源，主题涉及公益、文化、教育、商贸、社会、体育、节日、科技等多个维度，其取材类型和取材内容各具特色。

1. 取材类型

《镜头》各主题篇目及其视听素材取材类型如表4：

表4 《镜头》主题篇目及其视听素材取材类型

中级（上）	取材类型	中级（下）	取材类型	高级（上）	取材类型	高级（下）	取材类型
公益篇	微电影 人物访谈	动漫篇	动画片 人物访谈	公益篇	专题纪录片 新闻报道	生活篇	人物访谈 电视剧
梦想篇	微电影 综艺节目	文化篇	专题纪录片 新闻报道	旅行篇	专题纪录片 新闻报道	文学篇	专题纪录片 讲座
爱好篇	人物访谈 新闻报道	综艺篇	综艺节目 人物访谈	体育篇	专题纪录片 新闻报道	科技篇	演示报告 会议报告
职业篇	情景剧 人物访谈	旅行篇	专题纪录片	节日篇	专题纪录片 新闻报道	社会篇	讲座 新闻报道
教育篇	微电影 人物访谈	人物篇	人物访谈	商贸篇	专题纪录片 新闻报道	教育篇	专题纪录片 新闻报道
爱情篇	微电影 街采	艺术篇	专题纪录片 人物访谈	国情篇	专题纪录片 新闻报道	财经篇	专题纪录片 新闻报道
家庭篇	情景剧 新闻报道	职业篇	综艺节目 新闻报道				
励志篇	综艺节目 人物访谈	家庭篇	专题纪录片 新闻报道				
生活篇	专题纪录片 新闻报道	商贸篇	专题纪录片 新闻报道				
校园篇	专题纪录片 新闻报道	社会篇	专题纪录片 新闻报道				

相比于以往汉语视听说教材单纯以影视剧、纪录片、综艺节目或动画片为蓝本进行编制的方式，《镜头》的视听素材涉及微电影、情景剧、纪录片、专题片、综艺节目、动画片、人物访谈、新闻报道等多种形式，取材范围更为广泛，类型丰富多样，便于学习者接触不同影音体裁下的多类话题，在多维的语篇类型中感悟真实的生活图景和交际情境。

与此同时，教材充分考虑学习者兴趣及其认知过程的循序性。张璐、槐珊（2017）就留学生对视听说教材的取材偏好展开调查，把兴趣程度由高到低排列为：电影、电视剧、纪录片、娱乐类综艺节目、动画片。文章明确指出，由于中高级阶段的大部分汉语学习者均为成年人，因此动画片不太适宜作为视听说教材的视频资源，此外，编写者除了从多样化的影视作品选取素材外，还可以适当吸收符合留学生兴趣的网络微电影资源。《镜头》共64个视听素材，只有一篇课文取自动画；在以专题纪录片和新闻报道为主要取材类型的基础上，中级阶段合理配置以日常谈话、口述和公众访谈为语言形式的微电影、情景剧及人物访谈素材，高级阶段则适度增加以独白为语言形式的讲座及报告素材，视听素材所承载的国家形象内涵随着语言难度的螺旋提升实现逐级深化。这一设置既能较好地迎合学习者的兴趣，适应学习者的认知规律，又能在一定程度上满足学习者日益强烈的提高成段表达能力的需求。

2. 取材内容

《镜头》视听内容的选择与呈现体现出以下几个特点：

（1）凸显传承与创新

以往大多数对外汉语教材中的文化内容都存在"厚古薄今"或"文化断层"的症候，浓墨重彩于中国古代文明的展示，忽视古往今来传承与演进的部分。而《镜头》的视听内容以当代中国景象为主，同时注重历史与现实之间的关联以及传统内容在现代社会中的流变。如中级（下）社会篇以北京798的历史变迁为主题，从当代艺术中心的日常图景回溯到20世纪的军工厂时代，讲述了"798"从工厂编码成为文化代码的兴衰沉浮。如今的798依旧保有曾经的工业气息，并在艺术家们的改造下焕发出新的活力。由废弃煤气罐改装成的别致酒吧群落以及厂房墙壁上尽显非主流色彩的涂鸦作为全新而独特的文化景观被年轻人争相打卡留念，798已成为酷和前卫的代名词，它是工业文明和现代文明碰撞交融后的产物，这一内容在介绍798历史进程的同时也呈现出中国工业文化的发展历程与其在现代社会的创新演变。高级（下）社会篇以承诺和诚信为主题，借助春秋战国时期赵氏孤儿和徙木立信的历史故事烘托出中国传统文化中的诚信内核，并用当今社会中诚信楷模的故事和国家建立诚信档案的举措做出回应，为"诚信"这一中华优秀传统美德赋予了当代内涵。这些内容关注到中国过去与当下之间的联系，并将重心放在"传承与创新"上，这既能让留学生了解到历史故事里的中国，又能从当代视角出发，对中国形象有更为全面的认知。

（2）注重中外对比

《镜头》视听内容涉及中西方文化之间的碰撞与交流，关注到中国与其他国家的共性与差异。如中级(上)教育篇介绍了中西方教育理念上的差异,直接阐明中国的教育更重视获取答案,而西方的教育则更鼓励提出问题。高级(上)商贸篇以在意国企的经营故事为例,讲述了中国管理者与意大利员工在工作节奏上相互让步的过程,指出中国崇尚"快"和标准化的经营理念及管理方式,而意大利则更追求"慢"和细节。这些内容有利于汉语学习者在中国文化和母语文化之间建立联系,从差异和趋同中反思本民族文化,加深对中国文化的理解,从而更好地认知中国。

(3)突出问题意识

《镜头》视听素材中所涉及的内容以正面为主,但也并不回避中国历史和当下社会中落后或不足的一面。如中级(上)教育篇从中国孩子对分数的烦恼来看中国教育的某些弊端。中级(上)家庭篇呈现出中国社会愈发严重的空巢老人问题。中级(下)家庭篇讨论的是都市裸婚族生活背后的经济重压。高级(上)节日篇以中国年轻人对西方节日的热衷来反思中国主流文化的不足,指出中华文化存在过于严肃和紧张的问题。这些内容的选择与呈现是这套教材的一大亮点,即便这些内容揭露了中国过去与现存的某些问题,但提出问题绝不等同于贬损,换一个视角来看,我们能够看到中国对教育改革、社会保障体制和主流文化的反思,能够了解到社会发展进程中国民心态的转变和生活方式的变迁,其中突显出的问题意识有利于更为丰盈的中国形象塑造。

(二)通过词汇呈现中国形象

词汇作为语言的重要组成部分,凝结着特定民族的深层文化和精神本质,反映着新旧时代的更迭和社会生活的变迁,是各民族在经济、政治、文化、社会等领域形象的生动体现。汉语有诸多内蕴丰厚的特有词汇,这些词汇是汉语学习者认知中国的主要窗口之一。《镜头》各主题篇目都设置了词汇预习环节,筛选出视听素材文本中符合教学难度的核心词汇,按照词性和类别依次列举,其中不乏体现中国形象的特色词汇,主要以专有名词、行业术语、网络流行语以及固定短语的形式呈现,所涉词汇如下:

表5 《镜头》词汇预习板块中体现中国形象的特色词汇

文化形象	当代流行语:有钱任性、仪式感
	服饰:汉服
	文学与艺术:西皮、二黄、花旦、德云社、春晚、吊脚楼、梅兰芳、莫言、周杰伦
	历史:赵氏孤儿、徙木立信
	饮食:豆汁儿、锅包肉、宫保鸡丁
	习俗与节日:泼水节、植树节、七夕、"双十一"
	医药:同仁堂
	宗教:观音菩萨
地理形象	青藏高原、柴达木盆地、都江堰、凤凰古城、南锣鼓巷

续表

经济形象	阿拉山口、渝新欧、京津冀
社会形象	淘宝、微信、微博、广场舞
国民形象	北漂、蚁族、房奴、裸婚族
教育形象	赢在起跑线上、千军万马勇闯独木桥

这些代表性词汇主要呈现出中国在文化、地理、经济、社会、国民、教育这六个维度上的部分形象特征。如文化层面上，"赵氏孤儿"和"徙木立信"作为历史沿袭下来的典故词汇体现了中华传统美德中的承诺与诚信，"西皮""二黄"作为京剧术语体现了京剧艺术的唱腔韵调，"有钱任性""仪式感"作为网络流行词语产生于网民对社会热点和生活琐碎的态度表达和情感诉求，能够体现中国开放、民主的文化环境；地理层面上，"青藏高原""都江堰""南锣鼓巷"等专有地名向学习者展现了中国丰富多彩的自然和人文景观；经济层面上，"渝新欧"是一条从中国通往欧洲的国际联运大通道，"京津冀"是中国首都经济圈的简称，这些词汇反映着中国的经济发展理念及其与国际接轨后的经贸动态；社会层面以生活方式的体现为主，如"淘宝"体现购物方式，"微信""微博"体现社交方式，"广场舞"则体现当代老年群体的健身方式；国民性格和价值观层面，"北漂"代表了一批从外地来京生活却心无归属的人群，"裸婚族"体现了当代部分年轻人重精神轻物质的生命态度，这些词汇无疑反映出中国特定群体的生活姿态和价值观念。通过对中国特色词汇的学习，学习者可在掌握词语形音义的基础上进一步获悉其背后的中国形象信息。

需要指出的是，通过词汇呈现中国形象这一路径的实现有赖于汉语学习者的主观能动性。词汇预习板块只为学习者提供了一个探知方向，在求知欲和好奇心的驱使下，若汉语学习者能够对体现中国形象的词汇展开全方位的深层学习，将达到事半功倍的效果。

（三）通过注释呈现中国形象

注释是用简明扼要的话语对可能造成理解障碍或偏差的字、词、句进行的解释说明。《镜头》在各主题篇目都设置了综合注释和语言表达的版块，分别对视听素材中出现的重点词句和语言点进行注释，其中中国形象的呈现主要表现为以下两种情况。

1. 阐释专有名词、俗语、诗词短句时自然引出

专有名词重在"独一无二"，俗语重在"广为流传"，二者都带有深刻的民族烙印，体现出一定的思想风向，准确阐释它们的要义和用法有利于学习者更好地理解全篇。教材中的中国形象要素即作为解释说明的内容直接呈现。如高级（下）财经篇对"新支付"和"家和万事兴"的阐释："新支付：指近五年兴起的，依托互联网和通信设备，无现金支付方式。目前在中国，微信扫码支付、支付宝扫码支付是最热门的支付方式。近日，又出现了刷脸支付等新的支付方式"；"家和万事兴：【俗】指家庭和睦才能够事业兴旺，常用于节日祝福语和对联。体现了中国传统文化中对家庭观念的重视"。前者从社会和科技层面出发，呈现出第三方移动支付在中国的盛行趋势，传统的现金支付已转变为手机支付和刷脸支付，中国人日常生活中的支付方式已走向多样化、便捷化和智能化；后者从文化和国民层面出发，呈现出中国主流文化中的"家本位"思想，家可包括"小家"和"大家"，即个人家庭和国家，国家是由千千万万的小家构成，小家和睦是大家安好的基础，国家稳固则是个人家庭幸福的保障，因此，这一俗语也正体现了中国国民心中根深蒂固的家国理念。

诗词歌赋作为抒情言志的文学体裁，集中反映了特定时代的社会生活，保有民族传统文化的精髓。汉民族文学历史上诞生了诸多脍炙人口的古诗词，至今广为传颂，其中一些短句甚至成为当代流行语，在复古风的催化下逐渐形成"今话古说"的表达范式，深刻体现了汉语言的独特魅力。以高级（下）教育篇为例：

"当'土豪我们做朋友吧'变成'富贾可为吾友乎'，'女汉子'也能自诩'安能辨我是雄雌'，人们似乎开始用一种娱乐的方式重新审视汉语言的博大与美妙。"

教材对"安能辨我是雄雌"的阐释为："原文：'双兔傍地走，安能辨我是雄雌'。出自北魏时期的民歌《木兰辞》，讲述了花木兰女扮男装，替父从军，保家卫国的故事。花木兰被后人视为女中豪杰，巾帼英雄。"这例注释介绍了《木兰辞》这一长篇叙事诗创作背后的历史故事，呈现出古时中国女子的英勇形象，有别于中华传统女性形象中的"相夫教子"和"女本柔弱"，花木兰是独立女性的形象典范，其自立自强的精神与"女汉子"的内核完美契合，学习者可以此为纽带联系古今，更好地理解当代汉语。应该说，选中这一诗词短句并进行解释说明能够加深学习者对中国女性形象的认知。

2. 阐释语言点时作为例句引出

《镜头》各主题篇目都会设置5到6个语言点，中国形象要素即在说明语言结构及其用法的同时作为例释加以呈现。如中级（下）旅行篇对"将近"的阐释："指快要接近，常用于事情、时间日期或数量。例如：中国有将近四千年的有文字可考的历史"，这一例句从文化层面出发，精炼呈现了中国历史悠久的文明古国形象；再如高级（下）科技篇对"从……分析"的阐释："表示用于分析的方式或范围，常用于说明、论证语句。例如：从数据调查结果分析来看，外卖对消费者生活的改变同样显著，每10个中国人中就有3个是外卖用户"，这一例句从经济和社会层面出发，呈现出在线餐饮服务行业在中国快速发展的态势，外卖平台和配送服务的高效联动已然改变了大多数国民的消费习惯和就餐方式，给人们的经济生活带来了深远影响。

鲁健骥、吕文华（2006）认为示例作为一种隐性释义应"能比较自然地引入文化和国情信息"，相比于用虚构的语句例释语言点的要义，结合目的语国家实际情况编写出的例句能在拓展学习者语言表达能力的基础上更好地满足他们"了解中国"的学习动机，[①] 通过注释中的

---

① 高彦德（1993）及其团队在《外国人学习与使用汉语情况调查研究报告》中对65个国家和地区的761名留学生的汉语学习动机进行了统计分析，初步调查结果显示，"为了解中国"这一选项所占百分比最高。

例句呈现国家形象无疑是一种一举两得的方式。

3. 通过图片呈现中国形象

图片作为一种直观性材料，兼具知识性和趣味性，图文并茂的编排方式可有效提高留学生的学习兴趣。《镜头》各主题篇目在热身、练习和文化链接板块都设置了图片，并占有一定的篇幅，这些图片主要包括视听素材中的画面截图以及适合主题内容的补充性插图。中国形象主要通过反映中国真实人、事、物的照片（如婚礼现场照片）和蕴含中国形象信息的趣味图画（如节日图标）呈现，特别是后者极具象征意义，趣味性高，且蕴含丰富的文化符号，学习者可在揣测图案背后信息的同时加深对于中国形象的认知。

四、对中高级对外汉语视听说教材中国形象呈现的思考

我们对《中国微镜头》教材主编王涛老师及其授课班级中的22名学习者进行了访谈，并对使用《镜头》教材的课堂教学进行观察。访谈的22名汉语学习者均来自北京第二外国语学院汉语学院，分布于该学院三年级的两个班，韩国学生居多，此外还包括个别非洲、东南亚和欧洲地区的学生。

《镜头》所呈现的中国形象包括8个基本要素和24个二级要素，内容十分丰富。访谈发现，教材通过呈现大量的中国形象要素在学习者心中建立了良好的中国形象，通过丰富的主题篇目与视听素材提高了学习者对中国形象的整体认知，通过文化对比体现了中国的发展变化及其与世界的合作共赢。但教材在中国形象呈现方面还存在一些不足。

（一）《镜头》在中国形象呈现方面的不足

1. 过于突出文化的独特性和观念的对立

每一种文化都有其独特性，不同的民族在观念上有差异。但是，文化有相通性，可以交流互鉴，价值观念也有基本的底层逻辑，在教学中不应过分强调独特性和差异。《镜头》有时过于突出文化的独特性和不同观念的对立。如《没有圣诞的圣诞节》介绍了中国人尤其是年轻人面对圣诞节时截然不同的两种态度：一种态度是把圣诞节看得比中国的春节还要盛大隆重，年轻人在这一天会尽情享受节日带来的轻松和快乐，商家会在这一天大肆宣传以招揽生意，甚至有部分年轻人会把过圣诞节与过春节加以对比，表现出明显的对圣诞节的喜爱，对春节的恐惧；另一种态度是担心中国的传统文化、价值观受到西方文化的冲击，抵制过圣诞节。部分人说起过圣诞节会咬牙切齿地批判，部分高校会为阻止学生过圣诞节而关闭校门，甚至有五位年轻女子不惜举着写有"抵制圣诞，中国人不过外国节"标语的牌子站在街头示威。这个案例视频选自央视《新闻1+1》，同时有人民网、腾讯新闻网、《环球时报》、《华商报》等媒体的报道内容，视频材料的确极具权威性和影响力，但在新闻素材的选择上只关注

了具有以上两种极端态度的人群，有意呈现这两种极端表现的电视画面和媒体报道文字，这种真实是局部的片面化的真实，而不能反映中国人对于圣诞节的整体认识。这样的视频材料直接无剪辑地呈现给汉语学习者，必定会引起他们对中国尤其是对中国年轻人的误读。

2. 中国形象要素呈现不够均衡

《镜头》虽呈现了大量的中国形象要素，但对中国形象要素中的"文化"这一核心要素的呈现并不完整，如对中国的历史文化（历史故事、寓言故事、神话、谣谚等），具有中国特色的地域文化、民族文化，年轻人喜欢的时尚文化、城市文化、休闲文化等内容很少涉及，尤其是"中国人怎么看待外国人"这方面的内容几乎为零。这会使汉语学习者的中国形象认知产生局限，认识不到教材未呈现的其他中国形象要素。在"汉语学习者对中国形象的既有认知和兴趣调查"中发现，在谈到中国文化时，大部分人首先想到的是中国武术、饮食和中医，而对其他中国文化内容了解甚少。通过对22位汉语学习者的访谈发现，他们对现有教材呈现出的中国形象要素普遍都较喜欢，但同时也希望能接触到更多的中国形象要素。

3. 视听素材来源过于单一

《镜头》视听素材来源比较单一，且具有很强的官方色彩。取材渠道方面，64个视听素材主要来源于央视的《朝闻天下》《东方时空》《新闻1+1》《新闻直播间》《新闻调查》《24小时》和地方卫视的《中国梦365个故事》《杨澜访谈录》《纪时天下》《财富故事》《北京您早》《看东方》和《东方新闻》这些栏目。取材类型方面，64个视听素材可划分为11种类型，其中新闻报道和专题纪录片占比最高，二者都高达28%，合起来超过了一半，其次是人物访谈（访谈对象主要是能够代表中国精英阶层的人物），占比17%。取材内容方面，主要从国家层面出发，以点带面，体现中国在公益、旅行、体育、节日、商贸、国情、财经、教育、社会、文学等领域的现实情况和发展变化。

表6 《镜头》视听素材类型

取材类型	数量	取材类型	数量
新闻报道	18	讲座	2
专题纪录片	18	报告	2
人物访谈	11	电视剧	1
微电影	4	动画片	1
综艺节目	4	街头采访	1
情景剧	2	总计	64

视听素材官方化的优点是具有权威性，可信度高，其呈现的事件、人物及社会现象都具有很强的代表性和典型性，具有榜样的力量和效仿的价值，能及时反映和集中体现中国国家的正面形象。但同时也不难看出其中的不足，视听素材的选择太过官方、正式、严肃，亲民化不足，离中国老百姓的日常生活状态有一定的距离，会影响汉语学习者的学习兴趣和对中国整体形象的认知。

4. 教材部分内容有些陈旧

《镜头》视听素材的取材类型主要是新闻报道和专题纪录片，这些素材就当时而言，是最新的信息，但昨天的新闻就是今天的历史，随着时代的进步和发展，这些素材未必符合国家的发展变化。如果教材一用几年甚至十几年，选取新闻报道和新闻性极强的专题纪录片作为视听教学素材表面看上去是在求新求准求稳，实则很容易因内容陈旧而出现与现实发展不符的情况，造成历史与现实的偏差，这种偏差也自然会影响到汉语学习者对现有中国形象的认知。同时，正因为视听素材的取材大多是新闻报道和专题纪录片，这些节目都追求时效性，因此就少了对历史文化的关注和书写。

（二）视听说教材中国形象呈现的提升策略

1. 客观评价中国形象要素的独特性，弱化不同观念的对立性

对中国文化的诸要素要客观地进行呈现和评价，尽量呈现优秀文化，但也不回避问题。尽量寻找不同文化的相通部分，而不是片面化强调文化观念的对立。适当增加对汉语学习者的中国形象认知产生正面影响的中国形象要素，弱化不同观念的对立。可删去《没有圣诞的圣诞节》这样的课文，适当增加反映人类命运共同体和当代中国风貌的内容。

2. 均衡呈现中国形象诸要素，全方位展示当代中国形象

针对中国形象呈现要素的不均衡、不适配和内容陈旧问题，建议加大对中国形象要素中的核心要素"文化要素"的呈现，适当增加对中国历史故事、特色地域文化、民俗民风、城市文化、休闲文化等中国形象要素的呈现，使视听说教材在呈现中国形象要素内容时，既能体现出中国自身的文化自信，也能体现中国对世界文化所持有的包容心态。适当增加中国人的日常生活方式、国民性格及价值观念、中国人如何看世界等内容，贴近学生生活，迎合学习兴趣，突出实用性和趣味性。建立对外汉语视听说教材的视听素材案例库，坚持推陈出新、博古通今，凸显新时代内涵。

3. 多元获取视听素材，丰富视听素材取材类型

视听素材取材渠道的选择要更加多元。除了在央视和地方卫视等官方平台选择视听素材外，也可从非官方平台选择一些有价值的视听素材，教材编写者也可尝试自主采写拍摄一些原生态视听材料，并对不同来源的视听素材根据教学的需要进行适当的剪辑加工。视听素材取材类型和内容要更加均衡，从《镜头》来看，可适当减少新闻报道和专题纪录片的比重，增加综艺节目、微电影、情景剧、街采、短视频等取材类型的比重。

4. 充分重视介入策略的运用，准确刻画中国形象

介入策略是教材编写者在表述上的一些策略，主要包括收缩策略和扩展策略。前者以编写者的声音和立场为主导，限制并挑战其他声音所代表的观点，通过干预手段深化文本内容在学习者心中的印象；后者在保证编写者的权威性和引领作用的前提下，以开放包容心态允许观点的碰撞与交锋，积极主动地扩展多声互动的空间。收缩策略包括否定、反预期、同意、宣布和背书五个子策略，扩展策略包括包容、承认和疏远三个子策略。这八个子策略是收缩或扩展对话空间的具体实现方式，并以介入资源（主要包括词汇和短语）存在于教材话语中。

介入策略的使用不仅能够丰富表达手段，还可增强教材编写者与学习者之间的互动，这一策略可广泛运用于对外汉语视听说教材文本的话语修辞中。教材编写者在表述中国形象时应以收缩策略为主，通过强调、排他等干预手段加深文本内容在学习者心中的印象，从而在影响他们形成中国形象认知的过程中把握主导权。同时，针对不同水平汉语学习者的认知现状，教材编写者应合理分配收缩策略和扩展策略在教材不同阶段的比重，尤其是在中高级阶段，应加大扩展策略的比重，给予学习者更多的思辨空间。

五、结语

本文在比较四套中高级对外汉语视听说教材《中国微镜头》《中国城市名片》《看电影学汉语》《秦淮人家》所呈现的中国形象要素的基础上，对四套教材呈现的中国形象要素与汉语学习者的兴趣进行匹配度分析，进而以《中国微镜头》为例，分析中高级对外汉语视听说教材中国形象的呈现方式，探讨中高级对外汉语视听说教材对汉语学习者的中国形象认知产生的影响。通过研究发现，在四套教材中，《中国微镜头》设置的中国形象要素无论是在均衡度还是丰富度上都更能满足汉语学习者的认知需求；《中国微镜头》通过大量的中国形象要素和丰富多样的呈现方式（视听素材、词汇、注释、图片等）在汉语学习者心中建立了良好的中国形象；文化要素对《中国微镜头》的中国形象呈现有着特殊地位与重要影响，尤其是中外文化对比和中国改革开放前后的文化对比，能体现中国的发展变化及其与世界的合作共赢。针对《中国微镜头》在中国形象呈现上的一些不足，本文对中高级对外汉语视听说教材的编写提出一些具体的建议，比如适当增加对汉语学习者的中国形象认知产生正面影响的中国形象要素，建立视听素材案例库，促进视听素材取材渠道的多元化、取材类型和内容的均衡化，重视介入策略的使用等。

国家形象表述和呈现涉及很多方面，对外汉语教材如何呈现国家形象，需要结合第二语言教学和文化传播的特点做深入的探讨。本研究只是一个初步的尝试，希望可以对国际中文教材编写和课堂教学有所帮助。

参考文献

冯惟钢（1995）视听说教学及其教材的编写，《世界汉语教学》第4期。
高彦德、李国强、郭旭（1993）《外国人学习与使用汉语情况调查研究报告》，北京语言学院出版社。
耿直（2018）论中国国家形象的话语构建：以国际汉语教育为视角，《人民论坛·学术前沿》第3期。
哈嘉莹（2010）来华留学生与中国国家形象的自我构建，《山东社会科学》第11期。
汲传波（2010）国别化汉语教材与跨文化交际，载《第十届国际汉语教学研讨会论文选》，北方联合出版
　　传媒集团，2012年。

李泉（2011）文化内容呈现方式与呈现心态,《世界汉语教学》第3期。
刘继南、何辉等（2006）《中国形象：中国国家形象的国际传播现状与对策》,中国传媒大学出版社。
鲁健骥、吕文华（2006）编写对外汉语单语学习词典的尝试与思考:《商务馆学汉语词典》编后,《世界汉语教学》第1期。
欧阳芳晖、周小兵（2016）跨文化视角下的中美汉语教材文化呈现比较,《华文教学与研究》第1期。
吴平（2013）对外汉语教材与国家形象,第二届国际语言传播学前沿论坛会议论文。
张昆（2005）《国家形象传播》,复旦大学出版社。
张昆（2015）《跨文化传播与国家形象建构》,武汉大学出版社。
张璐、槐珊（2017）汉语视听说教材教学话题与话题兴趣的调查分析,《语言教学与研究》第2期。
张占一、毕继万（1991）如何理解和揭示对外汉语教学中的文化因素,《语言教学与研究》第4期。
周小兵、谢爽、徐霄鹰（2019）基于国际汉语教材语料库的中华文化项目表开发,《华文教学与研究》第1期。
Martin, J. R. & White, P. R. R. (2005) *The Language of Evaluation: Appraisal in English*. Pargrave MacMillan.

（史金生　首都师范大学文学院　shijsh@aliyun.com
陈子君　首都师范大学文学院　814245425@qq.com）

张宝林《汉语中介语语料库建设研究》出版

张宝林《汉语中介语语料库建设研究》由商务印书馆出版。该书详细、系统地介绍了汉语中介语语料库建设的1.0时代和2.0时代，可以让读者对汉语中介语语料库建设形成完整的了解和认识。

全书共六章：从汉语中介语语料库建设的发展、现状与对策，两个汉语中介语语料库的案例分析，汉语中介语语料库标注规范，汉语中介语语料库建设标准，汉语中介语语料库软件系统等方面进行了全面的研究和探讨，并从学科宏观角度对汉语中介语语料库建设进行了理性思考与总结，包括语料库建设的根本目的与宗旨、语料采集和标注的基本原则、语料库开发和运用的问题和方法等。既有原则性、纲领性的理论观点，也有应用性、实操性的指导建议。为国际中文教育专业的研究者和从业人员了解汉语中介语语料库及其相关应用，提供了较为全面的专业知识和翔实准确的数据信息。

本书是汉语中介语语料库建设的实践综述和理论指导，也可作为国际中文教育专业及相关专业研究生的专著型教材。

韩国汉语学习者口语能力表现的现状与问题
——基于2018年HSKK大数据的分析

丁安琪　程海婷

摘　要：本文基于2018年汉语水平口语考试（HSKK）数据对韩国HSKK考生口语能力表现的现状与问题进行了分析。韩国考生主要在韩国境内参加考试，但中国境内参加考试的考生成绩更为优异。韩国HSKK（中级）的人数最多。考生以成年人为主，年龄与考试成绩呈负相关。女性考生多于男性考生，但女性只在HSKK（初级）考试占优势。韩国考生参加考试的方式主要为网络考试，考试方式对HSKK（初级）成绩有影响。建议考试主办方继续推进HSKK与韩国当地主流口语考试的对接研发工作，普及网络考试方式以适应当地考试需求；将HSKK考试成绩纳入留学生毕业要求，引起留学生对HSKK考试成绩的重视；教师在日常口语教学过程中将HSKK考试题型纳入教学评估体系，针对年龄较大的学习者采取形式与意义结合的教学方式，针对不同性别的学习者侧重于不同类型的话题训练。

关键词：口语能力；汉语水平口语考试（HSKK）；考生结构；成绩表现；考试组织方式

口语能力指能够流利讲话的能力，口语能力的培养是汉语教学的重要目标之一。目前对于汉语二语学习者口语能力的研究成果丰硕，既有对学习者口语能力结构的探讨，（王佶旻，2018）也有对学习者口语流利度、准确度、复杂度以及语音、语调、词汇等语言要素的分析，（如陈默，2012；陈默、周庆，2016；邵忆晨，2013；丁安仪，1994；孙晓明，2009；陈默，2013；周宝芯，2014；丁安琪、肖潇，2016）还有对口语能力测量的研究。（如史芬茹、朱志平，2006；聂丹，2011）由于研究样本量较小，这些研究无法帮助我们了解学习者口语水平的整体状况。HSKK作为一项国际权威的汉语水平口语考试，于2009年11月正式推出，分为初级、中级、高级三个等级，是迄今为止学习者口语表现样本量最大的数据来源。对HSKK考生及其口语能力表现的大数据进行分析，可以在一定程度上帮助我们了解学习者的口语水平。

韩国的汉语学习历史悠久，自1992年中韩正式建交后，经济、贸易、文化等往来愈发频繁，汉语学习人数迅猛增长。截至2018年，韩国的孔子学院及课堂总数位居亚洲国家第一，多达39所[①]，开设中文专业的高等院校多达138所，在读生共35984名[②]，中小学的汉语学习

[①] 数据来源于2018年孔子学院年度发展报告：http://www.hanban.org/report/index.html。
[②] 数据来源于韩国教育统计研究中心，官方网址：http://kess.kedi.re.kr/index。

人数也逐年攀升。作为输送来华留学生人数最多的国家，韩国2018年的来华留学生数量则多达50600名[①]。韩国参加HSKK考生的人数位居世界第二，是汉语考试考生来源大国，但因考试成绩、考生信息等考试相关信息量庞大，数据的搜集与整理困难，目前暂时未有对韩国学习者的汉语考试情况分析，更没有对韩国学习者汉语口语考试情况的分析。

本文对HSKK数据库中2018年1月1日至2018年12月31日[②]间所有韩国考生的成绩、考场与考试方式等数据使用SPSS23.0进行统计，通过对以下问题的回答，分析韩国学习者口语能力表现的现状及问题。

1. 2018年韩国HSKK考生结构如何？
2. 2018年韩国HSKK考试成绩如何？
3. 2018年韩国考生个体差异及考试组织方式对口语能力表现的影响如何？

由于考题涉密，本研究不涉及考题本身，仅对数据库中考生成绩、考场与考试方式等进行分析。

一、韩国HSKK考生结构

（一）HSKK韩国考生等级分布

2018年韩国总计共有2627人次参加了HSKK考试，位居全球第二。HSKK（初级）人次为621，HSKK（中级）人次为1173，HSKK（高级）人次为833。其中人次最多的是HSKK（中级），即韩国考生以参加HSKK（中级）为主，这一特征也与全球等级分布保持一致。这与HSKK（中级）能申请的奖学金适用范围更广有关。持有HSKK（中级）成绩证书可以申请一年研修班、本科生以及硕士等孔子学院奖学金。[③]根据教育部统计的2018年来华留学生人数统计，人数最多的国家是韩国，[④]学生主体为本科生、硕士等，因而报名参加HSKK（中级）以申请奖学金的人数也随之增多。

与全球各个等级考试人次分布比例进行对比，韩国参加HSKK（高级）人次比例更高（详见图1）。韩国处于儒家文化圈，科举制带来的竞争的绩效主义文化对整个社会产生了深远的影响，（李锡熙，2007）大多数场合都采用以考试为中心的选拔制度。（周霖、周常稳，2017）基于竞争激烈的社会文化背景，我们推测因奖学金名额有限，为了能保证申请的命中率，韩

---

① 数据来源于官方网址：http://www.moe.gov.cn/jyb_xwfb/gzdt_gzdt/s5987/201904/t20190412_377692.html。
② 2020—2022年度HSKK考试受到了新冠疫情的影响，考试组织方式、考生结构、考试成绩等都会产生不同的变化，因此本文选取常规模式下的考试数据进行分析，以反映常情况下韩国考生的口语能力表现。
③ 资料来源于官方网址：http://cis.chinese.cn/Account/Proceduresfor。
④ 数据来源于官方网址：http://www.moe.gov.cn/jyb_xwfb/gzdt_gzdt/s5987/201904/t20190412_377692.html。

国考生更倾向于获得比申请要求等级更高的考试证书以在选拔中脱颖而出。因而 HSKK（高级）在整个韩国考生中的比例相对全球也更高。除此以外，在韩国担任汉语翻译或者导游也需要 HSKK（高级）的成绩证书，使 HSKK（高级）的考试人数也相对增多。

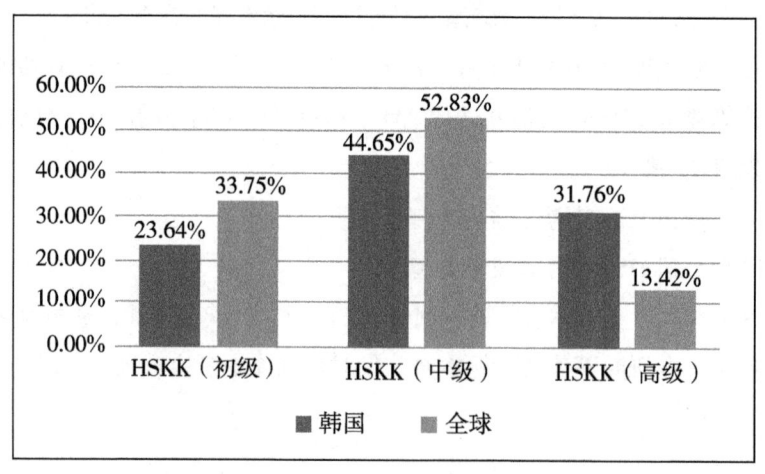

图 1　韩国/全球 HSKK 考生等级比例分布

（二）HSKK 韩国考生年龄构成

将 HSKK 考生的年龄[①]按照未成年人（小于18周岁）、成年人（大于等于18周岁）分为两组，成年人考生占比为93.45%，未成年人占比为6.55%，即 HSKK 考生以成年人为主。这与前文中 HSKK 考试的主要参与者为来华留学生的分析相吻合，也进一步验证了前文的分析。而未成年人考生较少的原因可能是有一部分考生参加了专门为中小学生设计的 YCT（口试），造成了未成年考生人群的分流。

对所有未成年考生在 HSKK 各个等级的分布进行进一步统计发现，未成年人考生主要集中在 HSKK（初级）（详见图2）。其中7—12岁所占比例为26.32%，13—15岁为45.03%，16—17岁为28.65%，可见初中的考生占比最多。韩国公立小学在"课后补习班"以课后的活动进行汉语教学，没有正式的汉语课程，汉语教学停留在初级阶段，（张敬，2013）在这种条件下，仍能够有小学生参加 HSKK 考试，虽然主要是在 HSKK（初级），但是却能够反映出汉语在韩国的影响力以及汉语推广的成果。高中有专门为高考中文设置的课程。韩国学生进入高中阶段后，在高中升学考试的压力下，大部分考生的精力都侧重在韩国升学考试的科目上，（周霖、周常稳，2017）其中外国语科目分为第一外语和第二外语，英语作为第一外语是必考科目，汉语作为第二外语是选考科目。（金椿姬，2014）除了已经计划来华就读大学的或将中文作为高考科目的一小部分高中学生会选择中文课程，其他人基本不会选修汉

---

① 因 HSKK 考试中年龄不是必填项，有个别年龄缺失值，该结果基于提交人数计算。

语，因此高中生参加 HSKK 考试的人数也就更少。在初中，汉语被纳入正规选修科目，汉语教学从初中阶段开始有了国家统一的教学目标、标准和教材，同时相对于高中，学生的学业压力较低，有更多时间及精力学习第二外语，参加 HSKK 考试的人数也就相对更多。

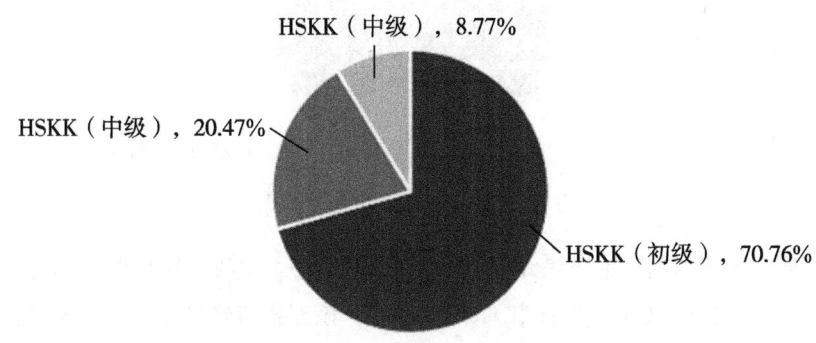

图 2　韩国 HSKK 各等级未成年考生占比分布

（三）HSKK 韩国考生性别构成

韩国 HSKK 考生各等级性别分布情况见表 1，HSKK 各个等级的女性考生所占比例都比男性考生大，即韩国 HSKK 女性考生多于男性考生。由于生理及社会因素的影响，女性总体上的语言优势较明显，如女性普遍语感、形象感更好，更加细腻耐心，普遍表现在语言类专业中女生数量要远远多于男生，（应小丽、蒋国勇，2002）再结合考试人数中的性别比例，我们可以推测韩国学习汉语的人数也是女性多于男性。

表 1　韩国 HSKK 各等级性别分布

HSKK 等级	男性		女性	
	人次	比例	人次	比例
HSKK（初级）	201	32.37%	420	67.63%
HSKK（中级）	321	27.37%	852	72.63%
HSKK（高级）	291	34.93%	542	65.07%

（四）HSKK 韩国考生地域分布

根据统计，2018 年韩国考生主要分布在韩国及中国大陆两个地区。在韩国参加考试的人数最多（1874 人次），占所有韩国考生的 82.66%，远远多于在中国境内参加考试的人数，侧面反映了韩国汉语推广的良好发展态势。韩国境内考生主要分布在首尔经济圈（包括首尔市和京畿道）（详见图 3），这与韩国的汉语教学热点地区主要集中在首尔经济圈有关。（焦毓梅、于鹏，2010）除了公立的中小学或高等学府开设汉语课堂，在以首尔为中心的地区还出现了很多满足汉语学习者需求的汉语补习班（学院），进入学院学习的群体十分庞大，一所汉语学院每月的学习人数多达 1000 名，寒暑假则可超过 3000 名。（徐凡成，2013）

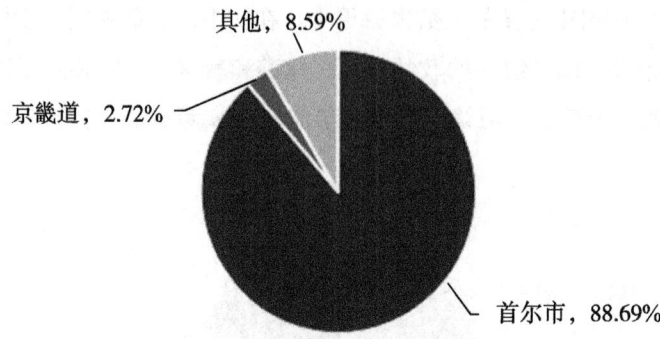

图 3 HSKK 韩国地区考生分布

在中国参加考试的韩国考生主要分布在北京（29.23%）、上海（14.91%）、天津（10.56%）、山东（10.13%）、江苏（8.83%）等省市（详见图 4），该五省市经济水平高，教育经费投入多，教育质量好，教学资源以及配套措施更为完善，除了聚集了更多的韩国留学生，也吸引了来自其他国家的留学生。据统计，该五省市来华留学生总数均居全国前 10 名。[①] 除此以外，该五省市距韩国地理距离较近，并且与韩国的双边贸易频繁，航班交通也更为便利，成为韩国留学生选择留学城市的第一顺位。

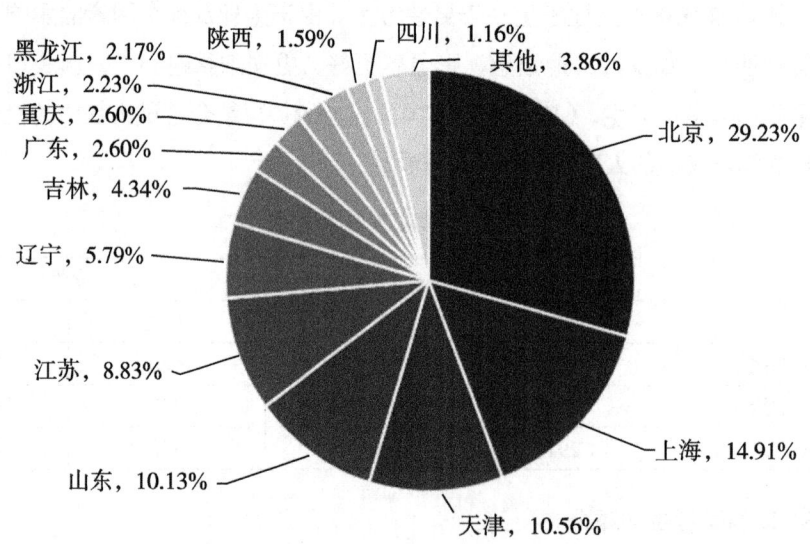

图 4 HSKK 中国大陆地区考生分布

（五）HSKK 韩国考生考试方式分布

2018 年韩国考生选择参加网络考试的总人数为 1806 人次，占全部韩国考生的 79.66%，韩国考生以选择网络考试方式为主。根据图 5 对韩国与全球各个等级网络考试占比的对比，发现韩国 HSKK 各等级参加网考的比例也高于全球参加网考的比例。

---

① 数据来源于官方网址：http://www.moe.gov.cn/jyb_xwfb/gzdt_gzdt/s5987/201904/t20190412_377692.html。

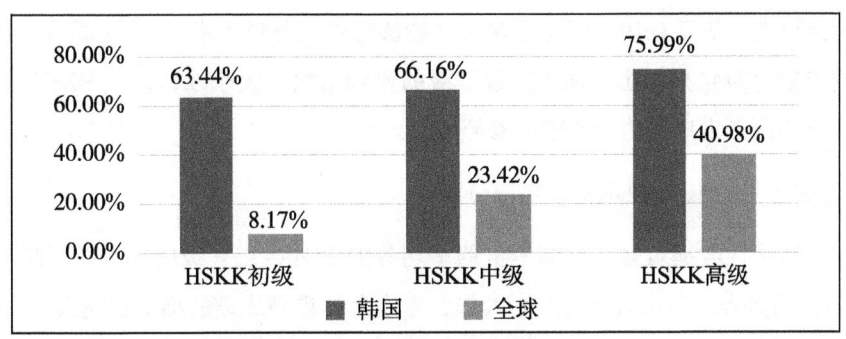

图 5　韩国 / 全球 HSKK 考生考试方式分布对比

20 世纪 80 年代以来，韩国致力于提升国家的信息化水平，推行一系列政策将信息通信技术提升为国家发展的战略工具，移动网络服务速度位居世界前列，基本实现了全国覆盖 LTE 技术，且 2019 年 3 月便实现了 5G 商业化运行，2017 年网民占到人口的 90.3%，[①] 发达的通信体系为网络考试在韩国的实施与开展提供了技术支持与保障。另一方面，韩国当地的网络考试系统已较为成熟，主流的汉语口语考试如 TSC（Test of Spoken Chinese）、OPI-c（Oral Proficiency Interview-computer）、CST（Chinese Speaking Test）、C. TEST（Test of Practical Chinese）都以采用 CBT（Computer Based Test）为主，TSC 除常规的 CBT 考试的形式外，还增加了 MBT（Mobile Based Test）的考试形式。

二、韩国 HSKK 考生成绩分析

（一）韩国 HSKK 考试区分度分析

在对韩国考生的口语成绩进行分析时，需要先衡量考试本身的区分度。考试的区分度是指考试对于被试反应的区分程度和鉴别能力，区分度高表明考试对于不同口语水平的考生有较好的区分和鉴别能力。（王孝玲，2005）区分度的计算方法有多种，本文采取分组法计算鉴别指数的方式来表示区分度。将韩国考生 HSKK 各个等级的口语成绩由高到低排列，分成高分组和低分组，两组的人数各取总人数的 27%，高分组与低分组的得分率之差就为该级别的鉴别指数。计算结果详见表 2。

表 2　韩国 HSKK 各等级考试鉴别指数

HSKK 等级	高分组得分率	低分组得分率	鉴别指数
HSKK（初级）	0.8496	0.5947	0.2549
HSKK（中级）	0.7770	0.5450	0.2320
HSKK（高级）	0.7524	0.4960	0.2564

---

① 数据来源于国际电信联盟 2018 年度《衡量信息报告》，报告详细内容请参考以下网址：https://www.itu.int/en/publications/ITU-D/Pages/publications.aspx?lang=en&media=electronic&parent=D-IND-ICTOI-2018。

若鉴别指数大于等于0.19,则说明该考试能够有效区分考生水平。(王孝玲,2005)根据表2的鉴别指数计算结果得出,HSKK各等级的鉴别指数都大于0.19,即HSKK的考试成绩可以作为分析韩国考生口语能力表现的参照依据。

(二)韩国考生HSKK成绩基本情况分析

根据表3的统计数据可知,韩国考生的平均分随着HSKK等级的提升而下降。这说明随着HSKK等级的提升,考试难度也逐渐增加,考生获得更高成绩的难度也越大。

与全球考生的口语考试平均分相比,HSKK(初级)、HSKK(中级)的平均分均高于全球水平,但HSKK(高级)的平均分低于全球平均水平。根据独立样本t检验的结果可知,韩国HSKK各个等级的成绩与全球相比都具有显著差异。

表3 韩国HSKK各等级成绩基本情况

HSKK等级	韩国平均分	全球平均分	平均值差值	t值
HSKK(初级)	73.6	69.5	4.1	9.039***
HSKK(中级)	66.7	65.5	1.2	4.117***
HSKK(高级)	63.0	64.7	-1.7	-4.350***

注:*** 表示 $p<0.001$。

韩国处于汉字文化圈,且韩语中有70%的汉字词,发音与汉语接近,(张辉女,2002)因而韩国学生能更快入门汉语学习;另外,在韩国有众多的汉语学院,且学院的汉语教学重点是应试,(徐凡成,2013)韩国考生应对考试更有优势,因而韩国考生的HSKK(初级)表现优秀,HSKK(中级)略优于全球平均水平。但韩国汉语学习者的汉语口语水平达到中级后,易出现停滞不前的现象,如发音的准确性无法改善、语调一律采用平调以及使用的词汇和语法受母语负迁移严重,口语水平徘徊不前,(王海峰、王铁利,2014)因而随着HSKK等级的提升,成绩也逐渐下降,且HSKK(高级)的成绩低于平均水平。

三、韩国考生成绩影响因素分析

为进一步探寻年龄、性别、目的语环境、考试方式这四个因素对韩国考生HSKK成绩的影响,对年龄采用的是皮尔逊相关分析,对性别、目的语环境和考试方式的分析则采用的独立样本t检验。

(一)韩国HSKK考生年龄差异分析

根据皮尔逊相关分析结果可知,HSKK(高级)的成绩与年龄呈负相关($r=-0.082$,$p<0.05$),HSKK(初级)、HSKK(中级)与年龄没有显著的相关。

对比 HSKK 各个等级的题型发现，HSKK（高级）中有一道朗读题是其他等级的考试所不具有的，该类题型重点考察考生的语音面貌。柴省三（2013）指出，年龄越小，语音习得的优势越明显，因而年龄越大的考生在该道题型上越不能得到更高的分数。但是 HSKK 初级和中级的题型更注重考生在词语及语法等方面的准确度。敏感期假说（sensitive period hypothesis）提出不同语言模块有着不同的敏感期，（Lee & Schachter, 1997）年龄的增长对语法、词汇等习得的影响较小，因而年龄对 HSKK（初级）、HSKK（高级）的影响也较小。

（二）韩国 HSKK 考生性别差异分析

HSKK（初级）韩国女性考生显著优于男性考生，但是 HSKK（中级）、HSKK（高级）成绩的性别差异并不显著（详见表4）。

表4　韩国 HSKK 各等级性别与成绩差异分析

HSKK 等级	男		女		t 值
	平均值	标准差	平均值	标准差	
HSKK（初级）	71.65	11.92	74.58	11.01	−3.023**
HSKK（中级）	66.41	9.33	66.77	9.93	−0.558
HSKK（高级）	62.29	11.80	63.44	10.60	−1.439

注：** 表示 $p<0.01$。

出现以上结果可能与 HSKK 各等级不同的话题分布有关。虽然女性的语言能力因生理、心理和社会等因素总体上要优于男性，（徐亮，2001；Green & Oxford, 1995；Ellis, 1994）但是男性与女性对话题的熟悉度以及兴趣程度不同，男性擅长体育、政治、教育等方面的话题，而女性倾向于谈论娱乐、饮食、购物等话题。（谭颖沁，2004）以官方网站提供的 HSKK 样卷为例，考生需要回答的问题有"每天睡觉前，你会做些什么？""你喜欢和谁一起旅游？为什么？"HSKK（中级）、HSKK（高级）则考察了对社会问题的态度的表达，比如"你对减肥什么态度？为什么？""你认为小孩子该不该有零花钱？为什么？"这类题型考察考生的逻辑思辨能力，男性往往思维敏捷，反应迅速，（冀沅辰、崔欣欣，2009）在言语概括性及聚合思维方面更具有优势，（沈汪兵等，2015）在观点表达时更清晰连贯，容易得到更高的分数，因而 HSKK（中级）、HSKK（高级）的性别差异对成绩的影响不显著。

（三）韩国 HSKK 考生目的语环境差异分析

在中国境内① 参加 HSKK（初级）考试的考生仅有10名，仅占 HSKK（初级）总人数1.6%，人数过少不具有代表性，因而此处不对 HSKK（初级）的境内外成绩进行差异检验。HSKK（中级）、HSKK（高级）的中国境内外韩国考生成绩差异分析结果详见表5。

---

① 中国境内的数据包括港澳地区的数据，因在台湾地区没有设立考点，所以没有纳入统计范围。

表 5 韩国考生目的语环境差异分析

HSKK 等级	中国境内		中国境外		t 值
	平均值	标准差	平均值	标准差	
HSKK（中级）	71.19	8.36	65.10	9.73	9.713***
HSKK（高级）	64.98	9.97	61.42	11.62	4.687***

注：*** 表示 $p<0.001$。

通过 HSKK（中级）、HSKK（高级）的差异分析结果可以得知，在中国境内参加考试的考生的成绩优于在中国境外参加考试的学生，即目的语环境对口语能力的提升有积极促进作用。

语言学习的一个至关重要的基本条件是语言环境，在目的语环境中，汉语学习者的动机会增强，二语学习效果也更佳。（丁安琪，2014）然而在非目的语环境下，课堂是韩国汉语学习者进行口语实践的主要渠道，学习者无法接触到大量的语言输入，并缺少机会通过自然渠道习得汉语的语音、词汇和语法，学习效率与在目的语环境下学习的汉语学习者相比也就较低。

（四）韩国 HSKK 考生考试方式差异分析

韩国考生选择不同考试方式对考试成绩影响的差异分析结果见表 6。除了 HSKK（初级）的成绩有显著差异外，HSKK（中级）、HSKK（高级）的成绩都没有显著差异。

表 6 韩国 HSKK 考试方式差异效应量表

HSKK 等级	传统考		网考		t 值
	平均值	标准差	平均值	标准差	
HSKK（初级）	71.89	12.44	74.64	10.63	−2.796**
HSKK（中级）	66.30	10.41	66.87	9.42	−0.914
HSKK（高级）	63.19	11.47	62.99	10.91	0.228

注：** 表示 $p<0.01$。

在 HSKK 的网络考试中，大题部分设有草稿区，考生可以通过打字的方式来准备答题提纲。对于初级水平的考生，回答题目时对提纲的依赖度较高，往往倾向于在提纲中记录更多的信息或完整的回答语句。显然，相同时间内打字要比传统的纸笔记录的效率更高，得分率也会随之提高。但是随着学生水平的提高，回答问题时对提纲的依赖也降低，提纲的字数的多少不再是影响成绩的关键，不论采用哪种形式对最终的结果呈现影响不大，因而考试方式对 HSKK（中级）、HSKK（高级）的成绩没有显著影响。

四、结果与讨论

本文对 2018 年 HSKK 考试中所有韩国考生的成绩、国籍、考场与考试方式等数据进行统计，分析了考生结构、学术表现以及成绩差异，得到以下结果。

第一，韩国HSKK考生人次位居世界第二，其中HSKK（中级）考生人次最多，与全球考生相比，HSKK（高级）人次所占比例更多。HSKK（初级）未成年人考生比例最多，且以初中生为主。HSKK各等级女性考生都多于男性考生。韩国考生主要在韩国本土参加考试，随着考试等级的提高，在中国境内参加考试的比例逐渐增加，韩国本土内参加考试的考生主要集中在首尔经济圈，中国境内的韩国考生主要在沿海及航空便利、与韩国贸易往来较多的城市。韩国考生参加考试的方式以网络考试为主。

第二，HSKK考试的鉴别度合格。随着HSKK等级难度的提升，韩国考生的平均成绩也逐渐下降。与全球平均水平相比，韩国考生HSKK（初级）、HSKK（中级）考试表现较好，HSKK（高级）表现低于全球平均水平。

第三，随着考生年龄的增加，HSKK考试的成绩逐渐降低，HSKK（高级）的成绩与年龄呈负相关；韩国女性考生在HSKK（初级）更有优势，性别差异对HSKK（中级）、HSKK（高级）没有显著影响；在中国境内参加考试的韩国考生，HSKK（中级）、HSKK（高级）成绩表现都优于境外参加考试的考生；除HSKK（初级）外，考试方式对韩国考生HSKK考试成绩没有显著影响。

随着韩国社会就业形势的日益严峻，就业加分成了参加汉语考试的主要目的。很多韩国的著名企业如三星、LG、现代、起亚、韩华都已经进入中国市场，需要大量具备能够流利使用汉语交际的人才，HSK考试并不能满足对口语能力考查的需求，因而韩国本土开发了其他专门考察汉语口语技能的考试。2006年，YMB教育集团在三星集团人力开发院SST（Samsung Speak Test）考试的基础上研制开发了TSC（Test of Spoken Chinese），自推出以来就受到了考生们的欢迎，考试的人数每年增长50%以上。（林珠京，2016）2007年，OPI-c（Oral Proficiency Interview-computer）考试开始在韩国进行，现在约有1600个企业及机关都要求OPI-c考试合格证书，除汉语外，英语、俄语、西班牙语、韩国语等语种都可供应试者选择。与TSC、OPI-c这些已经在韩国市场站稳脚跟的口语考试相比，2010年才正式开始在海外推广的HSKK考试已经失去了抢占市场的先机，竞争更加激烈，面对如此挑战，在韩国进一步推广HSKK考试则需要更多投入。①

HSKK考试作为一项权威的国际口语能力水平测试，具有良好的区分度，可以有效科学衡量考生的口语水平，但其知名度不及HSK以及韩国本土较为流行的口语考试。为改善这一现状，考试主办方可组织邀请专家、学者进行HSKK考试与当地TSC、OPI-c等口语考试的等级对应研究，加大HSKK考试的宣传力度，让韩国的公司等用人单位接纳HSKK考试认证。另一方面，鉴于韩国当地发达的网络设备环境，可逐渐淘汰传统的考试方式，并推进网

---

① 2022年汉考国际报名网站显示，"居家网考需要同时参加HSK笔试和口试考试，不可单独报名HSK或口试"，这反映了HSK考试理念的悄然变化，也必将推动HSKK在韩国的发展。

络考试的普及，增设更多网络考试考点。此次疫情期间推出的居家网络考试系统更是网络考试方式的一种升级，科学、高效、便利的考试方式将会吸引更多的包括韩国在内的各个国家及地区的考生参加HSKK考试。

HSKK的成绩证书是申请孔子学院奖学金的必备材料，是目前考生参加考试的主要动因，但这一动力对于扩大考试影响力仍旧不足。在选拔来华留学生时与可将HSKK考试成绩纳入考量范围，并且在毕业要求中也增加对口语能力的要求，以来华留学的韩国学生为出发点引起更多汉语学习者的重视，增加对HSKK考试的需求。在日常的口语教学过程中，教师在评估学生的口语表现时也可借鉴HSKK考试的题型，让学生熟悉HSKK考试内容。

不同年龄、性别的韩国汉语学习者也应该有针对性地训练汉语口语技能，查漏补缺，取长补短，提高HSKK的考试成绩。在日常的教学过程中，教师和学生不能仅仅重视以交际为中心进行口语的训练，忽视语音等的重要性。特别是对于年龄较大的汉语学习者，发音的习得难度更大，如果在初期没有形成正确的发音习惯，随着汉语学习时间的增长，化石化现象的出现将增加纠音的难度。根据前文的分析可知，不同性别的考生对不同话题的熟悉度不同，因而教师在教学过程中可以让男生练习更多与日常生活有关的话题，女生练习更多与社会、教育等方面有关的话题，更可以在平时的教学过程中纳入HSKK的考试题型，帮助考生备考。

参考文献

柴省三（2013）汉语作为第二语言习得的关键期假设研究，《外语教学与研究》第5期。
陈默（2012）美国留学生汉语口语产出的流利性研究，《语言教学与研究》第2期。
陈默（2013）汉语作为第二语言的自然口语韵律的发展，《清华大学学报》（自然科学版）第6期。
陈默、周庆（2016）韩语母语者汉语朗读流利度研究，《华文教学与研究》第2期。
丁安琪（2014）来华留学生汉语学习动机强度变化分析，《语言教学与研究》第5期。
丁安琪、肖潇（2016）意大利学习者初级汉语口语词汇能力发展研究，《世界汉语教学》第2期。
丁安仪（1994）试论以日语为母语者在汉语语境中的发音难点，《郑州大学学报》（哲学社会科学版）第4期。
冀沅辰、崔欣欣（2009）男护士的优势与劣势，《吉林医药学院学报》第2期。
焦毓梅、于鹏（2010）韩国汉语教育现状分析及发展前瞻，《长江学术》第3期。
金椿姬（2014）韩国中等教育体制下的汉语考试，《国际汉语教学研究》第3期。
李锡熙（2007）韩国教育文化的普遍性与特殊性，《当代韩国》第1期。
林珠京（2016）《韩国汉语考试分析及应试培训建议》，山东大学硕士论文。
聂丹（2011）汉语口语能力的测与练，《现代传播（中国传媒大学学报）》第1期。
邵忆晨（2013）《美国华裔初级学生汉语口语能力案例研究》，华东师范大学硕士学位论文。
沈汪兵、刘昌、施春华、袁媛（2015）创造性思维的性别差异，《心理科学进展》第8期。
史芬茹、朱志平（2006）建立一种面向欧美学习者的汉语口语能力测试，《语言文字应用》第2期。
孙晓明（2009）第二语言学习者产出性词汇机制研究，《汉语学习》第2期。
谭颖沁（2004）《基于性别的大学英语课堂会话研究》，华中师范大学硕士学位论文。
王海峰、王铁利（2014）非目的语环境下韩国学生汉语口语课教学的策略与方法，《国际汉语教学研究》

第 2 期。

王佶旻（2018）汉语作为第二语言的初学者口语能力结构初探，《心理学探新》第 1 期。

王孝玲（2005）《教育测量》，华东师范大学出版社。

徐凡成（2013）《韩国首尔汉语学院教学现状研究》，沈阳师范大学硕士学位论文。

徐亮（2001）语言习得神经机制性别差异对优化二语习得策略之启发：兼评托尼·巴赞的放射性思维导图原则，《外语与外语教学》第 6 期。

应小丽、蒋国勇（2002）对高师院校男女生性别比失衡的思考：以浙江省高师院校为例，《青年研究》第 3 期。

张辉女（2002）汉字和汉语与朝鲜半岛语言的关系，《民族语文》第 5 期。

张敬（2013）《韩国汉语传播研究》，中央民族大学博士学位论文。

周宝芯（2014）《泰国、印尼学习者汉语韵律习得研究》，南京师范大学博士学位论文。

周霖、周常稳（2017）韩国影子教育治理政策的演变及其启示，《外国教育研究》第 5 期。

Ellis, R. (1994) *The Study of Second Language Acquisition*. Oxford University Press.

Green, J. M. & Oxford, R. (1995) A closer look at learning strategies, L2 proficiency and gender. *TESOL Quarterly* 29(2): 261–297.

Lee, D. & Schachter, J. (1997) Sensitive period effects in binding theory. *Language Acquisition* 6(4): 333–362.

（丁安琪　华东师范大学国际汉语文化学院　dinganqi@126.com

程海婷　华东师范大学国际汉语文化学院　ecnucht@163.com）

反向设计教学：培养初中级学生的汉语跨文化交际能力

张永芳

摘　要：汉语教学经过七十年的发展，已经把教学目标逐步确定为培养学生的汉语跨文化交际能力，即形成被汉语母语者接受的、符合汉语文化情境的话语，从而得体、恰当、有效地和汉语母语者交流并完成交际任务。本文指出了目前汉语教学中偏离这一教学目标的一些误区，提出把汉语跨文化交际反向设计到整个教学过程中，并考虑学生的汉语习得过程和认知过程，使语言输入理解过程和操练内化过程都包括某一交际功能中学生与汉语母语者交流时可能会遇到的一些常用情境，帮助学生识别文化情境、体会跨文化交际中的语言使用，让学生在文化情境中反复操练，以达到跨文化交际能力的内化和自动化。文章最后以具体语言功能为例，详细展示了如何组织学生在课堂上进行文化情境中的交际练习。

关键词：跨文化交际能力；反向设计；习得；文化情境

任何一门外语教学都要先考虑"为什么而教"，也就是教学的目标是什么。只有在这个目标的指引下，考虑"教什么"和"怎么教"才有意义，因为"教"是要实现特定的目标，教学成功与否也直接取决于是否达到了教学目标，教师要在教学目标的指引下制定相应的教学内容，采用合适的教学法，选用一定的评估方式来衡量，并在整个过程中不断监测、反思，做出调整。

本文首先探讨当今汉语教学的教学目标，指出目前教学中偏离目标的一些误区，然后提出从教学目标出发，反向设计教学，使汉语跨文化交际贯穿整个教学过程。之后进一步提出要充分考虑学生的汉语习得过程和认知过程，使文化情境中语言的得体、恰当运用既出现在语言输入和理解阶段，也出现在语言操练和内化阶段。这样做可以帮助学生认知文化情境、体会情境中语言的得体使用，并通过参与循环上升的练习逐步提高并内化汉语跨文化交际能力，以便将来在语言输出阶段能形成得体、恰当的话语，完成跨文化交际任务。最后，文章将以"介绍他人"这个语言功能为例，具体展示如何组织学生在课堂上进行跨文化交际练习。

一、培养汉语跨文化交际能力的教学目标和目前教学中的一些误区

（一）汉语教学目标

汉语教学经过七十年的发展，已经把教学目标逐步确定为培养学生的汉语跨文化交际能

力。崔永华（2020）总结学者们的研究指出，汉语作为第二语言教学把培养汉语跨文化交际能力定为目标，是当今人类社会发展对语言人才规格的需求，也是二语教学法发展的必然；而跨文化交际能力，指的是与不同文化背景的人们有效、恰当地交往的能力。

笔者认为，培养学生的跨文化交际能力，在汉语教学中尤为重要，因为大部分学生的母语文化与汉语文化存在着巨大差异，学生（尤其是西方学生）学习的不仅仅是汉语语言知识，更重要的是学习如何形成被汉语母语者接受的、符合汉语文化情境的话语，从而得体、恰当、有效地和汉语母语者交流并完成交际任务。因此，笔者建议，进一步强调语言的得体性和文化情境的重要性，把汉语跨文化交际定义为：在文化情境中能够得体、恰当地运用汉语和汉语母语者交流，从而有效完成交际任务。首次提出语言交际能力概念的学者 Hymes（1972）从社会文化角度研究个人和社会成员的说话方式，认为语言交际能力包括四个方面：语法的准确性、语言的可行性、语言在情境中的得体性、语言运用。美国外语教学学会在新版的外语学习标准《为世界准备的语言学习》中提出，要培养学生的有效交流和与文化互动的能力，而交际的目标是在多种情境下为了不同的目的而完成功能；并在《语文能力大纲》中把语文能力定义为：在真实世界的情境中使用语言的能力，这种语言的使用是即时发生的、没有经过准备的，另外语言要得体并被母语者接受。

（二）目前教学中偏离目标的两个误区

与十年、二十年前相比，今天的老师们更清楚地认识到，教师的职责就是帮助学生更好更快地学会得体的汉语交际。但目前的教学中仍然存在不少误区，使我们的教学偏离了目标，尤其在初中级汉语教学中。第一类误区出现在教材上，包括四种。第一种是课文没有提供在汉语文化情境中得体、恰当的语言运用。一般来说，课文中出现的交际话语往往是教材编写者认为学生最有必要理解和掌握的内容，教材上的其他内容往往都是围绕课文安排的。但一些现有教材，有的根本没有给出课文话语出现的交际情境，有的即使提供了情境，情境也要么不清楚，要么与话语不匹配。这使教学从输入开始就偏离了培养学生汉语跨文化交际能力的目标，没有帮助学生理解和体会如何得体使用汉语。因为母语者可以很容易地、甚至是本能地进行情境的假设和构建，并根据不同的情境选择恰当的语言表达方式，但二语习得者，尤其是初级水平学生受有限认知容量的限制以及母语文化的影响，往往不大可能构建情境。这样的例子很多，已有学者讨论了教材对"打招呼"这个功能的不当处理。（Christensen, 2006；Yu, 2009；张永芳, 2020）这里以询问姓名为例，不少教材出现了"您贵姓？"和"你叫什么名字？"这两种询问姓名的常见用法，却没有区分二者出现的情境，有的教材甚至把两种用法融合在同一个情境里，如 *Integrated Chinese*（4th edition）（Liu et al., 2016）第一课第一个对话给的情境是：王朋和李友两个大学生在校园内第一次见面，课文中的人物先问"请问，你贵姓？"，得到答复后，再追问"你叫什么名字？"。

教材上第二种误区是语法学习和语言交际脱节，语法部分提供的范例，往往只服务于语法知识，并没有考虑语言的得体使用。仍以询问姓名为例，一些教材上出现的例子，完全脱离语言交际，是汉语母语者几乎不会使用的话语，如"你姓李吗？""我不姓李。"的问答；即使例子是母语者会使用的话语，如"你姓什么？"和"您贵姓？"，但因为情境的缺失，学生也无法自主分辨什么情境下用哪一种方式更恰当，结果是学生在交际中或避免使用某一方式，或随意扩大其使用范围，造成交际不当。（张永芳，2021）

教材上第三种误区是文化点的编写没有顾及学生学习汉语的需求。文化点的介绍大多脱离语言交际，侧重在文化知识上，对提高学生语言交际能力所起的作用不大。这使教材中的文化教学失去了依托，和语言教学脱节。近几年出版的教材中这种情况有所改善，但还是没能找到对提高学生语言交际能力最有帮助、最有针对性的文化切入点。这种现象在初级到高级的课程中都存在。（张永芳，2019）

教材上第四种误区是练习（包括课本和练习册上的）也常常和语言交际脱节。不少练习仍然侧重在语法形式上，并且提供了句型结构，甚至提供了提示词和答案。学生只需要做替换，是机械性地练习语法形式，而不是在情境中创造性地使用所学语言进行交际，这显然也不能很好地帮助学生真正练习如何在文化情境中得体使用语言。

显然，要提高学生的跨文化交际能力，老师在课堂上也需要提供文化情境，让学生在情境中练习，而这样的情境应该是老师在课前精心准备好的，是和学生学习的内容匹配的，并能自然引导出学生的语言运用。这正是目前教学中迫切需要改进的地方，是本文提出的第二类误区，包括两种情况。第一种情况是，目前不少老师对如何设计和引入情境还不甚了解，还没有或者没能很好地把文化情境引入到课堂练习里。也有的老师缺乏对语言使用和情境的敏感性，因而设计出来的情境和对话不匹配，无法引导学生有效练习。以"吧"作为句尾助词表示猜测为例，这个猜测一定来自情境，而不是无缘无故产生的。譬如，问一个人"你是美国人吧？"，一定是那个人有一些明显的显示国籍的特征，比如衣帽上有美国某运动队或者某大学的标识，或者有美国国旗等，而这个与国籍有关的标识就是情境的一部分，可以引发提问的人去猜测对方是否是美国人。如果没有显示国籍的标识，询问一个人的国籍恰当的问法是"你是哪国人？"。但是笔者在不少语言项目中都观察到，老师没能把情境展示出来，却期待学生用到"吧"，这等于是让学生猜谜，猜一猜哪个用法是老师想要的答案。学生将来想询问一个人的国籍，可能就会不分场合直接问"你是美国人吧？"，而这种不得体的问法只会引起对方的诧异。

另一种教学中的误区是，把文化情境中的语言使用简单等同于和母语者或者汉语使用者交流。比如在一个主题为"在中国旅行"的美国暑期中文项目中，老师费心安排了视频聊天，让初级班学生和正在中国留学的高年级美国学生及其中国寄宿家庭用中文对话。让学生实战使用汉语的做法当然值得肯定，但是因为没有设定情境，初级学生在问完对方姓名、国籍之后就询问高年级学生和其寄宿家庭成员"你要去哪里",显得十分突兀,更像是学生在背诵自己学的句子,是在自说自话。如果老师能把情境设定为,认识对方并询问对方在即将到来的周末或者留学项目结束时有什么旅行计划,会更合适。

第一类误区反映出,目前的汉语教学仍然没能完全跳出传统教学的窠臼,还是在传授语言知识,还没有成功转变为培养学生的跨文化交际能力。第二类误区反映出,老师们还不能自如地设计情境中的跨文化交际练习。误区的产生,一方面因为教材的编写还没能完全突破传统教学侧重词汇、语法等语言知识的局限性,另一方面是因为老师们教学时往往会不由自主地借用自己接受教育的方式(Lortie, 1975)。对于大多数汉语教师来说,自己的母语学习或者外语学习都不是侧重在培养跨文化交际能力,借鉴母语或者外语学习的经验都很难让人满意。

二、反向设计教学,使跨文化交际能力的培养贯穿整个教学过程

如果说培养学生的汉语跨文化交际能力是当今汉语教学的目的,那汉语教学必须把这个跨文化交际能力反向设计到教学中,以便切实帮助学生得体、有效地使用汉语和汉语母语者进行交际。语言教学中的反向设计包括三个阶段:确定教学目标、决定什么是可以接受的证据、设计学习经历和进行教学,在这个过程中,外语教师应该首先像评估员一样思考,然后像课程设计者,最后像活动设计者。(Wiggins & McTighe, 1998)笔者认为,教师需要做两方面的工作。一是教学准备的过程,包括确定教学目标,然后从教学目标入手找到实现目标的路径,考虑教学环境中的诸多因素,反向设计教学课程,包括教学内容、教学方法、测试手段等,并最终设计具体的教学活动和测试活动。另一个方面是教学执行的过程,这个过程侧重在学生的学习过程和学习表现,老师要不断测试学生学习的表现,并从学生的学习表现来评估教学是否有效,是否需要调整,需要给学生提供什么反馈和帮助等。

鉴于真实世界中语言交际总是出现在具体的文化情境中并且有特定的交际目的,我们应该在教学过程中把语言交际贯彻到教学过程中,让学生在学习的各个阶段都接触到文化情境中的语言交际使用,这样才能不断提高学生的汉语跨文化交际能力。已有学者提倡过这样的理念。语言教学的交际性原则告诉人们,最佳的教学内容和方法,是使教材和环境尽可能接近于实际的情景。(任远,1994)为了达到培养学生语言交际能力的目标,必须首先把语言当作交际工具来教和学,并要尽可能做到功能法提倡的教学过程交际化。(刘珣,1997)美国俄亥俄州立大学吴伟克、野田真理创建体演文化教学法,提倡让学生在文化情境中体演互动来促进学生在目的语文化中的表现。该教学法强调学生在学习外语时,特别是美国学生学习东亚语言时,不是单纯在学习这一门外语的语言符号和语言知识,更重要的是学会在目的语

文化和社会中完成符合目标文化所期望的事情,即学习如何用外语做事情,学生学会做的越多,他们的外语能力就越高。为此,学生要有意识地在目的语文化情境中重复体演语言使用以便能得体、自如地运用目的语和目的语国家的人交流。体演这里指的是"在情境事件中的有意识的重复",而情境包括地点、时间、参与者、听众和话语这五个特定的因素。(Walker, 2000; Walker & Noda, 2000)

笔者从学生习得汉语的过程和认知过程入手,进一步提出,要切实培养学生汉语跨文化交际能力,汉语教学界需要做以下两个方面的努力:一是从教学目标入手,分析并确定学生需要掌握的真实世界中汉语交际功能、常见的文化情境、符合情境的交际话语(包括伴随的肢体语言等)。二是把这些交际功能、文化情境和交际话语反向设计,有序编排,分配到输入理解、操练内化两个不同阶段,帮助学生不断体会语言的得体使用,不断地在文化情境中反复操练,从而理解跨文化交际能力并把这种能力存储内化到学生的长时记忆,以便将来在汉语文化情境中和母语者交流时,可以识别情境,从长时记忆里调取恰当的语言使用,形成有效得体的语言输出。

目前汉语教学在这两个方面做得都不够。限于篇幅,本文下两节将着重探讨操练内化阶段。在输入理解阶段,如本文第一部分所述,教材上的语言输入往往脱离情境,这无疑是让学生缘木求鱼。笔者建议,可以参考非母语者编写的教材,如 Walker & Lang(2004), Kubler(2017),这些教材的课文展示了文化情境中的交际汉语,语言点、文化点的讲解也是针对课文中出现的情境和用法,非常强调符合文化情境的语言意义和语用,很少强调语法的系统性。

在具体展示如何在操练内化阶段培养汉语跨文化交际能力之前,先简单介绍一下如何选择文化情境。不管教材上有没有提供文化情境,或者给出的文化情境和交际话语是否匹配,老师都必须深入思考并选出典型的、学生可以理解的、与学生现在或者将来的学习、生活、工作相关的文化情境,在教学中展示给学生,让学生在情境中运用汉语。比如,练习"请问,您贵姓"的时候,笔者教大学生时采用的情境是正式场合,包括:参加正式会议时在报名处领取材料、在正式会议的茶歇时段认识其他与会人员、入住宾馆等。练习"你叫什么名字"的时候,笔者给出的情境是非正式场合,比如在大学校园参加文化活动时认识来参加活动的其他学生、留学时第一次见到中国同屋或者学习伙伴时互相认识,等等。这几个情境可以用在网上找到的图片展示,学生利用先验知识就可以理解,不需要用英语解释。如果学生形成的话语不正确或者不得体,老师也可以自己扮演其中一个角色,和一两位同学体演,或者引导别的学生给出示范。学生看到情境,认知情境,把自己课前准备过的内容从记忆中调出,参与情境体演,并通过亲身体演或者观察其他学生的体演,得到反馈,提高自己的语言运用能力。老师则要根据课堂时间和学生人数,巧妙安排学生或者参与体演,或者参与体演前后的情境问答,确保每位学生都能在课堂上有足够的参与,并对学生的表现进行评估,给出反馈。

三、循环上升的操练帮助学生内化汉语跨文化交际能力

帮助学生把跨文化交际存储并内化成自己的能力,我们需要提供循环上升的操练,让学生在相关但又不完全重复的练习中对所学内容进行深加工。可以交互使用不同交际模式的练习。当然,考虑到汉字对初级学生的挑战,操练设计的顺序可以遵循从口语交际到阅读再到写的过程,这也符合汉语自然习得的过程,非常适合零起点入门学生和初级汉语水平的学生。这里以初级汉语中的爱好和活动单元为例。

课堂上的口语交际练习中,老师的任务是布置情境、分配角色、引导情境演练、提供反馈。比如在设计关于爱好和活动的练习时,老师可以考虑的文化情境包括:(1)在中国留学时,你和寄宿家庭成员(或者同屋、学习伙伴等)讨论周末做什么;(2)在中文课上,星期一返校,你和中文同学、老师聊起周末的活动;(3)作为中文俱乐部的负责人,你要接待一位第一次造访你所在学校的中文老师,提前询问客人的爱好和想做的事情来安排对方的行程。

在阅读教学中,基于汉字的特殊性,汉语阅读包括识字、理解课文、完成阅读交际等不同层面的任务,识字只是基础,应该为后两者服务。阅读完课文之后,学生需要参与到更多有目的的阅读任务中。老师可以首先引入和学生生活息息相关的阅读任务。比如,学生准备去中国留学时,要找寄宿家庭或者同屋、学习伙伴,这时有共同的兴趣爱好、相似的生活作息习惯是非常关键的匹配因素。老师可以虚拟留学项目发来的一些匹配信息,让学生阅读并初步确定几个比较合适的选择。老师也应该引导学生参与到更广泛的阅读中,通过阅读来了解中国文化,比如了解中国人的休闲方式和爱好,特别是大学生的休闲方式和爱好、度周末的方式等。这时,老师可以引入真实语料的阅读,然后引导学生对阅读内容进行问答、讨论、文化对比。迈克尔·拜拉姆(2017)曾指出,目前网络上有关跨文化话题的资源十分丰富,教师可以选出适合自己教学内容、反映目的语文化和学生母语文化的真实语料,带入到教学中。不少老师担心,真实语料可能会出现很多学生不认识的字词,对初级水平学生挑战比较大。笔者认为,这个担心可以理解,但事实上很多真实语料本身带有阿拉伯数字、图片等非汉字因素,这些因素加上交际情境,可以调动学生已有的知识储备,帮助学生克服不认识的字词带来的困扰,同时也培养了学生的阅读策略,让学生进行猜想、概括、速读、扫读、不怕干扰等策略的训练。另外,运用真实语料也可以强化学生对文化的了解,是语言和文化在外语学习中的另一种有机结合;而且真实语料也可以提高学生的学习兴趣,因为学生觉得这些真实语料贴近日常生活体验,是鲜活的。每个阶段的阅读教学中,教师都可以选出适合教学内容、反映目的语和学生母语文化的真实语料,让学生进行阅读的同时,用目的语来了解文化。当然在初级水平阅读教学中,老师要花更多的心思来挑选真实语料。

在写的方面,汉语里的写包括写汉字和写作两个方面。学生需要反复写汉字才能记住汉

字，但是老师们可能都注意到并且也有过亲身经历，如果机械、重复抄写汉字，写的时候往往是有"手"无心，效果非常差。因此，在教学中，我们要尽量把写字和写作两个方面结合起来，给学生提供写的任务和情境，让学生在用中写，有目的地写，创造性地写，而不是机械抄写。一些可以考虑的文化情境包括：（1）学生准备去中国留学，留学项目着手为学生匹配寄宿家庭/同屋/学习伙伴时，邀请学生填写自己的基本信息，包括爱好等。（2）在中国留学时，学生写自己一周的安排或者周末的活动计划。（3）在中国留学时，学生想了解中国大学生的爱好，把调查问题写好然后请学习伙伴转发到中国学生群。老师可以让学生在课前或者课堂上写，写完之后可以请学生展示或者报告自己写的东西，然后大家进行问答、讨论、文化对比。在运用这些文化情境进行教学的过程中我们发现，即使是初级水平的学生，也可以参与到各种各样的真实活动中，运用自己正在学习的语言。

老师也可以借助常用的沟通工具来组织不同交际模式的练习。仍以上面的爱好和活动为例，情境的主线可以设定为，在中国留学时，留学项目要组织兴趣小组。成立兴趣小组，学生首先需要找到志同道合的同学，这可以通过口头询问得知同学们的兴趣爱好，也可以在班级微信群里发布信息。找到有共同兴趣的同学之后，可以以口头或者短信等不同方式沟通，讨论成立兴趣小组的事宜，并商量举办第一次活动。之后，学生负责为兴趣小组及第一次活动设计宣传资料（海报或者视频），并把这个宣传资料放到社交媒体上，也可以在课堂上宣布兴趣小组的成立和第一次活动的信息。限于篇幅，这里不再举更多的例子，有兴趣的读者可以参考张永芳（2019，2020）。

学生从不同角度、在不同任务中多次运用所学语言，这使学生能够对话语进行深加工，促进学生的语言习得，帮助学生把操练内容从短时记忆存储、内化，保持在长时记忆中，并达到一定程度的自动化，可以快速、有效、得体地调取并输出，完成跨文化交际。认知心理学家认为，先验知识、螺旋上升式的课程、加工的深度对学习具有正面影响。比如，接触过信息之后，再加工相同或者类似的信息时，就只需要比较少的神经活动，（Cabeza & Nyberg, 1997）螺旋上升式课程的长处是使用了再学习的调取方式，学生再次接触到同样的主题，学习就会变得更有效；（Chandler, 1989）加工过程的深度可以促进长期记忆，因为对要掌握的信息加工得越多越全面，学生就可以越好地把信息保持在长期记忆里。（Bruning et al., 2004；Chaffin & Herrmann, 1983）

另外，强调学习内容和文化情境与学生的关联性，可以激发学生的学习动机。因为学生在学习中只有发现学习对自己的意义才会积极参与，（Oxford, 2017）而当学习内容与学习者个人过去经历或者现在关心的问题相关联、与学习过程和学习者生活经历相关联时，成年学生学习效果最好。（Brundage & MacKeracher, 1980）老师可以通过促进与现实相关的、使人兴奋和喜爱的课堂任务来维持和保护动机。（Dörnyei, 2001）

四、设计文化情境中的语言交际练习

（一）情境中的课文练习

介绍朋友或者自我介绍是初中级学生需要掌握的常用语言功能。笔者这里以 *An Introduction to Spoken Mandarin for Beginners：Basic Mandarin Chinese*（*Speaking & Listening*）（Kubler，2017）第二个单元第二课为例，呈现课堂情境练习，展示情境设计如何和学生的实际生活联系起来，并展示如何把语言点的学习融入情境练习中。教材的对话比较长，超过初级水平学生一个课时可以接受的长度，因此，对话被分到两个课时里，介绍朋友的功能出现在第一个课时，该课时的课文内容如下：

情境：陈丽去老同学马玉兰的宿舍，马玉兰给陈丽介绍新同屋王爱华。

陈丽：（敲门）

马玉兰：请进。

陈丽：（推门进来）诶，小马。（看到小马的同屋）噢！

马玉兰：哦，小陈，我给你介绍一下。这是我的新同屋，她叫王爱华。王爱华，这是我的老同学，小陈。

情境设置：教室中间放两把椅子，把王爱华的照片贴在一把椅子上，指明这是王爱华的椅子（这一课时的对话中王爱华没有参与），离椅子较远处的黑板或者教师用桌朝向学生贴上一扇门的图片代表宿舍的门。

情境展示和认知提问：老师用中文帮助学生认知情境，包括人物、人物角色及其之间的关系、地点等，这些情境信息和使用的中文可以是当天学习的内容，也可以是以前学过的。老师可以拿课本中对话的插图或者指着设置好的情境询问学生。下面是情境展示后对情境认知的提问，问题后的括号里是期待学生的答复以及老师应借用反馈来突显的比较重要的词汇和句式。

1.（指着照片）她叫什么名字？（她叫陈丽）；她是哪国人？（她是中国人）

2.（指着照片）她叫什么名字？（她叫马玉兰）；她是哪国人？（她是中国人//她也是中国人，如果学生回答"她也是中国人"，老师应该及时反馈表扬，突显一下"也"在这里的正确、得体的使用）

3.（指着照片）她叫什么名字？（她叫王爱华）；她是哪国人？（她是美国人）

4. 陈丽是马玉兰的同屋吗？（不，陈丽是马玉兰的同学/老同学。如果学生回答说"老同学"，老师应该鼓励一下，强化这个新学的内容）

5. 王爱华是马玉兰的老同学吗？（不，她是马玉兰的同屋/新同屋，如果学生说"新

同屋"，老师应该鼓励一下，强化这个新学的内容）

6.（指着宿舍图片）这是哪儿？这是谁的宿舍？（这是马玉兰、王爱华的宿舍）

分配角色：（对学生甲）你是马玉兰，这是你的宿舍。请坐。（对学生乙）你是陈丽。请你到马玉兰的宿舍去。

对话演练：学生表演对话的时候，老师可以和学生保持一定距离，给学生表演的空间。老师记录学生演练时使用的语言和肢体行为（如敲门）等，以便表演结束后给学生有针对性的反馈。另外，老师要尽量不打断学生的演练。

提供反馈：老师根据自己的记录，给学生有针对性的反馈，如发音、行为动作等。

课堂情境中师生关于对话表演的讨论：在学生表演完对话之后，老师可以提出一些针对对话内容和情境的问题。一来帮助学生理解情境；二来学生可以在不同的活动中反复使用所学内容（这是在课堂情境师生问答中常使用的句法结构和新词语）；三来可以调动学生在课堂的参与，因为老师会随机提问，每个学生都应该高度集中注意力。另外，这个课堂中师生关于对话内容的讨论，是一个真实课堂情境，老师和学生在这个情境中本色出演，自然谈论正在做的课堂活动。因为情境的代入，学生需要认知情境，使用目的语对存在信息差的情境进行提问也更有意义。这和下面的针对课文内容进行的问答有所不同，因为仅针对课文或所学内容进行的问答中答案多半是限定的或双方共知的，缺少信息差，属于不真实的交际。

下面是可以讨论的问题，问题后面的括号里是期待学生的答复以及老师应借用反馈来突显的比较重要的词汇和句式。和上面对情境认知的提问进行对比，可以看出这里的提问更多的是对内容的提问。

1. 陈丽到哪儿去？（她去马玉兰的宿舍。如果学生用的是"回"而不是"去"，可以接着问，这是陈丽的宿舍吗？等学生回答说"不是"之后，老师问：这不是陈丽的宿舍，所以陈丽去哪儿？如果学生还是用"回"，老师可以问别的学生，也可以直接给答案：这不是陈丽的宿舍。陈丽去马玉兰的宿舍。）

2. 马玉兰的新同屋叫什么名字？（她叫王爱华）

3. 马玉兰的新同屋是哪国人？（她是美国人）

4. 马玉兰的老同学叫什么名字？（她叫陈丽）

5. 马玉兰的老同学是哪国人？（她是中国人）

6. 陈丽是谁？（陈丽是马玉兰的老同学）

（二）课堂上其他情境中的语言交际扩展练习

在展示课堂中其他情境扩展练习之前，有必要先介绍一下上课的背景。2016年笔者从第二周开始参加 ALLEX 暑期项目，上的第一节中文课就是上面讲的 Kubler（2017）教材第二单元第二课第一个对话，面对学生，笔者的身份是新老师。班上有一位学生（这里称为 N 学生），2015年旁听过这门课，但是因为各种原因没能很好地投入学习，而且学完后没有机会使用中文，所以2016年重新回来正式上课。在教学中，笔者把这个真实情况加入到教学中，让学生在真实情境中使用"新老师、新同学"等重点内容。另外，因为我是新老师，第一堂课面对学生，对学生的宿舍安排并不了解，教学中正好也加了进来。

情境演练一：刚上课时师生问好。

老师：我们上课吧。你们好！

学生：老师好！

老师：我是你们的新（中文）老师。请你们问我。（练习内容：引入"新""的"，并引导学生使用昨天所学内容，比如"叫什么名字""哪国人"等）

学生：老师，您叫什么名字？

老师：我叫张永芳。

学生：张老师，您是哪国人？

老师：我是中国人。

情境演练二：（练习内容："给你介绍一下""的""这""那"）

情境设置：一个贴纸上写着"returning student"，给N学生。

情境介绍：我是新老师，（指向N）他是老学生。

老师：N，（指着旁边的学生）这位是……？

N学生：我给你介绍一下。这是我的新同学。他叫XXX。（如果学生没有说名字，老师可以追问，"他叫什么名字？"）

和N学生对话之后，笔者请刚认识的学生介绍另外的同学，几轮下来，笔者认识了所有的学生。当然这个练习的可行性也和老师这里所说的对话非常短有关，这样才可以把大部分课堂时间留给学生练习。

情境演练三：扩展练习（练习内容：引入"的""同屋"，复习"这""那"）

情境：周五晚上的师生联欢，大家在分享一些手机照片。这个情境来自学生暑期项目的亲身经历，为学生提供了语言交际的真实需求。

展示情境：用每周五师生联欢去的那个饭馆的照片，还有学校学生宿舍大楼或者走廊照片，两把椅子面对学生并排放，手机放在其中一把椅子上。

老师：这是哪儿？

学生：这是（我的）宿舍。（如果学生没有说出来"我的"，老师可以问："这是谁的宿舍？"）

老师：你有同屋吗？

学生：有/没有（如果有，可以继续下面的对话）。

老师：你的同屋是谁？

学生：我的同屋是XXX。

对话之后，课堂情境中师生关于对话表演的讨论可以包括下面一些问题：

1. 这是谁的宿舍？
2. XXX的同屋是谁？
3. XXX的同屋叫什么名字？
4. XXX的同屋是哪国人？
5. XXX的同屋是他的同学吗？

五、结语

如果说汉语教学以培养学生和汉语母语者进行有效交流为教学目的，那么文化情境中的语言交际就必须贯穿整个教学过程，即把跨文化交际能力反向设计到教学中，在输入理解过程和操练内化过程都必须考虑到某一交际功能中学生与汉语母语者交流时可能会遇到的一些常用情境，帮助学生首先识别文化情境、体会跨文化交际中的语言使用，并通过在文化情境中反复操练以达到跨文化交际能力的内化和自动化，以便切实帮助学生得体、有效地使用汉语和汉语母语者进行交际。教师则评估学生在情境演练中的表现，通过在课堂上与课后给学生大量的反馈来帮助他们更准确、更得体、更地道地使用中文，完成交际任务。另外，教师在反馈中也应常常给学生学习策略上的指导，来帮助学生成长为自主学习者。再有，教师也可以根据学生的表现来调整教学。这样的做法符合语言作为交际工具的特点和当今外语学习的需要。

这里需要指出的是，海外中文教学不具备语言运用的大环境，课外练习的环节非常有限，甚至是零，因此教师必须在课堂上侧重语言运用的环节。另外，中文课课时非常有限，延伸学生学习的机会，并培养学生自学能力就显得尤为关键。在海外教学，如果条件许可的话，教师应该把学的时间放在课前准备，而把宝贵的课堂时间留给学生在情境中的语言运用。把课堂时间延伸到课前与课后，可以更有效地提高学生的语言能力。但这需要教师分配好课前、课上与课后学生要学习的内容，精心设计每一个课时的内容，提前告诉学生课前要准备的内容、上课时的评估、课后的功课，并和学生分享相关理念，使学生学习更具自主性。

参考文献

崔永华（2020）对外汉语教学的目标是培养汉语跨文化交际能力，《语言教学与研究》第4期。

刘珣（1997）试论汉语作为第二语言教学的基本原则：兼论海内外汉语教学的学科建设，《世界汉语教学》第1期。

迈克尔·拜拉姆（Michael Byram）（2017）《跨文化交际与国际汉语教学》，和静、赵媛译，外语教学与研究出版社。

任远（1994）对外汉语教学法研究的回顾与展望，《语言教学与研究》第 2 期。

张永芳（2019）非汉语环境下的中国文化教学：以美国初中级汉语教学模式为例，《国际汉语教学研究》第 2 期。

张永芳（2020）体演文化教学法对语境的认识及在非汉语环境下对语境的设计，《国际汉语教育》第 2 期。

张永芳（2021）初中级汉语语法的情境化教学：从认知角度对语法教学的思考，《国际汉语教学研究》第 1 期。

Brundage, D. H. & MacKeracher, D. (1980) *Adult Learning Principles and their Application to Program Planning*, The Ministry of Education, Ontario.

Bruning, R. H., Schraw, G. J., Norby, M. M. & Ronning, R. R. (2004) *Cognitive Psychology and Instruction* (4th Edition), Pearson Education.

Cabeza, R. & Nyberg, L. (1997) Imaging cognition: An empirical review of PET studies with normal subjects. *Journal of Cognitive Neuroscience* 1: 1−26.

Chaffin, R. & Herrmann, D. J. (1983) Self reports of memory abilities by old and young adults. *Human Learning*: *Journal of Practical Research & Applications* 2(1): 17−28.

Chandler, T. A. (1989) Forget about forgetting: A different perspective on memory. *Kappa Delta Pi Record* 25(4): 120−123.

Christensen, M. B. (2006) 你好 and greeting strategies in Mandarin Chinese. *Journal of the Chinese Language Teachers Association* 41(3): 19−34.

Dörnyei, Z. (2001) *Teaching and Researching Motivation*, Pearson Education Limited.

Hymes, D. (1972) On communicative competence, in Pride, J. B. & Holmes, J. *Sociolinguistics: Selected Readings*, Penguin.

Kubler, C. C. (2017) *An Introduction to Spoken Mandarin for Beginners: Basic Mandarin Chinese (Speaking & Listening)*, Tuttle Publishing.

Liu, Y. H., Yao, T. C., Bi, N. P., Ge, L. Y. & Shi, Y. H. (2016) *Integrated Chinese* (4th Edition), Cheng & Tsui.

Lortie, D. (1975) *School Teacher: A Sociological Study*, University of Chicago Press.

Oxford, R. L. (2017) *Teaching and Researching Language Learning Strategies: Self-regulation in Context* (2nd Edition.), Routledge.

Walker, G. (2000) Performed culture: Learning to participate in another culture, in Lambert, R. & Shohamy, E. *Language Policy and Pedagogy: Essays in Honor of A. Ronald Walton*, John Benjamins.

Walker, G. & Lang, Y. (2004) *Chinese: Communicating in the Culture: Beginning Course in Spoken Mandarin*, Ohio State University Foreign Language.

Walker, G. & Noda, M. (2000) Remembering the future: Compiling knowledge of another culture, in Birckbichler, D. W., Terry, R. & Davis, J. J. *Reflecting on the Past to Shape the Future* :187−212. National Textbook.

Wiggins, G. & McTighe, J. (1998) *Understanding by Design*. Association for Supervision and Curriculum Development.

Yu, L. (2009) Where is culture? Culture instruction and the foreign language textbook. *The Journal of the Chinese Language Teachers Association* 44(3): 73−108.

（张永芳　美国沃佛德学院现代语言文学文化系　zhangy@wofford.edu）

国际中文师生对"格局+碎片化"语法编排模式需求的调查分析*

刘振平　戴一绚　常　理

摘　要：当前汉语作为第二语言教材遵循由易到难的原则编排语法点，围绕语法点来编写课文，难以充分保障课文内容的实用性、交际性、灵活性和趣味性。学习者对当前教材的语法编排和课文内容都有着不同程度的不满，而对先呈现汉语语法框架再依据实用性、常用性来编写课文内容和呈现语法点的"格局+碎片化"编排模式，则持有较高的认可度和期望值。绝大多数国际中文教师也认为，"格局+碎片化"语法编排能够进一步增强汉语作为第二语言教材语法内容和课文内容的实用性，先呈现语法格局再依据交际需要来编排碎片化语法，这种做法符合成人学习者的思维特征和学习需求。

关键词：国际中文教育；格局+碎片化；语法编排模式；师生需求

当前汉语作为第二语言语法编排模式——由易到难、循序渐进地分课编排语法点存在两大问题：第一，学界还难以找到一个统一的、可靠的标准来判断语法点的难易程度，现有教材所确定的语法点难易顺序的科学性总会受到不同程度的质疑；(赵淑华，2011）第二，因每课要编排几个语法点都是提前设计好的，课文要围绕语法点来编写，往往导致课文内容难以做到生动活泼、语言不够自然。（吕叔湘，1972；刘月华，2003；赵金铭，2018）时至今日，围绕这些问题的研究成果不可谓不多，但始终无法排列出一个公认合理的语法点难易顺序，课文内容编写也一直未能摆脱语法点的束缚。这就促使一些学者去探索其他的途径来解决课文内容因受语法点编排束缚而造成实用性、交际性、灵活性和趣味性不足的问题。吕叔湘（1972）为汉语作为第二语言教材的编写提出了"最好能用最少几课把最基本的语法介绍了，以后的课文就可以不受拘束""后来的每课所附语法是补充的性质，零碎点也没关系"的理念。赵金铭（2018）对此做出了深入思考，进而提出了"格局+碎片化"的语法编排思路，主张为汉语作为第二语言的成人初学者先呈现一个与学习者母语对比基础上尽显汉语语法特点的、符合外国人学习汉语语法认知过程的、服务于 TCSL 的、简约的汉语语法框架，即语法格局。这个语法格局用学习者的母语表达出来，由此学习者能够对汉语语法系统有个简单的了解，为后面要学习的语法点提供框架和节点。因为有了语法框架的支撑，学习者在语法框架中学习碎片化语法的难度大大降低。这样就可以完全依据学习者的交际需求来选择使用

---

* 本文为国家社科基金项目"'格局+碎片化'的汉语作为第二语言教学语法研究"（项目编号：18BYY117）的成果。

频率高的话题和语言材料来编写课文，语法点能够在日常交际中频繁得到运用，学习效率也会大大提高。参阅赵金铭（2018），陆俭明（2018），刘振平（2021），刘振平、张栋（2022）等，我们已经充分认识到了该语法编排模式的认知理据和坚实的历史基础，但其是否符合当前学习者和教学者的现实需求，则还需开展相关的调查研究。有鉴于此，我们设计了面向汉语初学者的问卷调查，以及面向国际中文教师的访谈调查，以期深入了解国际中文师生对"格局＋碎片化"语法编排模式的态度和需求。

一、研究设计

（一）研究的问题

本研究旨在调查分析以下问题，进一步了解国际中文师生对"格局＋碎片化"语法编排模式的现实需求。

第一，师生对传统教材中语法编排和课文内容的实用性是否满意？

第二，师生对传统教材隐含的"格局＋碎片化"语法编排实用性特征是否满意？

第三，师生是否认可"格局＋碎片化"这一教学语法编排模式？

第四，师生对教学中使用"格局＋碎片化"教学语法编排模式所编教材的利弊的认识。

（二）调查对象

本次的调查对象为初级阶段的汉语学习者和海内外的国际中文教师。汉语学习者只有系统地学习过传统教材，才能够更好地将自己学习的教材与"格局＋碎片化"教材做对比。因此，我们将调查对象设定为已学完《发展汉语·初级综合Ⅰ》和《发展汉语·初级综合Ⅱ》的成年汉语学习者。

在选定访谈教师时，我们严格按照以下三个要求进行筛选：一是所有访谈对象都连续教过一个班上下两个学期的初级汉语综合课；二是所有访谈对象都使用过两套以上不同的汉语初级综合教材；三是既要有汉语为母语的国际中文教师，也要有汉语为第二语言的汉语教师。按照这三个要求，我们在海内外18所高校邀请了20名国际中文教师作为访谈对象，其中汉语为母语的国内高校教师13名，汉语为第二语言的海外高校教师7名（美国2名，英国2名，越南2名，马来西亚1名）。

（三）研究方法

本研究主要采用问卷调查和访谈两种方法。其中，对海外汉语学习者进行问卷调查，发放问卷100份，回收到92份，有效问卷87份。对海内外的国际中文教师进行访谈，整理了20份有效访谈记录。

1. 问卷调查法

面向汉语初学者的问卷（见附录），共包含 25 道题目，分为三个版块，分别调查学习者对当前教材实用性的评价、对采用"格局＋碎片化"语法编排模式编写教材的认可度，以及学习者对两类教材需求度的不同。每个版块又从不同的维度来开展调查。为了叙述的方便，我们把当前教材称作"传统教材"，把将要采用"格局＋碎片化"语法编排模式编写的教材简称"'格局＋碎片化'教材"。调查问卷的构成见下图 1。

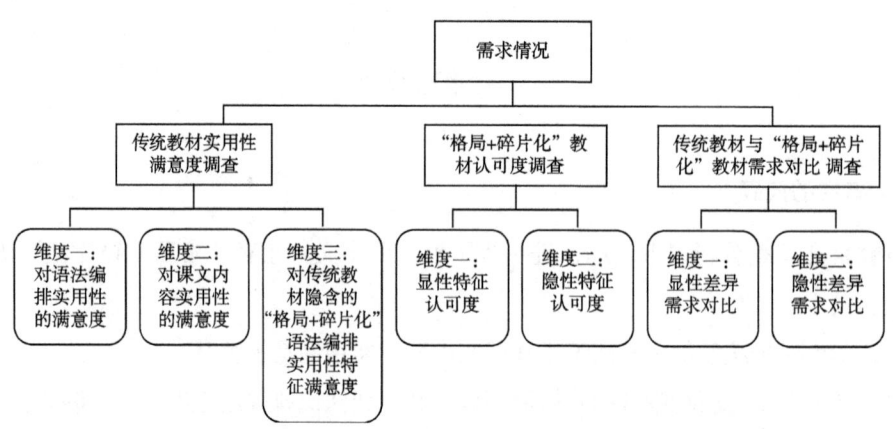

图 1　面向学习者的"格局＋碎片化"教材需求情况调查问卷框架

满意度和认可度属于内显性指标，因此前两部分的调查采用了 Likert 五级量表的形式进行调查（问卷每题后有"1—5"5 个数字，分别表示"1=完全不同意""2=基本不同意""3=比较同意""4=基本同意""5=完全同意"）。两种教材的需求为外显指标，故选择了文字问卷题进行调查。收集所有问卷数据后，我们运用 SPSS17 软件对前两部分所得数据进行信效度检验，确定问卷的可靠性和有效性后，再逐一对三部分的调查结果进行描述性统计分析。

2. 访谈法

面向国际中文教师的访谈，共设计了 5 个问题，主要调查他们对当前汉语作为第二语言教材语法编排的满意度和对"格局＋碎片化"语法编排理念的认可度。具体问题如下：

第一，您对现有留学生汉语教材中语言点的顺序安排和内容设计是否满意？有什么看法？

第二，您认为教材语法点编排顺序应该依据难易度还是实用性（使用频率）？为什么？

第三，如果教材在序言部分或者前面有限的几课里，用学习者母语先简要介绍一下汉语语法框架，以及汉语相对于学习者母语而体现出来的语法特点，然后再逐课学习课文和所包含的具体语法点，您认为这样会更有利于教学吗？

第四，如果每册教材先运用框架图展示本册课文中所出现的语法点，凸显各语法点之间的联系，您认为这样会更有利于教学吗？

第五，面向成人初学者的汉语教材，先呈现一个与学习者母语对比基础上尽显汉语语法特点的、符合外国人学习汉语语法认知过程的、服务于 TCSL 的、简约的汉语语法框架，然后依据学习者的交际需求选择使用频率高的话题和语言材料来编写课文，不再强求由易到难、循序渐进地编排语法点，你认为这样的教材运用于教学中有何利弊？

二、面向汉语初学者的问卷调查结果与分析

（一）传统教材实用性满意度调查结果的信效度检验

1. 调查结果的信效度检验

一般认为，当问卷数据通过 SPSS 可靠性分析得出的 Cronbach α 系数在 0.6 以上时，该问卷调查所得数据具有内部一致性，问卷具有一定可信度；当 Cronbach α 系数在 0.8 至 0.9 之间时，问卷结果可认定为信度很高。（吴鸣隆，2003）

我们对"传统教材实用性满意度"这一版块的信度检验结果见表 1。该量表共含 9 个测量题项，其内部一致性 α 系数值等于 0.804，信度较高。

表 1　调查数据信度检验结果

Cronbach α 系数	项数
0.804	9

为了确保问卷调查所得数据的有效性，我们采用因子分析法对问卷的建构效度进行检验，得到了表 2、表 3、表 4 数据。当检验样本的 KMO 值大于 0.6，Bartlett 球形度检验中的显著性小于 0.05 时，则可认为题项变量间适合进行因子分析。（马庆国，2002）我们对传统教材实用性满意度调查量表检验的结果是：KMO 值为 0.635，大于 0.6；Bartlett 球形度检验的显著性为 0.000，小于 0.05。即量表内各部分的内在关系良好，适合进行因子分析。

表 2　调查数据的 KMO 和 Bartlett 球形度检验结果

KMO 取样适切性量数		0.635
Bartlett 球形度检验	近似卡方	831.355
	自由度	36
	显著性	0.000

因子分析能够检测调查问卷是否测量出设计问卷时预设的架构，从而检验问卷的效度。若因子分析出的结果与预设的架构维度一致，则说明问卷通过效度检验；如不一致，则说明效度较低，需做调整。传统教材实用性满意度调查量表所得数据的因子分析结果如表 3、表 4 所示。

表3　调查数据总方差解释

成分	初始特征值			提取载荷平方和			旋转载荷平方和		
	总计	方差（%）	累积（%）	总计	方差（%）	累积（%）	总计	方差（%）	累积（%）
1	4.144	46.045	46.045	4.144	46.045	46.045	2.984	33.153	33.153
2	2.243	24.917	70.961	2.243	24.917	70.961	2.908	32.313	65.466
3	1.480	16.440	87.402	1.480	16.440	87.402	1.974	21.936	87.402
4	0.446	4.960	92.362						
5	0.347	3.852	96.214						
6	0.159	1.764	97.977						
7	0.092	1.020	98.997						
8	0.072	0.802	99.800						
9	0.018	0.200	100.000						

注：提取方法为主成分分析法。

表4　调查数据旋转成分矩阵

	第四题	第三题	第二题	第一题	第六题	第五题	第七题	第八题	第九题
1	0.960	0.897	0.784	0.737					
2				0.534	0.983	0.960	0.793		
3								0.970	0.951

注：①提取方法：主成分分析法；②旋转方法：凯撒正态化最大方差法；③旋转在5次迭代后已收敛。

由以上输出结果可知，该量表可提取出三个因子，即可将所有题干划分为三个维度，累计方差贡献率为87.402%，超过60%，模型稳健。其中，第一个维度包含第一、第二、第三和第四题，第二个维度包含第一、第五、第六和第七题，第三个维度包含第八和第九题。在设计该量表时，我们将9道题划分为4个维度，分别为对教材整体实用性的满意度、对语法编排实用性的满意度、对课文内容实用性的满意度、对教材中隐含的"格局＋碎片化"实用性特征的满意度。其中，有且仅有第一题类属为"对教材整体实用性的满意度"。然而，从表4可知，当因子分析选项中的最小系数显示调整为绝对值大于0.5时，可以看出第一题与第一、第二个因子都存在一定关系，即第一题可归为第一个维度，也可归为第二个维度。但从数据上来看，第一题与第一个因子在共同性上超过0.6，即第一题应归属于第一个维度。

分析第一题的题干则可发现这一情况的出现是合理的。一方面，第一题调查的是学习者对教材整体实用性的满意度，学习者对教材实用性的满意度必定同时受教材中的语法编排和课文内容的影响，因此其调查结果必然与第一维度和第二维度都存在联系；另一方面，相较于课文内容的实用性，学习者会对教材语法编排的实用性具有更直观的感受，语法点的难度、语法点出现的顺序以及语法点在生活中出现的频率都更容易被学习者所感知。因此，学习者对教材实用性的满意度也会更倾向取决于其对教材语法编排的满意度。所以，第一题也可根据因子分析运算结果归属为第一个维度。

综上，因子分析所得的因子结构与问卷设计的架构基本相符，该问卷量表调查所得数据具有较高的效度。需要注意的是，为了保证所得数据及结论具有较强的针对性，我们在进行分维度数据分析时，不将第一题纳入任何维度。

2. 调查数据的描述性分析

传统教材实用性满意度调查量表将满意度分为5级，调查对象对传统教材实用性的满意度可用1—5的数值进行衡量，数值越高，满意度越高。亦可划分为5个等级，即"非常不满意、比较不满意、一般、比较满意、非常满意"。各题调查结果的平均值，以及调查对象在各维度中表现出的满意度和总量表体现的整体满意度的平均值，分别见图2、图3。

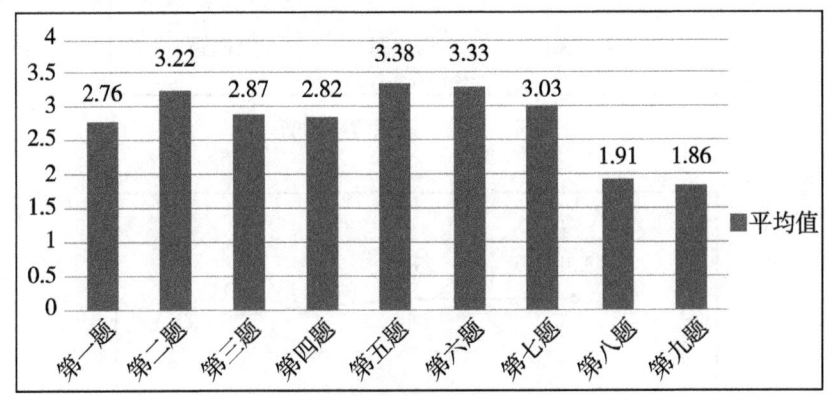

图2　各题调查结果的平均值

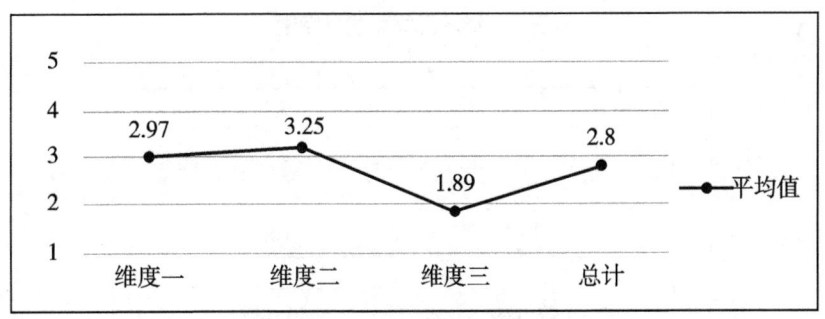

图3　各维度和总数据的平均值

从图3中的数据可知，调查对象对传统教材实用性的整体满意度为2.8，与图2中第一题所得数据平均值（2.76）基本一致。此外，在排除维度三"对传统教材隐含的'格局＋碎片化'语法编排实用性特征满意度"平均值的干扰后，维度一与维度二所得数据的平均值为3.06。由此可知，大部分调查对象对目前传统教材实用性的满意度在2.76—3.06之间，属于"一般"等级，整体满意度不高。另外，我们还可以看到：调查对象对传统教材的课文内容实用性整体满意度（维度二）略高于语法编排（维度一），对传统教材隐含的"格局＋碎片化"语法编排实用性特征的整体满意度（维度三）最低。

维度一、维度二及维度三各题项调查所得数据平均值见图4、图5、图6。维度一的满意度均值在2.82—3.22之间,维度二的满意度均值在3.03—3.38之间,即调查对象对传统教材语法编排和教材编排实用性的满意度皆集中于"一般"等级水平。维度三各题项的满意度均值小于2,但又都大于1.5,属于"比较不满意"等级。

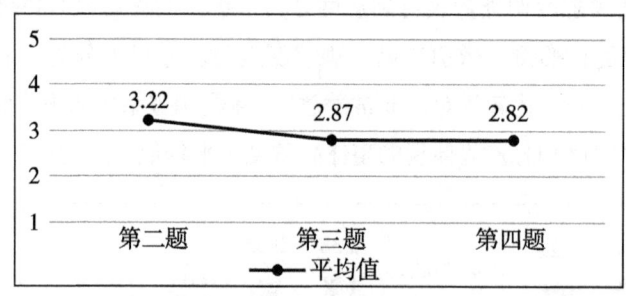

图4 维度一满意度平均值

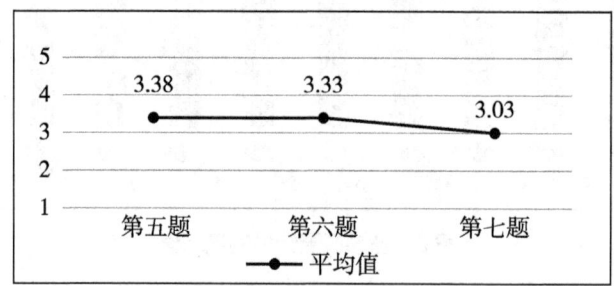

图5 维度二满意度平均值

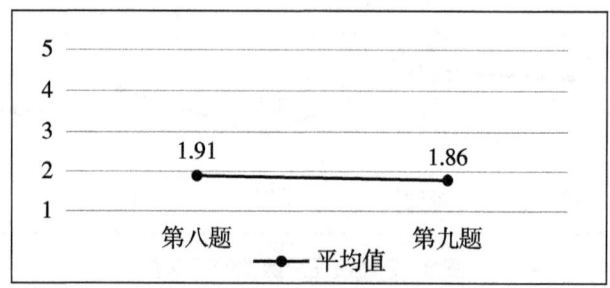

图6 维度三满意度平均值

从上述数据分析可知,在87名调查对象中,大多数人对目前他们所用教材的实用性满意度不高,只停留于"一般"等级。而与教材中的语法编排相比,调查对象对课文内容实用性的满意度更高。我们认为这与他们对语法编排和课文内容的认知偏差有关。虽然课文是围绕着语法点而编排的,但是学习者未必能感知到其中的联系。在教学过程中,课文更多的是教师带领学生练习语法、巩固语法的载体,学生对课文的认知大多只能停留在"与语言点相关"的层面。由于第二语言学习者身份和部分海外汉语学习环境的限制,相较于语言点,学习者更加难以准确地感知课文的实用性，自然较难考虑到课文内容是否反映现实生活、课文内容在现实中的实用程度如何、课文语言是否较为生硬等问题，进而产生了"传统教材课文内容实用性高于语法编排"这一认知倾向。即便其承认传统教材中课文内容实用性不高，但在潜意识中也会将课文内容实用性的满意度置于语法编排之上。因此，在教材内容编排过程中，编写者应重视语法编排与课文内容之间的关系，着重强调语法编排的实用性。在完成教材语法编排的基础上，以母语者视角为第二语言学习者编写语言更加自然流畅、内容更加贴合生活的课文。

值得注意的是，对传统教材所隐含的"格局＋碎片化"语法编排的实用性特征，受调查者的整体满意度为"比较不满意"。可见，大多数受调查者接触的教材中都较少具有"格局＋碎片化"教材所体现出的实用性特征，当前的汉语学习者对"格局＋碎片化"教材具有较高的期待，该类型教材的编写值得进一步探索。

（二）"格局＋碎片化"教材认可度的调查结果与分析

1. 调查结果的信效度检验

"格局＋碎片化"教材认可度调查量表包含 7 个题项。调查所得数据的可靠性和因子分析检验结果见表 5、表 6、表 7 和表 8。

表 5　调查数据信度检验结果

Cronbach α 系数	项数
0.861	7

表 5 表明，调查量表中的 7 个测量题项内部一致性 α 系数值为 0.861，信度较高。

表 6　调查数据的 KMO 和 Bartlett 球形度检验结果

KMO 取样适切性量数		0.627
Bartlett 球形度检验	近似卡方	826.112
	自由度	21
	显著性	0.000

表 6 表明，针对"格局＋碎片化"教材认可度的调查，所得数据的 KMO 值为 0.627，大于 0.6；Bartlett 球形度检验的显著性为 0.000，小于 0.05，即量表内各部分的内在关系良好，适合进行因子分析。

表 7　调查数据总方差解释

成分	初始特征值			提取载荷平方和			旋转载荷平方和		
	总计	方差（%）	累积（%）	总计	方差（%）	累积（%）	总计	方差（%）	累积（%）
1	4.108	58.690	58.690	4.108	58.690	58.690	3.056	43.664	43.664
2	1.769	25.270	83.960	1.769	25.270	83.960	2.821	40.296	83.960
3	0.607	8.671	92.632						

续表

成分	初始特征值			提取载荷平方和			旋转载荷平方和		
	总计	方差（%）	累积（%）	总计	方差（%）	累积（%）	总计	方差（%）	累积（%）
4	0.366	5.223	97.854						
5	0.080	1.136	98.990						
6	0.065	0.930	99.920						
7	0.006	0.080	100.000						

注：提取方法为主成分分析法。

表8　调查数据旋转成分矩阵

	第三题	第一题	第二题	第四题	第七题	第六题	第五题
1	0.933	0.870	0.848	0.700			
2					0.976	0.957	0.863

注：①提取方法：主成分分析法；②旋转方法：凯撒正态化最大方差法；③旋转在5次迭代后已收敛。

由表7和表8的输出结果可知，该量表可提取出两个因子，即可将所有题干划分为两个维度，累计方差贡献率为83.96%，超过60%，模型稳健。其中，第一个维度包含第一、第二、第三、第四题，第二个维度包含第五、第六、第七题。在设计该量表时，我们便将该量表的7道题划为两个维度，分别为调查对象对"格局+碎片化"教材显性特征的认可度和对"格局+碎片化"教材隐性特征的认可度。综上，该量表通过因子分析所得的因子结构与问卷设计的架构相符，量表调查所得数据具有较高效度。

2. 调查数据的描述性分析

"格局+碎片化"教材认可度调查量表将认可度分为5级，调查对象对"格局+碎片化"教材的认可度可用1—5之间的数值进行衡量，数值越高，认可度越高。亦可划分为5个等级，即"非常不认可、比较不认可、一般、比较认可、非常认可"。调查对象在各维度中表现出的满意度和总量表体现的整体满意度平均值，以及"格局+碎片化"教材认可度各题项调查结果平均值见图7、图8。

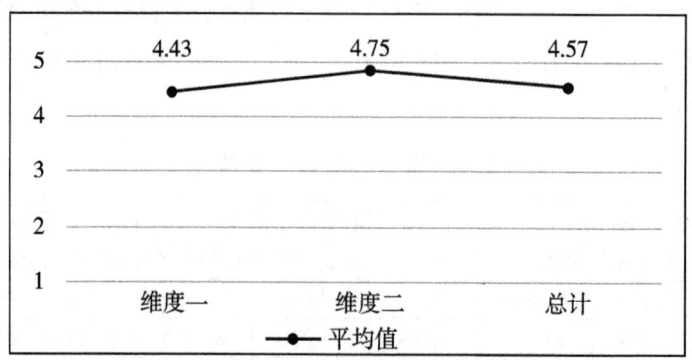

图7　各维度及总数据平均值

由图7数据可知，一方面，调查对象对"格局+碎片化"教材的整体认可度为4.57，大部分人对"格局+碎片化"教材的认可程度属于"非常认可"等级，整体满意度很高；另一方面，调查对象对"格局+碎片化"教材隐性特征的认可度略高于显性特征，对"格局+碎片化"教材的隐性特征，即"格局+碎片化"教材的实用性特征，更感兴趣。

由图8中的数据可知，在所有题目所得数据均值中，第七题所得数据均值最高。该题询问的是学习者是否希望从课本中学到的句子大多数可以直接运用到生活中。可见，对于学习者而言，教材语法点和课文中例句的实用性是最受期待的。

通过分析图8中的数据还可发现，量表中的第四题所得数据均值最低，在认可度等级评定上更倾向于"比较满意"等级。第四题的题目为"我希望当我想要用汉语表达一种想法时，可以依据教材一开始介绍的汉语语法概况，很快在课本中查到不同的表达方式"。第四题各选项调查数据占比情况见图9。

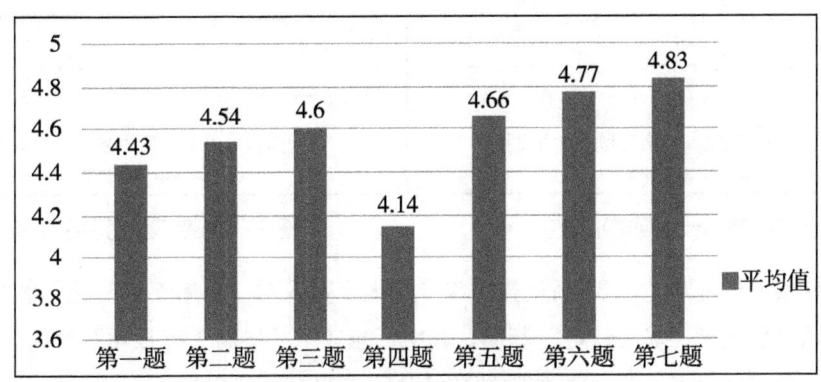

图8　各题调查结果平均值

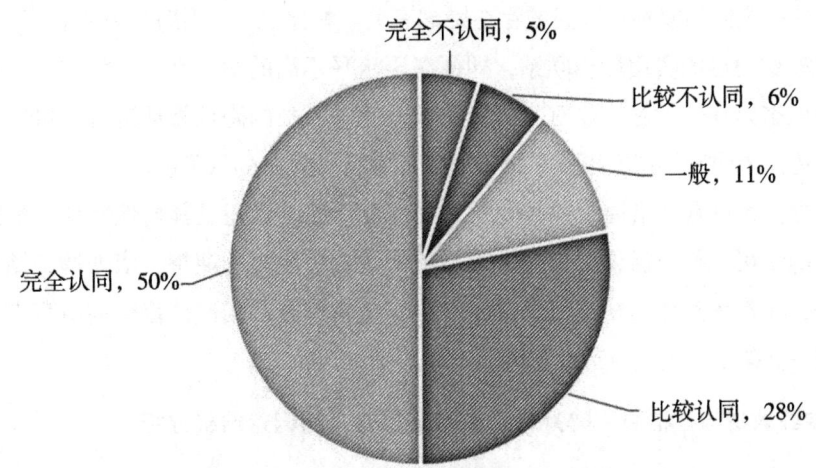

图9　第四题各选项调查数据占比情况

由图9可知，在87位调查对象中，22%的人对"能够在教材中找到针对同一表达需要的不同表达方式"期待程度不高,从而拉低了第四题的平均认可度。我们认为,这种调查结果的出现与本次调查对象的汉语水平有关。本次的调查对象多为初级汉语学习者,此阶段的学习者汉语水平不高,尚未熟练掌握汉语日常交际技能,大部分学习者更希望能够明确何种语境下应该使用何种表达,分辨语用的正确与否对于此阶段的学习者而言难度较大(赵金铭,1996)。因此,受认知水平的限制,相较于"格局+碎片化"教材的其他特征表现,调查对象对"可提供多种表达方式的选择"这一特征的认可度相对较低。

进一步来看,调查对象对该版块中维度一的各调查项的认可度均值在4.14—4.6之间,维度二的满意度均值在4.66—4.83之间。即学习者对"格局+碎片化"教材显性特征的认可度主要集中于"比较认可"等级水平,对教材隐性特征的认可度主要集中于"非常认可"等级水平,各维度的认可度很高。维度一、维度二各题项调查所得数据平均值见图10、图11。

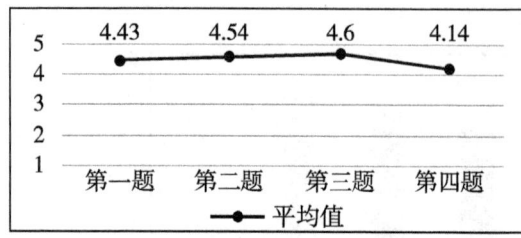

图10 维度一认可度平均值

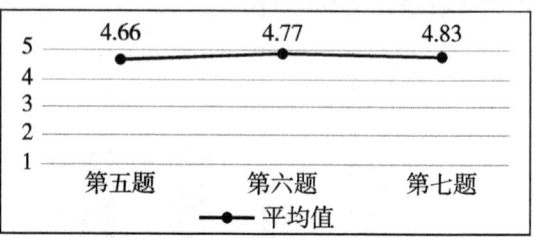

图11 维度二认可度平均值

从上述数据分析可知,在87名调查对象中,大多数人对"格局+碎片化"教材的认可度较高,整体认可度达到"非常认可"等级。其中,相较于"格局+碎片化"教材的显性特征,调查对象对"格局+碎片化"教材的隐性特征认可度更高。我们认为,这与调查对象还未曾接触过类似教材,对"是否需要在开始学习二语之前便提前认知目的语的基本语法结构、比较母语与目的语之间的差别"等问题存在疑虑有关。相比之下,"格局+碎片化"教材的隐性特征直接与教材内容的实用性相联系,即便汉语水平不高的学习者对教材的实用性也有直观感受,能够根据以往的学习经验对"格局+碎片化"教材的隐性特征进行认可度、期待值的评估,隐性特征中明确的"实用性"特点也使其获得了更高的认可度。

总体来看,无论是"格局+碎片化"教材的隐性特征,还是其显性特征,都获得了大多数调查对象的认可,初学汉语者对此类教材的开发抱有较高的期待。依据调查结果,我们还需注意的是:在对碎片化语法进行编排时,需注重辨析具有相似性特征的语言点,以免造成学习者对同一框架下的语法点产生混淆。

(三)传统教材与"格局+碎片化"教材需求对比的调查结果分析

传统教材与"格局+碎片化"教材需求为外显指标,因此需要借助文字问卷题进行调查研究。该部分问卷共9道题目,分别从显性和隐性两个维度,调查学习者对"格局+碎片化"教材不同于传统教材的一些特征的需求情况。第一、第二、第三、第四和第五题属于显性维度（维度一），第六、第七、第八和第九题属于隐性维度（维度二）。为了方便从数据中直观感知调查对象对这两种教材的需求倾向，在进行数据分析时，我们将选择"传统教材"的选项数据转为数值"1"，将选择"'格局＋碎片化'教材"的选项数据转为数值"2"。通过统计运算，得出所有数据的平均值和各维度的平均值，如图12所示。

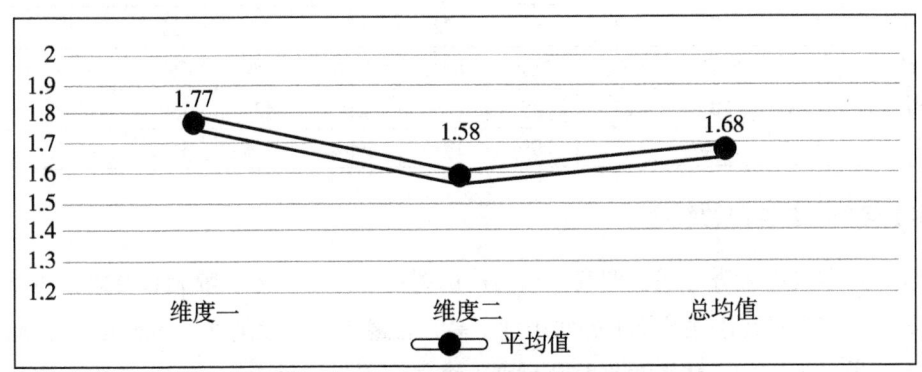

图12　调查所得各维度数据平均值和总平均值

从图12显示的数据来看，无论是各维度的平均值还是总平均值都超过了1.5。这表明：相比于传统教材，调查对象更倾向于选择"格局＋碎片化"教材。维度一所得数据的均值高于维度二，这又表明：面对两种教材之间的显性差异时，学习者更倾向于选择"格局＋碎片化"教材；而在面对二者之间的隐性差异时，部分学习者会存在不同见解，更倾向于选择传统教材，从而影响了整体均值。

维度二由4道题目组成，主要是调查学习者对两种教材隐性特征的不同选择。两种教材的隐性差异主要表现为是主要依据"难易度"编排语法，还是依据"实用性"编排语法。传统教材更注重依据难易度编排语法，而"格局＋碎片化"教材则是将实用性作为语法编排的主要依据。第六题和第七题中的语法点"越A越B"和"A比B+adj."，难易度和实用性都有所不同，但从表9中第六题的数据可知，调查对象认为两者在生活中的使用频率差别不大，语法点"A比B+adj."相对更胜一筹。从第七题的数据可知，如果可以选择，调查对象更倾向于先学习语法点"A比B+adj."。换言之，学习者更倾向于选择先学习生活中更常用的语言点。

从表9中的数据来看，虽然调查对象在每个题项的选择中都倾向于"格局＋碎片化"教材，但选择传统教材的人还是比较多的。这是因为学习者尚未真正接触到依据使用频率编排碎片化语法点的教材，无法确切感知该种教材的优越性，而"由易到难"又是人类认知事物的最基本原则之一，教材编写时如若完全放弃这一原则是否真的可行，学习者在心理上多少有些怀疑。针对这一点，我们要说明的是：在目前还不能确定一个公认的语法点难易顺序的情况下，采用"格局＋碎片化"的语法编排理念编写教材并不是要完全放弃这条原则，而是要通过先介绍语法格局的方法使得碎片化语法点的编排不必再强求由易到难。编排语法点的过程中，如果能够辨别出某些语法点的难易顺序，在不影响课文语言实用性、交际性、灵活性和趣味性的基础上，我们还是会尽量兼顾由易到难的原则。

表 9 "格局+碎片化"教材与传统教材需求对比调查各题选项人次及占比

		第一题	第二题	第三题	第四题	第五题	第六题	第七题	第八题	第九题
格局+碎片化教材	人次	67	72	62	72	62	44	57	48	52
	占比	77%	83%	71%	83%	71%	51%	66%	55%	60%
传统教材	人次	20	15	25	15	25	43	30	39	35
	占比	23%	17%	29%	17%	29%	49%	34%	45%	40%

（四）问卷调查得出的结论

通过对初学汉语者进行问卷调查，我们认识到：一方面，大多数调查对象认为目前的汉语作为第二语言教材在语法编排上的实用性不高，普遍持"一般满意"的态度，"格局+碎片化"教材所追求的实用性特征在当前教材中未能得到很好的体现，变革汉语作为第二语言教材编写理念，增强教材语言的实用性，符合学习者的期待和要求；另一方面，从调查对象对"格局+碎片化"教材的态度可知，绝大部分的汉语作为第二语言学习者都对"格局+碎片化"教材充满期待，无论是在教材一开始呈现汉语格局，还是在课文编写中按照使用频率编排碎片化语法，都展现出了较高的认可度。在传统教材与"格局+碎片化"教材的需求对比中，"格局+碎片化"教材更是赢得了多数学习者的认可。

此外，通过调查，我们还认识到，"格局+碎片化"教材在编写过程中应更加重视语法点与课文之间的联系，注重区分同一语用功能的不同表达形式之间的异同，在"以实用性为主"编排课文的基础上，在能够辨别出一些语法点的难易顺序的情况下，尽量兼顾先易后难编排语法点的原则。

总之，采用"格局+碎片化"语法编排理念编写教材，在受调查的汉语作为第二语言学习者中认可度较高，此类教材具有较为广阔的市场需求空间，值得进一步开发研究。

三、面向国际中文教师的访谈调查结果与分析

（一）访谈结果分析

1. 对传统教材语法编排的满意度

国际中文教师对传统教材语法编排的满意度，主要是通过访谈提纲中第一个问题的答案来获知的。访谈结果表明，80%的国际中文教师认为，相较于20世纪八九十年代之前的教材，目前汉语作为第二语言教材语言点的编排在科学性和实用性上已经有了很大的提升，部分发展得较为成熟的教材，如《发展汉语》《汉语教程》等，受到了不少一线汉语教师的认可。但

是，接受访谈的教师根据自己的教学经验，也指出了其中存在的一些问题。

如在教材语言点讲解方面，有不少教师（国内7名，海外6名）认为，大多教材缺乏必要的语法背景知识介绍，常直接利用语法术语讲解，导致学习者很难理解知识点。教材中语言点的讲解也缺乏必要的语用规则的介绍，容易造成学习者对一些语言点的理解和运用过度泛化。

在语言点的实用性和编排顺序方面，多数教师（国内8名，海外7名）认为，教材中部分语言点在生活中的使用频率相对较低、相关例句典型性也不高、丰富性不够，整体较为单一。有些语法点（如"了$_2$""被"字句）在日常生活中使用频率非常高，然而因其本身的复杂性，很多教材将其编排在比较靠后的位置。

针对围绕语法点编排的课文，多数教师（国内10名，海外7名）指出，部分教材中的课文因回避所谓的较难语法点而造成语言不够自然；而一篇课文中能够出现的语法点有限且已事先设定，从而又导致课文内容不能按照日常交际实际来编写，缺乏灵活性、趣味性，交际性也不足。有些教材的课文内容编写依然套用几十年前的教材中的旧主题来展开，尤其是一些海外高校使用的汉语教材，更新换代跟不上，常出现与中国现实国情相脱节的内容。7名海外汉语教师都还直接列举了一些教材课文语言不自然、缺乏交际性的具体实例。

2. 对"格局＋碎片化"语法编排理念的认可度

国际中文教师对"格局＋碎片化"语法编排理念的认可度，主要由第二至第五个问题的调查结果来体现。下面依次对这四个问题的访谈所得结果进行分析。

在20位接受访谈的国际中文教师中，有90%的教师认为"教材语法点编排顺序应兼顾难易度和实用性"。有教师明确指出："语言点的难易度，即由浅至深，符合学习者的认知规律。语言点的实用性虽难以判断，但如能依据交际需要选择语言点无疑能够增强课文内容的真实性，也会提高学习者对教材内容的认可度。"部分教师表达了对编写课文时不讲求语法点难易度的担心："如果语法点的出现顺序仅由交际需求来决定，会使得一些复杂的语法点早早出现，这样学习者是否能够很好地掌握还有待进一步验证。"对于如何兼顾语法点的实用性和难易度，受访教师普遍认为："应优先考虑语法编排的实用性，后考虑语法编排的难易度。"

在接受访谈的20位教师中，有18位都认为有必要在序言部分或者前面有限的几课里用学习者母语先简要介绍一下汉语语法框架和语法特点，普遍指出：这种做法能够帮助成年学习者理解汉语语法，较快认识汉语语法系统，能够一定程度上避免学习者出现"学了多年汉语却对汉语语法系统缺乏整体认识"的现象，实现汉语学习"既见树木，又见森林"的最佳状态。但部分教师在对这种做法持肯定态度的同时，也表达了自己的疑虑。有5位国内教师认为，因目前缺乏相关的教学实验，教材一开始简要介绍的汉语语法框架对学习者汉语语法的学习到底有多大作用还难以确定。是否先向学习者展示汉语语法框架，必须考虑其先前是否已扎实掌握其母语的语法知识，否则会在一开始就引起其对汉语学习的畏难情绪。此外，在实际教学中，是否要先展现汉语语法格局，还应考虑教学对象的年龄、学习时间等因素。如果教学对象是成人或长期学习者，先展现汉语语法格局是有益的；如果教学对象是短期或以儿童为主的学习者，似乎就没有必要。我们认为，教师的这种认识是正确的，"格局＋碎片化"的语法编排思路主要适用于了解自己母语语法且志在长期学习汉语的成人学习者。

85%的受访教师对"教材先运用框架图对本册课文中所出现的语法点进行展示，凸显各语法点之间的联系"表示高度赞同，给出的理由归纳起来主要是：这样的设计符合成年学习者的语法认知习惯，无论是对学习者在学习某一课语法点时的课前预习，还是学习过程中或课后复习时将相关语法点联系起来，都能起到很好的辅助作用。一方面能够帮助学习者理清教材中各语法点之间的内部逻辑关系，另一方面又能方便其对教材语法点的检索。同时，如此设计还能够帮助新手教师更好地把握教材中语法点之间的关系，提升教师的备课效率。剩下的3位受访教师则认为："语法框架放在教材附录中以作学习者总结之用似乎更佳""讲清各语法点之间的联系有一定的难度，如果过于复杂恐将引起学习者的畏难情绪"等。

对采用"格局＋碎片化"语法编排思路编写教材的利弊，受访教师均表示利大于弊。对于采用这种思路编写教材的优势，受访教师指出了以下几点：

（1）根据使用频率来安排教材的语法点，语法的学习能够满足日常交际之需，语法点又能在交际中得到不断强化，一举两得；

（2）初学汉语的成人已经具有母语语法意识和能力，在学习汉语时会有意无意地将汉语的一些语法规则与自己母语语法规则进行对比，首先呈现汉语语法格局和语法特点，可以让他们很快地找准对比对象，明辨两者的异同；

（3）从教材内容编排上看，依据"格局＋碎片化"语法编排思路编写出的教材，课文内容因不受语法点的束缚，相较于传统教材将会更加自然、生动、实用。而实用性高的教材能够帮助学习者在汉语学习上取得较大进步。学以致用能够提升学习者的成就感，进而提升其学习汉语的兴趣，促进其汉语学习。

至于采用这种思路编写教材的弊端，或者说是教学者的一些顾虑，有2位受访的国内教师指出：要想研制出一个适用于第二语言学习者的汉语语法格局，以及编写课文时确定哪些话题是比较常用的，都有一定的难度，一旦把握不住结构与功能之间的平衡，就可能出现将二者割裂的风险。

（二）访谈调查得出的结论

通过分析针对国际中文教师的访谈结果，我们认识到：一方面，虽然大部分教师能够接受当前教材的语法编排，肯定了它们的进步性，但整体满意度还不是很高，普遍认为当前教材在语法编排上仍有不少需要改进的地方，无论是语法点的编排顺序、语法点的讲解方式，还是围绕语法点编写的课文内容，都应该进一步增强实用性；另一方面，绝大多数受访教师都肯定了"格局+碎片化"语法编排理念，认为"格局+碎片化"教材更加符合成人学习者的思维特征和学习需求，依据"格局+碎片化"语法编排理念编写出的教材内容更加实用，更能顺应交际需求，能够帮助学习者在学以致用中获得更多的成就感，产生更高的求知欲，从而激发其进一步学习汉语的愿望。

此外，从一些访谈教师对"格局+碎片化"语法编排理念的疑虑中，我们认识到：在编写"格局+碎片化"教材时，应遵循"以实用性为主，以难易度为辅"的语法编排原则；构建汉语语法格局，既要做到能够较为全面地展示汉语语法的基本结构，又要注重内容的简约性和表述方式的通俗易懂，避免使得学习者在学习之初便产生不必要的畏难情绪。

总之，"格局+碎片化"的教学语法编排理念在国际中文教师中有较高的认可度，在教师群体中凸显出较高的需求度，值得进一步研究并在教学和教材编写中进行实践探索。

四、结语

以上调查结果表明国际中文教育对"格局+碎片化"的 TCSL 语法编排思路有着强烈的现实需求。学习者对当前教材的语法编排和课文内容都有着不同程度的不满，而对"格局+碎片化"语法编排理念有较高的认可度。采用"格局+碎片化"语法编排理念编写的教材，无论是其中的隐性特征，还是其中的显性特征，都获得了大多数调查对象的认可，初学汉语者对此类教材的开发抱有较高的期待。无论是在教材一开始呈现汉语格局，还是在课文编写中按照使用频率编排碎片化语法，都获得了学习者较高的认可度。绝大多数国际中文教师认为，"格局+碎片化"语法编排能够进一步增强汉语作为第二语言教材语法内容和课文内容的实用性，先呈现语法格局再依据交际需要来编排碎片化语法，这种做法符合成人学习者的思维特征和学习需求。综合问卷调查和访谈调查的结果，我们能够非常明确地得出这样的结论：无论是学习者还是教学者，都对采用"格局+碎片化"语法编排思路来编写教材持有较高的认可度和期望值。

参考文献

陆俭明（2018）汉语教学中汉语语法的呈现与教法，《国际汉语教育》第 2 期。
吕叔湘（1972）给王还同志的一封信，《北京语言大学校报》2015 年 10 月 10 日第 4 版。
刘月华（2003）谈对外汉语教学语法，载国家汉办教学处编《对外汉语教学语法探索》，中国社会科学出版社。
刘振平（2021）明末清初汉语二语教学语法：理论框架、特点和局限性，《北华大学学报》（社会科学版）第 6 期。
刘振平、张栋（2022）19 世纪汉语作为第二语言教学语法的特点及启示，《国际汉语教学研究》第 4 期。
马庆国（2002）《管理统计：数据获取、统计原理、SPSS 工具与应用研究》，科学出版社。

吴明隆（2003）《SPSS 统计应用实务：问卷分析与应用统计》，科学出版社。
赵金铭（1996）对外汉语语法教学的三个阶段及其教学主旨，《世界汉语教学》第 3 期。
赵金铭（2018）汉语作为第二语言教学语法：格局＋碎片化，《语言教学与研究》第 2 期。
赵淑华（2011）《北京语言大学对外汉语教学名师访谈录·赵淑华卷》，崔希亮主编，北京语言大学出版社。

（刘振平　南宁师范大学国际教育学院　liuzhenping79@163.com
戴一绚　南宁师范大学国际教育学院
常理　南宁师范大学国际教育学院）

附录：对"格局＋碎片化"语法编排模式需求的调查问卷

亲爱的同学们：

你们好！非常感谢您参加此次的调查。为了了解您对目前教材实用性的满意度、对依据"格局＋碎片化"语法编排模式所编教材的认可度，以及对比分析您对两种教材的需求，我们诚挚邀请协助完成以下一些问题的调查。

本次调查为无记名调查，调查结果仅为科学研究提供资料，不会泄露您的任何个人信息。请您如实依据自己的想法勾选各题的答案（在您认可的选项上打✔）。

再次感谢您的配合，祝您学习愉快，生活顺利！

一、对目前教材实用性的满意度

1. 现在我用的课本对我学习中文很有帮助。

　　A. 完全不认同　B. 比较不认同　C. 一般　D. 比较认同　E. 完全认同

2. 教材对语法点的解释很容易理解。

　　A. 完全不认同　B. 比较不认同　C. 一般　D. 比较认同　E. 完全认同

3. 教材里语法点的例句很有用，在生活中经常能见到。

　　A. 完全不认同　B. 比较不认同　C. 一般　D. 比较认同　E. 完全认同

4. 我越早学到的语法点在生活中用得越多。

　　A. 完全不认同　B. 比较不认同　C. 一般　D. 比较认同　E. 完全认同

5. 教材中课文很有趣、很有用。

　　A. 完全不认同　B. 比较不认同　C. 一般　D. 比较认同　E. 完全认同

6. 教材中课文是我想学的。

　　A. 完全不认同　B. 比较不认同　C. 一般　D. 比较认同　E. 完全认同

7. 课文中的很多对话，我在生活中都可以遇到。

　　A. 完全不认同　B. 比较不认同　C. 一般　D. 比较认同　E. 完全认同

8. 在开始学习之前，我就知道学完这本课本我能用中文做什么。

  A. 完全不认同　B. 比较不认同　C. 一般　D. 比较认同　E. 完全认同

9. 我在生活中想说的句子在课本里都可以很快查到。

  A. 完全不认同　B. 比较不认同　C. 一般　D. 比较认同　E. 完全认同

二、对依据"格局＋碎片化"语法编排模式所编教材的认可度

1. 在学习教材之前，我希望老师能用我的母语简单介绍一下汉语语法概况。

  A. 完全不认同　B. 比较不认同　C. 一般　D. 比较认同　E. 完全认同

2. 我希望教材首先用我的母语告诉我学完这本课本后能用汉语做什么。

  A. 完全不认同　B. 比较不认同　C. 一般　D. 比较认同　E. 完全认同

3. 我希望教材一开始将汉语和我母语的语法做一个简单的对比，简明扼要地说明两者的异同。

  A. 完全不认同　B. 比较不认同　C. 一般　D. 比较认同　E. 完全认同

4. 我希望当我想要用汉语表达一种想法时，可以依据教材一开始介绍的汉语语法概况，很快在课本中查到不同的表达方式。

  A. 完全不认同　B. 比较不认同　C. 一般　D. 比较认同　E. 完全认同

5. 我希望在生活中用得多的语法点可以在课本中先学到。

  A. 完全不认同　B. 比较不认同　C. 一般　D. 比较认同　E. 完全认同

6. 我希望课本里的课文是生活中会发生的事情。

  A. 完全不认同　B. 比较不认同　C. 一般　D. 比较认同　E. 完全认同

7. 我希望在课本中学到的句子大多数可以直接用在生活中。

  A. 完全不认同　B. 比较不认同　C. 一般　D. 比较认同　E. 完全认同

三、传统教材与"格局＋碎片化"教材的需求对比

1. 在开始学习汉语之前，你希望利用母语先了解一下汉语语法概况吗？

  A. 想　B. 不想

2. 在开始学习汉语之前，你想用母语提前了解汉语语法与母语语法的主要不同吗？

  A. 想　B. 不想

3. 在开始学习之前，你想提前知道课本会教你哪些汉语语法知识吗？

  A. 想　B. 不想

4. 在开始学习之前，你想提前知道每册教材中出现的汉语语法和母语语法有什么区别吗？

  A. 想　B. 不想

5. 下列哪一种语法点的学习方式你更喜欢?

    A. 在开始学习之前,你就知道教材里出现哪些语法点以及它们之间的关系。

    B. 学新语法点时,老师告诉你这个语法点和之前的哪些语法点是有关系的。

6. 下面两种比较句,你更常用哪个?

    A. 越 A 越 B(如:雨越下越大。)

    B. A 比 B+adj.(如:牛肉比猪肉贵。)

7. 如果让你选择,这两个语言点你想先学哪个?

    A. 越 A 越 B(如:雨越下越大。)

    B. A 比 B+adj.(如:牛肉比猪肉贵。)

8. 下列哪种语法知识学习安排你更喜欢?

    A. 先学有用的,但有可能会比较难。

    B. 先学简单的,但不一定有用。

9. 你更喜欢下列哪种课文?

    A. 文中语句在生活中出现得比较少,但学起来比较简单的。

    B. 文中语句在生活中出现得比较多,但学起来不是很简单。

说明:依据调查对象语言背景的不同,我们将该问卷分别翻译成了英文、泰文和越南文三个版本,学生实际填写的分别是这三种版本的问卷。

也说动宾式离合词的宾语前移*

杨德峰

摘 要：本文考察了《汉语水平词汇与汉字等级大纲》中的动宾式离合词能够前移和不能前移的宾语的语义格，发现宾语前移可充当主谓句、主谓谓语句的主语以及"把"的宾语，指出动词是否自由是影响宾语能否前移的主要因素，宾语前移构成的句子可以独立成句，其功能并非只起着强调作用。

关键词：动宾式；离合词；宾语；前移；功能

动宾式离合词宾语前移问题，学界已有一些讨论，主要集中在离合词宾语前移情况和前移充当的句法成分、影响前移的因素、前移后构成的句子的功能和使用特点等方面。

离合词的宾语前移情况和充当的句法成分，赵元任（1979）、李春玲（2009）、杨德峰（2015）做了一些探索。赵元任先生指出，动宾式复合词有的能颠倒充当主语，有的不能，并举例做了说明。李春玲定量考察了一些离合词宾语前移情况，统计了能前移的离合词所占的数量和比例，列举了宾语易位充当主语、"把"的宾语等的各种句法槽，但分析不够全面，有些看法也值得商榷。杨德峰发现，动宾式离合词有的宾语可以直接前移充当主谓谓语句的主语，有些不行，但只是举例性的。

赵金铭（1984）、丁勇（2002）、郑伟娜（2015）对影响宾语前移的因素做了一些探索。赵金铭先生指出，如果离合词的宾语是自由的，一般是可逆的；宾语是动词或形容词语素，一般不可逆。丁文认为只有离合词插入"着、了、过"、宾语、补语后，宾语才能前移。郑文指出，宾语前移有的是句式要求，如"连"字句，有的是韵律促使的。

关于前移式的功能，王海峰（2002）认为，将名词提前主要是构成强调句式，强调的语义重心是谓语动词。李春玲（2009）指出离合词宾语前移构成"连"字句，强调宾语。郑伟娜（2015）认为宾语用"把"提前是强调宾语。

丁勇（2002）注意到了前移式的使用特点，指出宾语前移构成的扩展形式语义是不自足的，一般只在问答句中才能单说。

可见，虽然动宾式离合词的宾语前移已有一些探索，但多是例举性的，到底哪些动宾式离合词的宾语可以直接前移，前移充当的句法成分有哪些，决定前移的因素到底是什么，前移后构成的句子使用条件和功能有哪些，这些问题还有进一步探索的必要。另外，离合词宾

---

* 本研究得到国家汉办项目"汉语作为第二语言的语法和语法教学研究"（课题编号：HGJ201717）的资助，谨致谢忱！

语的语义格有哪些，宾语能否前移与宾语的语义格有何关系，这些问题还未涉及。鉴于此，本文将以《汉语水平词汇与汉字等级大纲》（以下简称《大纲》）中的动宾式离合词为对象，对以上问题做进一步的探索。

一、宾语前移情况及宾语的语义格

（一）宾语前移情况

王海峰（2011）对《大纲》中的离合词进行了梳理，发现述宾式离析结构一共318个，其中真正的凝合式（即离合词）有"叹气、搞鬼、沾光、听话、把关"等207个，这207个动宾式离合词中，"放假、干杯、吃亏、出名、吃苦、请假、洗澡、接班、帮忙、见面、打针、睡觉、操心、念书、照相、排队、吵架、开课、打架、吵嘴、化妆、丢人、结婚、跳舞、站岗、生气、理发、伤心、握手、带头、吹牛、上学、离婚、报名、请客、当家、读书、剪彩、种地、辞职、有名、考试、登记、挂号"等44个的宾语可以直接前移，充当主语、宾语等句法成分，约占21.3%，即五分之一多一些。例如：

（1）今年假放得比较早。

（2）亏吃了不少。

（3）书只读了三年。

以上三例的宾语"假""亏"和"书"都直接前移做主语。

但是"把关、鞠躬、冒险、问好、沾光、道歉、鼓掌、开口、聊天、争气、拜年、倒霉、动手、告状、怀孕、拼命、散步、上当、叹气、游泳、招手、着急、出差、出门、担心、放心、拐弯、狠心、敬礼、开刀、起床、投资、用功、做主、保密、插嘴、出神、捣乱、懂事、翻身、放学、讲理、开工、起哄、让步、伸手、说情、算数、谈天、听话、住院、走道、作案、作文、罢工、办学、毕业、参军、吃惊、抽空、出面、出院、打猎、当面、搞鬼、挂钩、灰心、加工、加油、交手、结果、留神、纳闷、入学、提名、泄气、宣誓、用心、造反、致电、做客、办公、闭幕、称心、定性、动身、发炎、分期、害羞、减产、开幕、开学、劳驾、埋头、跑步、破产、上台、生效、失学、失业、送行、随便、探亲、提醒、退休、押韵、要命、迎面、幽默、致富、注册、作战、安心、报到、报销、贬值、成套、待业、捣蛋、到期、登陆、对头、防汛、防疫、放手、分红、还原、及格、集邮、集资、就业、就职、决口、绝望、旷工、留意、满月、配套、起草、起身、上任、摄影、升学、失约、失踪、施工、随意、投标、投产、完蛋、下台、献身、像样、行贿、行军、延期、移民、遭殃、增产、执勤、执政、注意、违法"等163个不能直接前移充当句法成分，约占78.7%，即绝大多数。下列说法都不成立：

（4）*这孩子话不听。

（5）*你民移了吗？

（6）*躬你鞠！

不难看出，动宾式离合词能够直接前移的只是少数，绝大多数不能直接前移。

（二）宾语的语义格

关于宾语的语义格，学界看法不一。徐枢（1985）认为宾语的语义类主要有受事、施事、结果、工具、处所、判断、使动、其他（目的、方式等）八类。钱乃荣（1995）指出，汉语的语义格有施事、受事、与事、系事、对象、结果、工具、方式、目的、原因、处所、时间、致使、价值、比较、同源、关涉、经验、异同等19种。钱乃荣的语义格体系很全，本文以该分类为依据，来考察离合词宾语的语义格。

能够直接前移的离合词宾语的语义格很复杂，主要有以下几种：

受事：吃亏、吃苦、接班、念书、丢人、理发、伤心、握手、带头、报名、请客、当家、读书、剪彩

同源：放假、干杯、洗澡、帮忙、见面、睡觉、照相、排队、吵架、打架、化妆、结婚、跳舞、吹牛、离婚、辞职、考试、登记、挂号

结果：开课、生气

系事：出名、有名

致使：操心

处所：站岗、上学、种地

目的：请假

工具：打针、吵嘴

不难看出，宾语能够前移主要是同源，其次是受事，结果、系事、致使、处所、目的、工具都极少。

不能直接前移的，宾语的语义格也很复杂，主要如下：

受事：把关、冒险、道歉、鼓掌、开口、争气、叹气、招手、担心、放心、投资、用功、保密、插嘴、懂事、翻身、讲理、伸手、说情、算数、谈天、作案、罢工、办学、抽空、当面、搞鬼、挂钩、加工、加油、交手、留神、提名、泄气、宣誓、用心、致电、办公、闭幕、称心、定性、分期、减产、开幕、劳驾、埋头、破产、失学、失业、探亲、押韵、要命、迎面、作战、捣蛋、对头、防汛、防疫、放手、分红、还原、集邮、集资、就业、旷工、留意、失约、失踪、施工、随意、投标、投产、献身、移民、遭殃、增产、执勤、执政、注意、违法

同源：鞠躬、沾光、聊天、拜年、告状、怀孕、拼命、散步、游泳、拐弯、敬礼、让步、听话、跑步、退休、决口、贬值、摄影、延期

结果：作文、结果、生效、成套、配套、起草

施事：出神、放学、出面、发炎、起身、完蛋、行军

系事：做主、毕业、做客、开学、及格、像样

对象：参军

致使：动手、狠心、灰心、动身、安心、绝望

处所：上当、出门、起床、住院、走道、出院、入学、上台、注册、登陆、就职、上任、升学、下台

时间：到期、满月

原因：出差、送行

目的：待业

工具：开刀

其他：问好、倒霉、着急、捣乱、开工、起哄、吃惊、打猎、纳闷、造反、害羞、随便、提醒、幽默、致富、报到、报销、行贿

可见，不能前移的与能够前移的宾语的语义格有相同之处，也有不同之处。相同之处是：宾语的语义格都有受事、同源、结果、系事、致使、处所、目的、工具；不同之处是：宾语不能前移的还有施事、对象、时间、原因以及其他；能前移的同源最多，而不能前移的受事最多。

二、宾语前移充当的句法成分

动宾式离合词宾语有的可以直接前移充当主谓句的主语，有的可以充当主谓谓语句的主语，也有的充当"把"的宾语等。

（一）前移充当主语

1. 充当主谓句的主语

李春玲（2009）详细考察了宾语前移充当主谓句主语的情况，发现宾语前移做主语后，谓语有多种形式，可以是动词带上动态助词，也可以是动词带上各种补语，还可以是谓语动词带上动态助词和补语，也有谓语动词前出现助动词和状语等的。例如：

（7）记登了。

（8）气生够了。

（9）课上不了。

（10）事已经出了。

例（7）的"登"后有"了"，例（8）的"生"后有补语"够"和"了"，例（9）的

"上"后有可能补语"不了",例(10)的"出"前有状语"已经"、后边有"了"。

能够充当主谓句主语的有"出名、请假、洗澡、见面、打针、睡觉、操心、念书、照相、开课、化妆、结婚、跳舞、理发、上学、离婚、报名、读书、种地、辞职、有名、登记、挂号"等23个,约占52.3%,超过一半。这些宾语的语义格主要是同源,受事2个("念书、读书"),系事2个("出名、有名"),结果1个("开课"),致使1个("操心"),工具1个("打针"),目的1个("请假"),处所1个("上学")。

实际上,宾语前移充当主语的,远比李春玲(2009)提到的复杂,还可以充当"主+'被'('给')+……"的主语。例如:

(11)人都被你们丢光了。
(12)号被挂完了。
(13)心给伤透了。

不过,前移充当"主+'被'('给')+……"主语的极少,只有"丢人、伤心、挂号"3个,约占6.8%。这些宾语的语义格受事2个("丢人、伤心")、同源1个("挂号")。

也可以充当"主+'越'+……+'越'+……"的主语。例如:

(14)课越开越少。
(15)觉越睡越多。
(16)学越上越早。

这样的离合词有"放假、洗澡、睡觉、排队、吵架、开课、化妆、跳舞、读书、挂号"10个,约占22.7%。这些宾语的语义格也主要是"同源",受事1个("读书"),结果1个("开课")。

值得注意的是,这种宾语直接前移的,正像李春玲(2009)所说,动词后要么有动态助词、补语等,要么动词前必须出现状语等,即动词不能是"光杆",否则句子不成立,试比较:

(17)记登了。—*记登。
(18)气生够了。—*气生。
(19)课上不了。—*课上。

出现这种情况的原因是什么呢?"记登""气生""课上"等之所以不能说,是因为"记""气""课"都是宾语提前,宾语提前的话题结构中的话题由于经过了特定的操作,即是前移形成的,因此就成为一个特别突出的叙述核心。(董秀芳,2006)也就是说,离合词宾语前移构成的"主+谓"双音结构,是一个"头重脚轻"的结构,这违背了汉语的韵律规律,因此就站不住。(冯胜利,2000)在动词语素后面加上"了""过"或补语等以及在动词前加上状语等后,加大了动词的分量,使之符合汉语的"尾重"的重音范式。这大概就是宾语提前动词不能是光杆的原因。

另外,还可以充当"主+'一'+动+'就'+……"和"主+'比'+……+动+'得'+……"

的主语，例如：

（20）澡一洗就一个小时。

（21）队一排就半天。

（22）澡比以前洗得少了。

（23）妆比过去化得淡多了。

例（20）（21）的宾语前移做"主+'一'+动+'就'+……"的主语，这样的离合词有"放假、洗澡、睡觉、念书、排队、跳舞、读书、剪彩、挂号"9个，约占20.5%，这些离合词的宾语绝大多数也是同源，受事3个（"读书、念书、剪彩"）。

例（22）（23）的宾语前移做"主+'比'+……+动+'得'+……"的主语，这样的离合词有"放假、吃苦、请假、洗澡、见面、睡觉、照相、排队、吵架、开课、打架、吵嘴、化妆、跳舞、理发、请客、种地、操心"18个，约占40.9%。这些宾语主要也是同源，受事3个（"吃苦、理发、请客"）、结果1个（"开课"）、致使1个（"操心"）、目的1个（"请假"）、处所1个（"种地"）。

2. 充当主谓谓语句的主语

杨德峰（2015）发现不少动宾式离合词的宾语可以直接前移充当主谓谓语句的大主语或话题。例如：

（24）澡我洗了。

（25）梦谁都做过。

（26）舞我跳过。

这种宾语能够前移充当主谓谓语句主语的有"吃亏、吃苦、请假、洗澡、帮忙、见面、打针、念书、照相、排队、开课、化妆、结婚、跳舞、上学、离婚、报名、请客、当家、读书、种地、有名、登记、挂号"24个，约占54.5%，超过一半。这些宾语绝大多数也是"同源"，"受事"7个（"吃亏、吃苦、念书、报名、请客、当家、读书"），处所2个（"上学、种地"），"系事"1个（"有名"），结果1个（"开课"），目的1个（"请假"），工具1个（"打针"）。

这些离合词的宾语也可直接提前充当主谓谓语句的小主语，但所在的句子后面必须出现对比句。例如：

（27）我澡洗了，作业还没做。

（28）我舞跳过，歌没唱过。

董秀芳（2006）指出，宾语提前的话题结构主要是用于交代背景性信息，不处于叙述主线上，其功能主要不是陈述事件，而是描述状态。事件性强的结构中，宾语不能提前做话题。下面的句子都不成立：

（29）*张三，李四打了。（引自董秀芳，2006）

（30）*我们家的那只鸡，邻居家的狗咬了。（引自董秀芳，2006）

事实上，这两例不成立，不是因为它们表示的是事件，而是因为大主语和小主语都是有生命的，施受关系不清，所以不成立。

其实，宾语提前的话题结构也可以陈述事件。例如：

（31）澡我给孩子洗了，你不用洗了。

（32）号他给挂了，别排了。

以上二例陈述的显然都是事件，不是描写状态，因为句中都有表示动作完成的"了"。

（二）充当"把"的宾语

李春玲（2009）指出，离合词的宾语可以前移做"把"的宾语。例如：

（33）你把酒敬完了再走。

（34）他已经把货售完了。

能够用"把"把宾语提前的有"放假、干杯、请假、洗澡、接班、见面、打针、操心、念书、照相、排队、开课、化妆、丢人、结婚、跳舞、站岗、理发、伤心、带头、吹牛、上学、离婚、报名、请客、当家、读书、剪彩、种地、辞职、考试、登记、挂号"等33个，约占75%，即绝大多数。这些宾语绝大多数是同源，受事11个（"念书、丢人、理发、伤心、带头、吹牛、报名、请客、当家、读书、剪彩"），处所3个（"站岗、上学、种地"），结果1个（"开课"），致使1个（"操心"），目的1个（"请假"）。

李春玲（2009）认为，能用"把"提前的离合词，动词一般具有[＋自主]的语义特征。的确如此，以上这些动词都是自主动词，这是"把"字句对动词的要求决定的。但是她指出宾语都是实实在在的受事宾语，这并不符合语言实际，因为"放假、干杯、洗澡、见面、照相、排队、化妆、结婚、跳舞、离婚、辞职、考试、登记、挂号"都是同源宾语，"开课"是结果，"操心"是致使，"请假"是目的，"站岗、上学、种地"则是处所。

朱德熙（1982）指出"把"的宾语最常见的是受事，也有施事。刘月华等（2004）认为，"把"的宾语有施事，也有当事。这些看法虽然没有错，但也不够全面。从离合词的角度来看，"把"的宾语还有同源、结果、致使、目的、处所等。

值得注意的是，"吃亏、出名、吃苦、帮忙、睡觉、吵架、打架、吵嘴、生气、握手、有名"等11个不能用"把"把宾语提前，约占25%。下列说法都不成立：

（35）*你把忙帮了。

（36）*你们把架吵完了吗？

（37）？去把步跑了。

这些离合词宾语的语义格同样主要是"同源"，"受事"3个（"吃亏、吃苦、握手"），"系事"2个（"出名、有名"），"结果"1个（"生气"）。

丁声树等（1961）指出，"把"字句的动词是有限制的，不表示动作的"有、是、象、在"、表示趋向的"回、到、进、来"等带处所和时间宾语的以及一部分纯粹表示感觉、视觉、知觉的动词，都不能出现在"把"字句中。以上这些离合词，"出名、有名"中的"出"和"有"属于传统所说的不能出现在"把"字句中的动词，因此不能用"把"提前。"生气"的宾语是"结果"，"吵嘴"的宾语是工具，都不是动作的受事，也不能用"把"提前宾语。

比较麻烦的是"帮忙、睡觉、吵架、打架"和"吃亏、吃苦、握手"，前者是同源宾语，按照前面的情况，应该也可以用"把"提前宾语，但却不能。后者的宾语都是受事，按道理说可以用"把"把宾语提前，但同样不行。

为什么会出现这种情况呢？认知语言学认为，语言客体范畴，从语音层面的音位、音素、音节等，到形态学层面的词、词缀、附着词、词法范畴等，到句法层面的词类、短语结构、句子以及功能、句法语义范畴如主语、施事、主题等，都体现出原型效应，这些范畴的边界往往不清，有原型成员和边缘成员的分别。（张敏，1998）以上情况说明，动宾式离合词在用"把"把宾语提前上也存在着范畴化现象，宾语为同源和受事的大多能够用"把"把宾语提前，是典型成员，不能用"把"提前的是边缘成员。

三、影响能否前移的因素

为什么语义格相同，有的能够前移，有的不行呢？赵金铭（1984）指出，离合词的名词宾语如果是自由的，宾语可以前移。① 例如：

（38）报仇—仇报了。（引自赵金铭，1984）

能够前移的，的确有不少宾语是自由的。例如：

（39）针还没打。

（40）书念完了吗？

以上二例的"针、书"都是自由的，即可以单独使用，因此可以前移。这样的离合词有"打针、念书、吵嘴、丢人、握手、吹牛、读书、种地"8个，约占能够前移的18.2%，不到五分之一。值得注意的是，这些宾语是自由的离合词，动词也都是自由的。

但也有很多宾语不是自由的，也可以前移，不过动词都是自由的。例如：

（41）把杯干了。

（42）澡洗了。

这些离合词有"放假、干杯、吃亏、出名、吃苦、请假、洗澡、接班、帮忙、见面、睡觉、照相、操心、排队、吵架、打架、开课、化妆、结婚、跳舞、站岗、生气、理发、伤心、带头、上学、离婚、报名、当家、请客、剪彩、辞职、有名、考试、登记、挂号"36个，约占81.8%，即绝大多数。

实际上动词的自由存在着程度上的差别，有的可以单用，直接用来回答问题；也可以带

---

① 关于"自由"问题，赵先生没有提出判断标准，应该是传统上所说的可以单用。

上动态助词用来回答问题。例如：

（43）——干不（没）干杯？
　　　——干（了）。
（44）——见不（没）见面？
　　　——见（了）。

这样的离合词有"放假、干杯、洗澡、接班、帮忙、见面、睡觉、念书、照相、排队、开课、打架、结婚、跳舞、理发、上学、离婚、报名、请客、读书、剪彩、辞职、有名、考试、登记、挂号"26个，约占59.1%。

但有的只能带上动态助词"了"或"过"用来回答问题。例如：

（45）——他出没出名？
　　　——出了。
（46）——你们吵没吵架？
　　　——吵了。

这样的离合词有"吃亏、出名、吃苦、请假、打针、操心、吵架、吵嘴、化妆、丢人、站岗、生气、伤心、握手、带头、吹牛、当家、种地"18个，约占40.1%。

从自由度上来说，前者的自由度显然要比只能带上动态助词后用来回答问题的要高。

不能前移的，动词绝大多数是不自由的，既不能单独用来回答问题，也不能带动态助词回答问题，例如：

（47）——听不听话？
　　　——? 听。
（48）——搞没搞过鬼？
　　　——* 搞过。

这样的离合词有"把关、鞠躬、冒险、问好、沾光、道歉、鼓掌、开口、聊天、争气、拜年、倒霉、怀孕、拼命、散步、上当、叹气、招手、着急、出差、担心、放心、拐弯、狠心、敬礼、投资、用功、做主、保密、插嘴、出神、捣乱、懂事、翻身、讲理、开工、起哄、让步、伸手、说情、算数、谈天、听话、走道、作案、作文、罢工、办学、毕业、参军、吃惊、抽空、出面、出院、打猎、当面、搞鬼、挂钩、灰心、加工、加油、结果、留神、纳闷、入学、提名、泄气、宣誓、用心、造反、致电、做客、办公、闭幕、称心、定性、动身、发炎、分期、害羞、减产、开幕、劳驾、埋头、破产、上台、生效、失学、失业、送行、随便、探亲、提醒、押韵、要命、迎面、幽默、致富、注册、作战、安心、报到、贬值、成套、待业、捣蛋、登陆、对头、防汛、防疫、放手、还原、及格、就业、就职、决口、绝望、旷工、留意、满月、配套、起草、起身、上任、摄影、升学、失约、失踪、施工、随意、投标、投产、完蛋、下台、献身、像样、行贿、行军、延期、移民、遭殃、增产、执勤、执政、注意、违法"146个，约占89.6%，即绝大多数。

值得注意的是，"告状、到期、游泳、跑步、住院、退休、分红、报销、集资、集邮、动手、出门、开刀、起床、交手、放学、开学"17个的动词语素也是自由的，约占10.4%，但宾语却不能前移。例如：

（49）*状告了吗？

（50）*红还没分。

Hopper & Thompson（1984）提出了"去范畴化"概念，即词类在一定的语篇条件下脱离其基本语义和句法特征。刘正光（2006）指出，"去范畴化"（原文为"非范畴化"）指一定条件下范畴成员逐渐失去范畴特征的过程。范畴成员在非范畴化后、重新范畴化前处于不稳定的中间状态，即在原有范畴和将进入的新范畴之间存在模糊的中间范畴，这类中间范畴丧失了原有范畴的某些特征，同时也获得了新范畴的某些特征。宾语不能前移的离合词中，动词语素绝大多数是不自由的，但是"告状、到期、游泳"等的动词却是自由的，说明这些离合词"去范畴化"了。

以上情况说明，动词是否自由对宾语能否前移有着决定性的作用，宾语是否自由则影响不大。

四、前移式的使用条件及功能

（一）前移式的使用条件

丁勇（2002）指出，宾语前移后的语义是不自足的，需要特定的上下文，一般情况下，只有在问答中才能单说。例如：

（51）——你担心什么？
——名报不了。（引自丁勇，2002）

（52）——你为什么离家出走？
——气受够了！（引自丁勇，2002）

大多数情况下，宾语前移后得有后续句，语义才能自足。例如：

（53）澡洗了，可饭还没吃。（引自丁勇，2002）

（54）澡洗了，饭也吃了。（引自丁勇，2002）

这种看法也不够全面，因为也有一些前移式，可以独立成句。例如：

（55）把澡洗了！

（56）把发理了！

例（55）、（56）用"把"字把宾语提前后可以构成祈使句，不需要用于问答中，后面也不是必须出现后续句。

（二）前移式的功能

王海峰（2002）指出，把名词提前，主要是构成强调句式，强调谓语动词。实际上，宾语前移构成的句子不同，功能也不同，不能一概而论。

李春玲（2009）指出，离合词的宾语前移构成"连+B+都/也+A"格式，强调宾语。例如：

（57）他们俩连记都没登，就同居了。

李文认为该例强调"记"，这种认识符合实际。方梅（1995）也曾指出，"连"字句"连"后的成分是一个对比成分，即是一个对比焦点。

郑伟娜（2015）认为，宾语用"把"字提前，是对宾语的强调。例如：

（58）把针打了。

郑文认为例（58）强调"针"，我们对这种看法不敢苟同。方梅（1995）认为，"把"的作用是把旧信息放在动词前，把句末位置让给带有新信息的成分，"把"不能标记对比项，即"把"后的宾语并不是强调的对象。

宾语前移除了以上功能外，前移构成"主+'是'+……+'的'""主+'被'（'给'）+……"或主谓谓语句的，其功能是话题化，即把宾语作为话题，是话语的起点。例如：

（59）面见过。

（60）舞我跳。

以上二例的"面""舞"都是话题，"见过""我跳"是对话题的陈述，这是出于语用的需要。

另外，有的还具有篇章衔接功能。例如：

（61）——还伤心呢？

——心都伤透了。

（62）——唱歌、跳舞去吧！

——歌我唱，舞我可不跳。

以上二例的"心""歌"都起着承接上文的作用，具有篇章衔接功能。

五、结语

综观前文可以看出，动宾式离合词不但可以在动词语素和宾语语素之间加入很多成分，也可以把宾语语素直接提前，进行离析。不过，能够这样离析的离合词不太多，207个中只有44个，约占21.3%，超过五分之一。从语义格来看，能够前移的宾语主要是同源，不能前移的主要是受事，说明宾语语素的语义格对能否前移有一定的影响，原因还有待进一步探索。

制约离合词宾语前移的因素主要是动词语素的性质。能够直接前移的，动词语素都是自由的。不能前移的,动词语素绝大多数是不自由的。不过,动词语素的自由存在着程度上的差别,有的动词语素可以直接用来回答问题,这种动词语素的自由度比较高;有的要带上动态助词才能单独用来回答问题,这种动词的自由度比较低。

能够前移的,前移的方式非常多,除了李春玲(2009)提到的那些外,有些还可前移做"主+'被'('给')+……""主+'越'+……'越'+……""主+'一'+动+'就'+……""主+'比'+……+动+'得'+……"和主谓谓语句的主语等,这些离合词的宾语绝大多数是同源。

不同的离析方式构成的句式,使用条件也有所不同,一般用于回答中,大部分必须有后续小句,但也有一些可以独立成句,不需要上下文。

宾语前移并非王海峰(2011)所说的起着强调谓语动词的作用。不同的离析方式,功能也不同。宾语语素提前构成"连+B+都/也+A"句,有强调宾语的作用;宾语提前充当"主+'被'('给')+……""主+'越'+……+'越'+……""主+'一'+动+'就'+……""主+'比'+……+动+'得'+……"以及主谓谓语句主语的,起着话题的作用,有的还具有篇章衔接功能。

总之,无论从能否前移,还是前移后构成的句式以及这些句式的功能等看,动宾式离合词都有"同"有"异",且"同"中有"异"。这进一步说明离合词的成员非常复杂,不能一概而论。

参考文献

丁声树等(1961)《现代汉语语法讲话》,商务印书馆。
丁勇(2002)汉语动宾型离合词的语用分析,《语言研究》特刊。
董秀芳(2006)宾语提前的话题结构的语义限制,《汉语学报》第1期。
方梅(1995)汉语对比焦点的句法表现手段,《中国语文》第4期。
冯胜利(2000)《汉语韵律句法学》,上海教育出版社。
李春玲(2009)《现代汉语离合词及其离合槽研究》,辽宁人民出版社。
刘月华、潘文娱、故铧(2001)《实用现代汉语语法》(增订本),商务印书馆。
刘正光(2006)《语言非范畴化:语言范畴化理论的重要组成部分》,上海外语教育出版社。
鲁川、林杏光(1989)现代汉语语法的格关系,《汉语学习》第5期。
吕叔湘(1984)《汉语语法论文集》,商务印书馆。
孟琮(1988)关于主语的语义类,载中国语文杂志社编《语法研究和探索》(四),北京大学出版社。
潘海华、叶狂(2015)离合词和同源宾语结构,《当代语言学》第3期。
钱乃荣主编(1995)《汉语语言学》,北京语言学院出版社。
任海波、王刚(2005)基于语料库的现代汉语离合词形式分析,《语言科学》第6期。
王海峰(2002)现代汉语离合词离析动因刍议,《语文研究》第3期。

王海峰（2011）《现代汉语离合词离析形式功能研究》，北京大学出版社。

徐枢（1985）《宾语和补语》，黑龙江人民出版社。

杨德峰（2015）主动宾句的宾语话题化考察，《语言科学》第4期。

张敏（1998）《认知语言学与汉语名词短语》，中国社会科学出版社。

赵金铭（1984）能扩展的"动+名"格式的讨论，《语言教学与研究》第2期。

赵元任（1979）《汉语口语语法》，商务印书馆。

郑伟娜（2015）离合词不同离散形式的韵律—语法动因，《汉语学习》第6期。

朱德熙（1982）《语法讲义》，商务印书馆。

Hopper, P, J. & Thompson, S. A. (1984) The discourse basis for lexical categories in universal grammar. *Language* 60: 703–752.

（杨德峰　北京大学对外汉语教育学院　ydf@pku.edu.cn）

周小兵等《汉语教材词汇研究》出版

周小兵等《汉语教材词汇研究》由商务印书馆出版。该书是国家社科基金项目"基于语料库的汉语教材多角度研究"（14BYY089）的成果。

该书基于大规模汉语教材语料库的实证研究，聚焦汉语教材词汇编写，切实推动国际中文教材建设和发展，助推中文国际传播与共享。该书系统考察了30多个国家和地区、16种媒介语的上千册汉语教材，对汉语教材的词汇选取、难度、重现率、译释、多义词和难词处理、国别化适龄化等进行了系统的研究，基于语料库，就词语解释、呈现、讲解、练习、话题与文化点等进行了深入探讨。全书基于全球汉语教材语料库的大数据考察，描述事实，统计数据，提出问题，总结规律，得出创新性结论，为优化汉语教材编写提供了具体的建议，为国际中文教育专业的研究生、教材编写者和研究者提供参考。

汉字习得中形符辨识能力的调查分析*

李禄兴

摘 要：本文通过调查初级、中级汉语水平学习者对形声字形符的辨别情况，分析其对具体形符的掌握程度，提出相应教学策略。调查结果表明，形符自身的表义度、学习者对形符义的了解度、对形声字字形的熟悉度等，都会影响汉语学习者对形声字字义的掌握。因此，在教学过程中要通过培养形符意识、对比形近形符、分析形声字结构等方式加强学习者的形符认知能力，加深其对形符义的理解，最终提高他们利用形符识记形声字的能力。

关键词：形声字；形符；辨识力；辨识度；汉字习得

一、形符及其表义度

（一）形符在形声字习得中的作用

形符，也有人称为形旁、义符、意符等。费锦昌、孙曼均（1988）指出，形符的表义功能在形声字的学习中能起到如下作用：一是具有提示字义的作用，二是能够与其他字相区别，特别是与其他声符相同的形声字相区别。陈宝国、彭聃龄（2002）在研究认知心理学时发现，在高频汉字的识别中，形符对形声字字义提取有着重要的影响，高频汉字可直接由字形提取字义。冯丽萍（1998）在运用范畴判断的试验方法中也表明，形声字的形符对汉字词语的语义提取有重要的作用。

对于学习汉字时间较短的汉语学习者来说，他们尚未建立形声字的概念，也就不存在形符的概念与意识。然而随着学习者识字量的增多，他们能够逐渐认识到汉字的构成规律，即从认为汉字是无规律的图画到有规律的组合，对汉字的记忆也能从整体记忆到分解成部件记忆。汉语学习者在有了形声字和部件概念之后，能够逐渐意识到形声字由两部分组成。虽然大部分留学生并不知晓形符与声符的具体名称，但随着积累的形声字数量不断增加，以及教师对汉字知识的讲解和传授，他们会逐渐认识到这类字表义表音的特点，即初步具有了形符的概念与意识。

形符在形声字的学习中起着重要的作用。首先，学习者在形成形符的概念与意识之后，

---

* 本文为教育部中外语言交流合作中心 2021 年度国际中文教育创新项目"'彩虹'国际组织中文人才培养"（项目编号：21YH027CX1）的研究成果。

能够加快对形声字字形的掌握。通过记忆形符及形符义，能够更准确地拆分形声字，从而加深对形声字字形的记忆。研究表明，利用部件记忆形声字要比直接记忆整字更加省时省力，记忆也更加准确。其次，留学生有了形符的概念后，能够更好地区分声符与形符。辨识出形符之后，通过"音系串联"的方法记忆声符相同但形符不同的形声字，留学生能够更加准确地区分同音、近音形声字，如："情、晴、请、睛"等。此外，形符还能够帮助留学生加深对汉字、汉文化的理解。留学生在辨识出形符并知晓形符的表义作用后，在汉语教师的帮助下，能够学习到形符的字形变化及历史渊源。这样不仅可以增加形声字学习的趣味性，还能深化留学生对汉字的印象。同时，教师也在语言教学中传递了汉文化的知识，实现语言教学与文化教学相融合。

（二）形符表义度划分

对于形符是否具有表义功能，传统上主要存在两种观点：一是以王力（1981）为代表，认为形符"表示形声字的本义所属的意义范畴"；一是以王凤阳（1989）为代表，认为"形符只是能起到别义的作用，但不起表义的作用，它们是字的区别部分，不是字的表达部分"。客观地说，形声字的形符与字义确实存在联系，大量研究形符表义度的文章就证实了这一点。李燕等（1992）计算出现行汉字形符的总体表义度为43.79%。若从形符和意义相关的角度来分析，则85.92%的形声字的形符与意义有一定的联系。

对于形符表义程度的高低，一直存在不同标准和不同统计结果。施正宇（1994）分析了2500个常用汉字中167个形符的表义特点。根据形符表义的直接性，将表义级别划分为直接表义、间接表义和不表义。李国英（1996）认为义符示意有三种类型：（1）义符与形声字同义，称为同义性义符；（2）义符是形声字的上位概念，称为类别性义符；（3）义符是形声字所表词的特征标记，称作标记性义符。其中标记性义符与形声字的相关往往带有文化性，如"群"以"羊"为义符，"精"以"米"为义符，都不属于必然的、唯一的联系，而是受特殊的文化生活、文化心理所制约。上述分类均具有一定概括性，但就全部的形符与形声字来说，仍有很大的可细分的空间。本文参照文武（1987）的模糊数学方法，给形符与所构形声字之间的关系赋值，将形符在形声字中的表义度等级划分为以下六等：

（1）形符义与所构形声字等义或同义，其形符的表义度最高，赋值为9—10。例如：爸、病、语等。

（2）形符或泛化的形符义与所构形声字为类属关系或上下位关系，形符义表示所构形声字的成分、所构形声字的材料，形符表示所构形声字中的一部分，赋值为8。例如：菜、饭、猫、篮、情等。

（3）形符义能够表示所构形声字的动作义、动作义凭借的工具、属性、产生的事物等，赋值为 7。例如：唱、打、喝、晴、请等。

（4）形符义间接表示所构形声字的用途、所构形声字的材料，或间接导致所构形声字动作的产生，赋值为 4—6。例如：杯、馆、块、睡等。

（5）形符义与所构形声字的古代汉语义有联系，但与现代汉语义无联系的，赋值为 2—3。例如：很、静、始、影等。

（6）形符或泛化形符义与现代、古代字义均无联系的，赋值为 0—1。例如：笨、答、但、没、笑等。

二、形符辨识能力调查设计

（一）**调查原因及目的**。本文主要通过调查不同汉语水平、母语为拼音文字的留学生在形声字学习过程中，是否能辨识出形符的存在，即调查被试对形声字形符的辨识力和辨识度。并通过 SPSS 软件计算形符辨识能力在初级、中级水平学习者中的不同情况。

（二）**调查对象**。本次调查的被试对象为中国人民大学 2020 年春季汉语留学生进修班。由于研究范围限定在初、中级水平，因此选取 HSK2—5 级水平的留学生作为调查对象。根据中国人民大学对外国进修生的分班情况，调查对象包括初级班、中四班、中三班、中二班、中一班，以非汉字文化圈国家学生为主体。为使调查具有一定的兼容度与概括性，发放问卷时尽可能做到选取不同背景（母语、所属国家和地区）的对象，发放问卷 40 份，回收有效问卷 32 份。

（三）**调查用字**。根据桂亮（2008）对《汉语水平词汇与汉字等级大纲》形声字形符数量的初步统计，1625 个形声字共使用形符 171 个。这些形符中使用频率最高、构字能力最强的有 15 个，由其构成的汉字占《汉语水平词汇与汉字等级大纲》形声字总数的 60%。本文在对新 HSK1—3 级形声字统计时发现：260 个汉字中，出现了 52 个形符。其中，构字频率最高的 13 个形符为：讠（18）、氵（14）、木（13）、口（12）、忄（12）、亻（10）、扌（10）、艹（10）、女（10）、辶（9）、纟（8）、竹（7）、月（6）。据此，本文选取由构字频率最高的形符所构成的形声字作为调查用字。这些调查用字均来自《新汉语水平考试大纲》和《国际中文教育中文水平等级标准》。其中，形声字标准参考倪海曙的《现代汉字形声字字汇》。调查问卷中所考察的 80 个形声字，均为《新汉语水平考试大纲》1—4 级汉字表中的字，个别字在《国际中文教育中文水平等级标准》中调整到了 5 级以上。为了保证调查用字具有代表性，调查问卷中所考察的形声字均为 HSK 动态作文语料库中所归纳的 [B] 类偏误形声字，且书写形符错误或缺少形符的情况在所有偏误中大于或等于两种，或同一种书写偏误出现的频率占 [B] 类偏误的 50% 以上，具体用字见表 1、表 2。

表 1 例字在《新汉语水平考试大纲》中的分布

水平等级	调查用字
1	爸、杯、菜、答、打、饭、馆、喝、很、块、冷、零、猫、没、请、睡、影、语、住
2	病、唱、但、懂、篮、睛、晴、情、始、踢、跳、晚、洗、笑、纸、助
3	根、街、借、脚、静、筷、蓝、清、骑、样
4	暗、笨、遍、材、吵、底、肚、访、盒、符、功、忽、环、假、惊、镜、距、垃、凉、律、篇、破、试、谈、停、烟、往、优、愉、增、值、洲、著、租、座

表 2 例字在《国际中文教育中文水平等级标准》中的分布

水平等级	调查用字
1	爸、杯、病、菜、唱、答、打、但、懂、饭、馆、喝、很、假、块、冷、零、没、请、试、睡、晚、样、洗、笑、影、语、住
2	遍、街、脚、借、睛、静、筷、蓝、篮、凉、猫、篇、清、情、晴、骑、停、往、纸、助、租、座
3	材、吵、底、访、根、功、环、破、谈、跳、烟、优、增、值
4	暗、笨、肚、符、惊、镜、距、垃、律、著
5	盒
6	踢、愉
7	忽、始、洲

三、形符辨识力的调查分析

形符辨识力即留学生在书写形声字时，能否有效辨识出形声字中形符的能力。本文对于形符辨识力的测查，以被试对被测形声字中形符书写的具体情况作为判定标准。形符辨识力的判定分为两种：一是具有辨识力，二是不具有辨识力。如果被试留学生在书写具体形声字时，正确书写出形声字或形符，则判定他对此形声字的形符具有辨识力；如果被试留学生在书写具体形声字时，不能写出正确的形符，或只写出了声符而形符缺失，或使用音同音近字代替被测目标字，均判定他对此被测字的形符不具有辨识力。

（一）表义度为 8 的形符辨识力

本次调查选取形符表义度赋值为 8 的这类形声字作为考察对象。形符表义度赋值为 8，说明这组字中形符的表义度较高，一般来说，能够起到提示形声字字义的作用。在表义度较高的前提下，调查统计留学生被试是否能够正确书写出整字或是书写出正确的形符。表 3 是对初、中水平被试对表义度赋值为 8 的 12 个形声字书写错误情况的统计。

表 3 初、中级书写错误类型统计对比

序号	被试词组（被试字）	初级水平（HSK2—3）学生					中级水平（HSK4—5）学生					
		错误类型Ⅰ正确字（错误字）	错误次数	错误类型Ⅱ正确字（错误字）	错误次数	错误类型Ⅲ正确字（错误字）	错误类型Ⅰ正确字（错误字）	错误次数	错误类型Ⅱ正确字（错误字）	错误次数	错误类型Ⅲ正确字（错误字）	错误次数
1	（菜）	—		—		—	—		—		—	
2	吃（饭）	声符错误 饭（饮）	1	—		—	—		—		—	
3	小（猫）	形符缺失 猫（苗）	1	—		—	音近字代替 猫（毛）	2	形符缺失 猫（苗）	1	—	
4	（情）况	形符错误 情（清）	4	形符缺失 情（青）	2	—	形符错误 情（清）	2	形符错误 情（请）	1	形符缺失 情（青）	1
5	法（律）	—		—		—	形符错误 律（伴）	1	形符错误 律（悻）	1	—	
6	（垃）圾	形符错误 垃（拉）	5	—		—	形符错误 垃（拉）	1	声符缺失 垃（土）	1	—	
7	（盒）子	形符缺失 盒（合）	3	—		—	形符缺失 盒（合）	5	形符错误 盒（答）	1	—	
8	亚（洲）	形符缺失 洲（州）	9	—		—	形符缺失 洲（州）	4	—		—	
9	（愉）快	音同字代替 愉（于）	2	声符缺失 愉（忄）	1	—	形符错误 愉（输）	1	音同字代替 愉（于）	1	—	
10	（惊）讶	形符错误 惊（谅）	3	形符丢失 惊（京）	1	—	—		—		—	
11	吸（烟）	—		—		—	形符缺失 烟（因）	2	—		—	
12	（肚）子	—		—		—	声符错误 肚（脏）	1	声符缺失 肚（月）	1	—	

* 说明："律"、"肚"、"烟"字在初级水平被试中的完成率较低（＜30%），没有代表性，因而在初级水平中不考虑"律""肚""烟"字的形符的辨识力。

（二）对形符辨识力的具体分析

被试在书写形声字时，一共出现 5 种错误类型，分别为：形符书写错误、形符缺失、声符书写错误、声符缺失以及音同音近字代替。

根据这 5 种错误类型，判断其对被测形声字是否具有形符辨识力，可以分为以下 4 种情况：

1. 形声字书写正确或形符书写正确（不考虑声符）。说明被试对被测字中的形符具有辨识力。被试在默写被测字时，如把形声字整字写对，即形符与声符都正确，说明被试对这两个部分都已掌握。对于这种情况，判定被试对该被测字的形符具有辨识力；如果被试只将形符部分书写出来，且书写正确，说明被试对形符的记忆更为深刻。被试能够根据字义提示将表示意义的部分写出，即能说明被试对该形声字具有形符辨识力。如：有中级水平的被试在默写"垃"字时，只写出了形符"土"而未能写出声符"立"，说明被试对形符印象比声符更深刻，也说明被试对"垃"字的形符"土"具有辨识力。

2. 形符书写错误或书写为其他形符。也说明被试对被测字的形符具有辨识力。把形声字的形符写为其他形符，只是由于被试对形符记忆不够准确，但至少说明其已经开始使用形符+声符的拆分来记忆汉字了。形符错误可能是由于形声字中形符表义度不高造成的，也有可能是被试没有分清声符相同的音近字而造成的。如：有中级水平的被试在默写"情"字时，把形符"忄"错写为了"氵"（清）与"讠"（请）。虽然把形符写错了，但可以认为被试对"情"的形符"忄"具有辨识力。

3. 形声字使用音同音近字代替。说明被试对此被测字不仅没有形符的概念，且不存在形声字的概念。如初级水平的被试在书写"愉"字时，出现了 2 次使用"于"代替正确答案"愉"的情况。这就说明被试根本不知道"愉"字为一个形声字，对形符"忄"也就没有辨识力。

4. 只有声符，形符缺失。说明被试对被测字的形符没有辨识力，如果被试在默写被测字时写出了声符，说明被试对声符的印象更深，在记忆形声字时更偏向于使用声音记忆，从而造成对形符的遗忘。如：初、中级水平的被试在默写"猫"时，均出现把"猫"写为"苗"的错误，这说明对于"猫"字来说，初、中级水平的被试对形符"犭"都不具有辨识力。

（三）不同水平表现出的对形符的辨识力

1. 初级水平形符辨识率分析

对于初级水平的被试来说，被测字的形符辨识力情况如表 4 所示。

表 4 初级被试者形符辨识力情况表

水平等级	具有形符辨识力	不具有形符辨识力
初级水平	菜、饭、惊、垃、情	盒、猫、愉、洲

初级被试对"菜""饭""惊""垃""情"这 5 个字中的形符具有辨识力。其中"菜"与"饭"为 HSK1 级字，"情"为 HSK2 级字，"惊""垃"为 HSK4 级字。5 个字分布于 HSK1—4 级的不同等级中，说明在初级水平的被试中，是否能辨识出被测字中的形符并不受被测字等级的影响。从常用性上来说，"饭""菜""惊""情""垃"的出现频率与使用频率也很高。因此，对于初级水平的被试来说，是否能够辨识出形符，与形声字本身的使用频率与常用性有着紧密的联系，即初级水平的留学生对常用的形声字中的形符更具有辨识力。从字形结构上来说，"饭""菜""惊""情""垃"中 80% 的字均属于左形右声结构，只有"菜"属于上形下声结构。说明初级水平的被试对左形右声结构的被测字中的形符更加敏感。冯丽萍等

(2005）指出：在现代汉字中左右结构字占绝大多数（64.9%），所以留学生在生活中所见的、课本中所学的左右结构汉字的数量会远远多于上下结构字。经过一定时间汉语学习和汉字知识的积累，他们就可能对左右结构模式更为敏感，辨识起来也更为容易。对欧美学生来说，上下结构的形声字的识别速度和正确率显著低于左右结构的形声字。

初级被试对"盒""猫""愉""洲"4个字中的形符则不具有辨识力。其中"愉""盒""洲"为HSK4级字，"猫"为HSK1级字，4字中有3个字均为HSK4级字，初级水平的被试还并未系统学习过"盒""愉""洲"，对这3个字中的形符还无法辨识。这也证明了《国际中文教育中文水平等级标准》将这3个字分别调整为5、6、7—9级汉字是很科学的，说明熟悉度是影响形声字形符辨识力的重要因素。

由此看出，对于初级水平的留学生来说，形声字等级的高低并不直接影响其对形符的辨识力；而对形声字的熟悉度、形声字的使用频率以及形声字的字形结构，则会影响初级水平留学生对形声字形符的辨识力。

2. 中级水平形符辨识力分析

对于中级水平的被试来说，被测字的形符辨识力情况如表5所示。

表5 中级被试者形符辨识力情况表

水平等级	具有形符辨识力	不具有形符辨识力
中级水平	菜、肚、饭、惊、垃、律、情、愉	盒、猫、烟、洲

中级被试对"菜""肚""饭""惊""垃""律""情""愉"这8个字中的形符具有辨识力。它们分别分布于HSK1—4级中，中级水平的被试应该都已经学过。从常用性上来说，"饭""菜""惊""情"为常用字，出现频率与使用频率非常高；而"垃""肚""愉""律"在日常生活与学习中，单字出现的频率较低，更多的是以"垃圾""肚子""愉快""法律"等词的形式出现，由于由其构成的这些词属于高频词，因此中级水平的被试对这4个字的形符有了辨识能力。从字形上来说，除了"菜"之外，其余7字均为左形右声结构。

中级水平的被试对"猫""烟""盒""洲"4个字中的形符不具有辨识力。其中"猫"字为HSK1级字，"盒""洲""烟"为HSK4级字，说明中级水平的被试对形符的辨识力也不受形声字等级的限制。从常用性上说，"盒"与"烟"虽在日常生活中能经常用到，但是复现率不高。"洲"较为不常用，因此《国际中文教育中文水平等级标准》将它调整为7级字。据此可知，对于中级水平的被试来说，形声字的常用性与复现率是影响其对形符辨识判断的重要因素。从字形结构上来说，除了"盒"字外，"猫""洲"与"烟"也为左形右声结构，这似乎与上述对左形右声结构辨识力高的结论相矛盾。我们认为，这可能是由于随着汉语水平的提高，识字量的不断增加，左形右声结构的形声字大幅度增加而导致的辨识困难。

四、形符辨识度的调查分析

形符辨识度是指留学生书写形符的正确率和准确度。在具体形声字的书写过程中，被试如果对形符具有辨识力，说明被试留学生能够判断出形符的存在。而在判断形符有无、形符是什么及书写形符时，辨识能力之间存在着较大差异。本次调查着重发现这种形符辨识度方面的差异。调查不仅选取了形符表义度赋值为 8 的、被试对形符具有辨识力的形声字，同时还选取了表义度赋值为 9—10 与赋值为 0—1 的两组字为被测字进行统计与分析。选取形符表义性最高与最低的三组字作为调查对象，便于更加直观立体地分析出形符在被测字中辨识度的高低。

（一）形符表义度为 8 的被测字

表 6　形符表义度为 8 的被测字书写情况表

被测字	初级水平（HSK2—3 级）16 人		中级水平（HSK4—5 级）16 人	
	书写错误	未完成	书写错误	未完成
菜	0	0	0	0
饭	1	3	0	2
肚	0	10	2	7
惊	4	0	0	0
垃	5	8	2	5
情	6	5	4	3
律	0	5	2	4
愉	3	8	2	7

"菜"字在本组被测字中错误率最低（0%），完成率最高（100%）。"饭"字在本组被测字中错误率为 3.13%，完成率也较高。"垃""肚""愉"在所有被试中的完成率都偏低（＜60%）。"惊"字在初级水平的被试中出现的错误为两种：一是形符书写的错误，把"惊"写为"谅"，这种错误出现的频率较高；二是形符缺失的错误，把"惊"写为"京"，可看作是只出现声符，也可看作整字同音替代。"惊"字在中级水平中未出现书写错误的情况；"律"字在中级水平的被试中出现了 2 次错误，且错误均为形符错误，把"律"写为"伴"与"悻"。"情"字在初级水平的被试中出现了 6 次书写的错误，主要体现在形符的错误代替上。考虑到未完成情况以及错误率，从辨识度角度来看，其排列应该为菜＞惊＞饭＞律＞肚＞情＞愉≈垃。

（二）形符表义度为 9—10 的被测字

形符与所构形声字等义或同义，形符赋值为 9—10。其中，本文在 HSK1—4 级中选取了"爸""语""病"这三个字作为被测字，统计错误率如下表：

表 7　形符表义度为 9—10 的被测字书写情况表

被测字	初级（HSK2—3 级）16 人		中级（HSK4—5 级）16 人	
	书写错误	未完成	书写错误	未完成
爸	1	0	0	0
病	2	2	0	2
语	1	0	0	0

其中，初级被试的留学生在书写"爸"字中出现了 1 次错误，错误为把"爸"错写为"父"，即只写出了"爸"字的形符，且形符书写正确，但没有写出形声字的声符"巴"；而中级被试的留学生在书写"爸"字的 2 次错误则是未填写出"爸"这个形声字。

"病"字在初级水平的被试中出现了 2 次书写的错误。这 2 次错误均为形符书写正确，声符书写错误：一是把声符"丙"错写为"殳"，另一是把声符"丙"书写为非字，辨认不出具体是什么字。

"语"字是本组被测字中错误率最低的一个字，仅出现了 1 次错误。且这个错误出现在初级水平的被试中。这次错误为把"语"写成了"话"，即形符书写正确但声符书写错误。

因此，上面三个字的辨识度基本可以概括为：爸≈语＞病。

（三）形符表义度为 0—1 的被测字

表 8　形符表义度为 0—1 的被测字书写情况表

被测字	初级（HSK2—3 级）16 人		中级（HSK4—5 级）16 人	
	书写错误	未完成	书写错误	未完成
笨	4	3	1	0
答	1	2	2	3
但	1	0	0	0
没	1	1	3	1
笑	0	1	1	0

其中，"笨"字在初级水平的被试中共出现了 4 次错误，且这 4 次错误均为形符错误：把"笨"的形符"竹"错写为"艹"，造成了"笨"与"苯"的混淆。在中级水平的被试中出现了 1 次错误，与在初级水平被试中出现的错误相同。

"答"字在初级水平的被试中出现了 1 次书写错误。这 1 次错误为声符缺失：即只写出了形符"竹"。在中级水平的被试中并未出现书写错误。

"但"字是本组被测字中错误率最低的一个字，仅出现了 1 次错误，且这个错误出现在初级水平的被试中。这次错误为形符的丢失，即把"但"错写为"旦"。

"没"字出现了 1 次错误，为形符错误：把"氵"错写为"冫"，即把"没"字错写为"没"；而中级被试的留学生在书写"没"字时，出现错误的频率高于初级水平的被试，出现了3类书写错误,且均为声符书写错误:把"没"写成了"汲"与"洛"。

"笑"字在初级水平的被试中并未出现错误的情况;在中级水平的被试中出现了1次书写的错误,错误类型为声符丢失,即只写出了形符"竹",未能写出完整的声符。

对于赋值0—1的形声字来说,其辨识度排序大致为:但>笑>没>答>笨。

根据上述被测字本身的表义度以及形符书写正误的情况,大致分为如下4类:

(1)形符表义度低,但正确率、完成率高。这类字为:但、没、笑,其辨识度高。
(2)形符表义度低,且正确率、完成率低。这类字为:笨、答,其辨识度低。
(3)形符表义度高,且正确率、完成率高。这类字为:爸、菜、惊、饭、语,其辨识度高。
(4)形符表义度高,但正确率、完成率低。这类字为:病、肚、情、垃、律、愉,其辨识力低。

(四)初、中级水平形符辨识能力差异分析

对于表义度高的熟字,虽然形符的表义度高且已经系统学习过被测字,但两个等级平均正确率差别还是较大(2.1875)。且方差分析发现,初级水平的被试与中级水平的被试对形符表义度高的熟字识别的正确率差异很大($F_{(1, 32)}$=22.031,p=0.000)。

对于表义度高的生字,初级水平被试与中级水平被试的差距更大(5.25)。且方差分析发现,初级水平被试与中级水平被试对形符表义度高的生字识别正确率差异更为显著($F_{(1, 32)}$=41.825,p=0.000)。

综上可知,对于形符表义程度高的被测字,初级水平的被试仅能够写出已经学过的等级较低的字,但对于未系统学过的等级较高的字,不能根据已给的英语注释推断并写出正确的形符。而中级水平的被试,不仅能够写出形符表义度高的等级较低的字,还能根据已知形符表义功能的知识,推断并写出正确的形符。方差分析的结果也说明,中级水平的留学生对形符的辨识能力更强,对形符表义的属性要比初级水平的留学生运用得更加熟练,内化得更加充分。

我们的结论与舒华、宋华(1993)对母语儿童的研究的结果相类似。其在对母语儿童习得汉字的研究中发现:小学生是在学习过程中逐渐意识到形声字形符的表义作用的,这种观念要等到小学三年级才逐渐形成。而五年级的小学生对形声字形符表义的概念内化得更加完善,能够熟练运用形符分析和识别形声字。李蕊(2005)对留学生形声字形符意识发展的研究也发现:初级阶段的留学生具有一定的关于形符表义的概念,但是还不能自动运用到阅读任务中去,面对陌生汉字时,还没有根据形符猜测字义的意识。而对于已经学习汉语7—10个月的留学生来说,逐渐发展起比较自动化的意识,对各种频率的目标字都能利用形符线索进行意义相关的选择。当留学生学习汉语大约14—15个月后,对形符的辨识能力完全达到自动化程度,已经能够十分熟练地运用形符线索来猜测字义。

利用形符记忆形声字和形声字的构成规律,是一种科学的学习记忆策略,能够有效提高学习者学习形声字的效率。我们认为在形声字教学时应当充分重视形符的作用，重视培养汉语学习者的形符意识，同时要重视形符书写与匹配的精准化。在对外汉字教学中，应将形符教学与部件教学、声符教学相结合，综合各种汉字教学方法的优势，真正提升汉语学习者的汉字能力和应用水平。

参考文献

陈宝国、彭聃龄（2002）基线选择影响词语认知启动实验结果的研究，《心理学探新》第2期。
陈慧、王魁京（2001）外国学生识别形声字的实验研究，《世界汉语教学》第2期。
邓小琴（2011）《体验汉语》（初级）汉字教学"可教性假设"研究，《云南师范大学学报》（对外汉语教学与研究版）第2期。
费锦昌、孙曼均（1988）形声字形符表意度浅析，载中国社科院语言文字应用研究所编《汉字学术问题讨论会论文集》，语文出版社。
冯丽萍（1998）汉字认知规律研究综述，《世界汉语教学》第3期。
冯丽萍、卢华岩、徐彩华（2005）部件位置信息在留学生汉字加工中的作用，《语言教学与研究》第3期。
高立群、孟凌（2000）外国留学生汉语阅读中音、形信息对汉字辨认的影响，《世界汉语教学》第4期。
桂亮（2008）《基于对外汉语教学的形声字研究》，兰州大学硕士学位论文。
李国英（1996）论汉字形声字的义符系统，《中国社会科学》第3期。
李蕊（2005）留学生形声字形旁意识发展的实验研究，《语言教学与研究》第4期。
李燕、康加深、魏励、张书岩（1992）现代汉语形声字研究，《语言文字应用》第1期。
柳燕梅、江新（2003）欧美学生汉字学习方法的实验研究——回忆默写法与重复抄写法的比较，《世界汉语教学》第1期。
倪海曙（1982）《现代汉字形声字字汇》，语文出版社。
施正宇（1994）现代形声字形符意义的分析，《语言教学与研究》第4期。
舒华、宋华（1993）小学儿童的汉字形旁意识的再研究，《心理科学》第5期。
王凤阳（1989）《汉字学》，吉林文史出版社。
王建勤（2005）外国学生汉字构形意识发展模拟研究，《世界汉语教学》第4期。
王力主编（1981）《古代汉语》（第一册），中华书局。
王宁（1997）汉字构形理据与现代汉字部件拆分，《语文建设》第3期。
文武（1987）关于汉字评价的几个基本问题，《语文建设》第2期。

（李禄兴　中国人民大学国际文化交流学院　liluxing@ruc.edu.cn）

从反预期情态看语义积淀对
"竟然""偏偏"个性差异的影响

童小娥

摘　要：本文主要分析了语义积淀对反预期标记"竟然""偏偏"个性差异的影响，认为"竟然"重在终竟结果的出乎意料，这种出乎意料既可以是反预期的，也可以是无预期的；"偏偏"重在偏离，既可以是预期的偏离，也可以是祈愿或期望的偏离。这种不同的语义积淀使得二者评注功能存在差异，"竟然"重在突出惊奇和不可接受，"偏偏"重在表达主观故意及惊奇不解、责备和遗憾的主观情感。

关键词："竟然"；"偏偏"；反预期；语义积淀；主观评注

"竟然"和"偏偏"是现代汉语比较常用的语气副词，它们在表达上有一些共同的特点。有的学者认为它们都可归为表示主观意愿同客观事实相反的，出乎意料或略感惊讶情态的意外态语气副词；（张谊生，2000a）有的学者认为它们都属于"语气类反预期标记"（陆方喆，2014）。但它们也存在一些差异，苗浴光（2006）和刘慧（2010）认为"竟然"更强调反常性，主观上认为这一结果的发生违反常理，而"偏偏"表示意外之意时，侧重的是客观事实与主观意愿相反。强星娜（2020）和陈振宇、王梦颖（2021）则从预期的角度分析了二者的不同，强文认为"竟然P"成立的条件是存在无定预期$E_{无定}$，"偏偏P"成立的条件是存在$E_{特定}$。通俗地讲，$E_{无定}$关乎"不合理"，$E_{特定}$关乎"不合情"，若P既"不合理"，又"不合情"，则"偏偏、竟然"均适用。陈文认为"竟然"标记自反预期，但与常理预期和主体预期有很深的相互影响，可以自由地用于类指预期和个体预期，而"偏偏"必须标记常理反预期，只能或主要用于个体预期。这些研究在一定程度上揭示了"竟然"和"偏偏"的差别，但还不够准确。"竟然"和"偏偏"虽然都能表达反预期，但由于语义积淀的影响，它们在反预期和主观评注上存在差异，各自适用的语境也有区别。有些语句的语境虽然看起来二者都适合，但实际上互换之后并不合适，如：

（1）老天爷总是不尽人意，伏天要雨的时候，<u>偏偏/竟然</u>一滴雨也不落。（转引自强星娜，2020）

（2）老王天天虔诚烧香，祈求生个女孩，但老婆<u>竟然/偏偏</u>生了个男孩。（转引自陈

振宇、王梦颖，2021）①

强文认为例（1）的"偏偏"可换成"竟然"，陈文认为例（2）中的二者也可互换，我们认为这两例都只适合用"偏偏"，不宜换成"竟然"。因为"偏偏"重在偏离，可在"偏偏"句直接出现前句的反命题，而"竟然"重在表达对终竟结果的意外和惊奇，如果背景句出现了显性预期，则通常要求"竟然"句在语义强度上高于前句显性出现的反命题，以突出结果的意外性和惊奇。②因此，上面两句如果要换成"竟然"，须加上一些突显语义强度的词语，如：

（1'）老天爷总是不尽人意，伏天要雨的时候，<u>竟然整整</u>一个月一滴雨也不落。

（2'）老王天天虔诚烧香，祈求生个女孩，但老婆<u>竟然每次</u>都生的男孩。

可见，语义积淀对词语的个性差异有着重要的影响。因此，我们依托北大 CCL 语料库，从句法位置与共现词语、语义表达与反预期情态、主观评注等方面分析"竟然""偏偏"的语义积淀及其导致的个性差异。

一、句法位置与共现词语

（一）句法位置的差异

张谊生（2000b）将语气副词归为评注性副词，认为评注性副词可分为全幅评注和半幅评注。凡是既可以位于句中也可以位于句首的大多是全幅评注，也就是对整个命题进行评注；凡是只能位于句中的是半幅评注，也就是只对述题部分进行评注。"竟然"一般只能位于主谓之间，属于半幅评注；"偏偏"则既可位于主谓之间，也可位于主语之前，属于全幅评注。如：

（3）某行政单位从票贩手中自购发票、自填下账被查出后，该单位领导<u>竟然</u>不懂这是违法行为。（《人民日报》，2000）["竟然"位于主谓之间]

（4）主持人还讲了一件事，说是县里有所小学，为了举行升旗仪式，要建立一根旗杆，造价一百五十元，县里只拨款五十元，校方筹款也只凑到五十元，尚缺五十元没着落，因此，旗杆至今没有建立起来。<u>竟然</u>如此！（同上）["竟然"位于句首谓词性成分前]

（5）那年，以他优异的成绩，报取什么专业都可以，可他却<u>偏偏</u>选中了当时不少人

---

① 陈文认为强文中的例句"老王天天虔诚烧香，祈求生个女孩，后来老婆竟然生了个男孩"不能说的原因在于句中的词语"后来"，因为"后来"表示预期实现。我们不认同这一看法，我们认为"后来"只是表示时间的发展，和预期的实现与否没有必然联系，语料中有不少"后来"和"竟然"共现的语句。如：老李还是一个传奇人物。17岁那年从中国来大马。当时连 ABC 都还没搞清楚，<u>后来竟然</u>能在澳洲拿到学位……（《人民日报》，2000）。

② 强星娜（2020）称这种现象为"超反预期"。我们对语料中前句包含"要""以为"的语句进行了考察，仅发现一例"竟然"句直接出现了前句的反命题，但句中也有突出语义强度的词语"故意"：奥尼尔1日在接受《体育画报》采访时说："每个人都知道我和那小子（科比）不和。我是个投篮命中率达到 60% 的球员，但是在场上时常要可怜地向人要球。我都站好位向那小子要球，他<u>竟然故意</u>不给我。"（新华社，2004）而"偏偏"句中直接出现前句反命题的则比较多：巴山小顾道："这次武当盛会，大家都以为古松一定会到的，他却<u>偏偏</u>没有露面。"（古龙，《陆小凤传奇》）

一听就摇头的林校。（同上）["偏偏"位于主谓之间]

（6）听说常昊已回到北京，记者便匆匆赶往中国棋院，但<u>偏偏</u>常昊刚离开。记者只好通过电话采访了常昊。（同上）["偏偏"位于主语前]

（7）今年7月间，当许多人避暑不及的时候，<u>偏偏</u>有这样一批痴迷的艺术家，揣着画笔，带着谱纸，顶着骄阳，奔走在黄河流域。（同上）["偏偏"位于句首谓词性成分前]

我们从当代报刊语料中各抽取了50条含"竟然"和"偏偏"的语料进行了分析，发现"竟然"句除了有2例位于句首谓词性成分前外（可看作是"竟然"前省略了主语，如上例（4），可在前补上主语"事情"），其余各例均位于主谓之间。而"偏偏"共有13例位于句首（约占总数的1/4），其中10例位于句首主语前，3例位于句首谓词性成分前。由此可见，"竟然"只对句内述题进行评注，表达言说者对述题即终竟结果的出乎意料或不可接受，而"偏偏"除了用于句中修饰各种谓词外，还可位于句首修饰整个小句，可对整个命题进行评注，因而主观性比较强，语法化程度比较高。

（二）共现词语的差异

陆俭明（2010）首次提出"语义和谐律"，认为词语之间的语义制约关系，从本质上说就是要求句子中的各个词语之间在语义关系上要和谐。因此下面我们主要从共现词语的不同来看"竟然"和"偏偏"的语义差异。

1. 与隐含结果义词语、转折类词语的共现情况

李秉震、郑氏明俊（2021）认为"竟然"的意义仍与"竟"的终竟义密切相关，很多"竟然"句中都含有表示时间的词语，如"最后""最终"等。而"偏偏"主要表示对预期或祈愿的偏离，句中常出现转折词语。（童小娥，2015）通过对语料的考察，我们发现隐含结果义的词语如"最后""后来""最终""结果""发现"等常与"竟然"共现；转折类词语如"但（是）""可（是）""然而""却"等常与"偏偏"共现。如：

（8）后来，他<u>竟然</u>在一家很普通的小饭铺里找到了正在吃"四菜一汤"的王效金厂长。（《1994年报刊精选》）

（9）走了约一刻钟，汽车便熄火了。司机多次调试，车仍不启动。后经抽油试验，<u>结果发现</u>加的<u>竟然</u>是水。（《市场报》，1994）

（10）东施效颦令人嗤笑，但今天艺坛上<u>偏偏</u>活跃着许多东施。（《人民日报》，1993）

（11）湖南一家用户指定要常柴厂的S1100电启动柴油机，可工厂<u>却偏偏</u>没有这样的型号。（《人民日报》，1994）

我们对语料进行了粗略统计，发现"竟然""偏偏"和这两类词语的共现频率差异明显，具体情况如表1、表2所示。

表1 "竟然""偏偏"与隐含结果义词语的共现情况

共现形式	最后~①	后来~	最终~	结果~	发现~	~发现	总计
竟然	87	51	13	56	261	95	563
偏偏	4	2	0	9	0	4	19②

表2 "竟然""偏偏"与表示转折义词语的共现情况

共现形式	但(是)~	可(是)~	而~	却~	总计
竟然	272	170	272	66	780③
偏偏	277	552	286	368	1483

上面表中两类词语和"竟然""偏偏"共现情况的不同在一定程度上反映了它们语义上的差异:"竟然"突出的是终竟结果的意外;"偏偏"句常隐含对比,凸显的是偏离。

2. 与"意外、惊奇"类词语、"本以为"类词语的共现情况

强星娜(2020)认为言者对 $E_{无定}$ 和"竟然 P"的命题态度可分别概括为信而未认和认而未信,这种态度分别直观地表现在两类元语言标记(话语标记)上:一类是"没想到""不料"等;一类是"以为""本来"等。通过对语料的考察,我们发现除了"意外"类词语外,"惊奇"类词语也常和"竟然"共现,因此,我们分别考察了这三类词语与"竟然""偏偏"的共现情况。具体情况如表3、表4、表5所示。

表3 "竟然""偏偏"与"意外"类词语的共现情况④

共现形式	难以相信	没想到	不料	没料到	没有料到	谁料	谁知(道)	意外	总计
竟然	5	229	20	20	11	7	35	18	345
偏偏	0	6	1	0	1	0	21	2	31

表4 "竟然""偏偏"与"惊奇"类词语的共现情况

共现形式	奇~⑤	~奇	惊~⑥	~惊	不可思议~	~不可思议	总计
竟然	85	53	91	40	20	10	299
偏偏	9	6	3	2	3	0	23

表5 "竟然""偏偏"与"本以为"类话语标记的共现情况

共现形式	以为~	本以为~	本来~	本是~	原本~	本应~	本该~	总计
竟然	40	5	53	12	24	5	3	142
偏偏	17	2	64	11	8	7	4	113

---

① 共现形式"X~"表示词语 X 位于"竟然""偏偏"前,"~X"表示词语 X 位于其后。下同。
② "偏偏"与这些词语共现时,前面大多出现了表示转折的词语"但是""可是""却"等。
③ 虽然从数量上看表转折的词和"竟然"共现的情况也不少,但从占比来看,"竟然"和这类词的共现数量约占总数的 6%,"偏偏"和这类词的共现数量约占总数的 39%,"竟然"句远远低于"偏偏"句。
④ "意外"类词的共现指这些词语出现于"竟然""偏偏"前。
⑤ "奇"指的是包含"奇"的词语,如"奇怪、奇迹、神奇、惊奇、稀奇"等。
⑥ "惊"指的是包含"惊"的词语,如"吃惊、大吃一惊、大惊、震惊、惊讶、惊异"等。

从上面表可以看出,"竟然""偏偏"和"意外""惊奇"类词语的共现数量差异明显,和"本以为"类词语的共现数量相差不大。虽然从表3我们也能看到有些意外类词语如"谁知(道)"与这两个词的共现数量相差不大,但它们出现的具体语境并不相同。如:

(12)第一辆甲壳虫诞生于1936年,距今已整整60个年头了。原以为它早已进了博物馆,**谁知**来到德国,**竟然**满大街都可见到。(《人民日报》,1995)

(13)去年七运会时,幺教练安排她冲击美国汤普森保持的100米自由泳世界纪录,**谁知**在比赛中**偏偏**撞上沪上姊妹花庄泳和乐靖宜的前后夹击,未能如愿。(《人民日报》,1994)

例(12)重在终竟结果,表达言说者对结果的意外和惊奇;例(13)重在偏离,表达言说者对未能如愿的遗憾之情。这说明"竟然"句言说者通常会对这一结果感到意外和惊奇,"偏偏"句则对偏离的意外性并不特别关注,而是更突出言说者对偏离的主观评注。

由表5可知"本以为"类词语与"竟然""偏偏"共现的数量相差不大,这说明"竟然"和"偏偏"具有一定的共同点,即都能表达反预期,但"竟然"句重在突出这种反预期结果的出乎意料,"偏偏"重在表达对反预期的主观态度和评注。如:

(14)巴西队与挪威队的比赛**本来**被认为是势均力敌的较量,没想到**竟然**出现一边倒的局面。从比赛一开始,巴西队凭借娴熟的脚法很快占据了场上主动。(新华社,2003)

(15)图书馆里就常有类似现象,一次在北京图书馆,**本来**很好的读书环境,**偏偏**出现了两位久别重逢者,他们的大声谈话,令一旁的读书者叫苦不迭。(《人民日报》,1996)

3. 与"明明"和疑问类词语的共现情况

匡鹏飞(2011)指出"明明"有两种语气表达功能,一是强调判断显而易见,一是强调事实确定无疑。在强调事实确定无疑时,其语义背景有两种情况。一是后句常出现一个与预期相反的结果,"明明"用来凸显预期与事实的反差,其语义结构模式可概括为:明明A,却B;二是后面出现疑问句,表示责难质问或不可思议,或者出现一个反问句,其语义结构可概括为:明明A,为什么/怎么B?通过对语料的考察,我们发现这些词与"竟然""偏偏"的共现也存在明显差异,具体情况如表6所示:

表6 "竟然""偏偏"与"明明"和疑问类词语的共现情况

共现形式	明明~	为什么~	怎么~	总计
竟然	2	32	33	67
偏偏	100	236	46	382

由表6可知,"竟然"与这些词的共现频率远远低于"偏偏",这说明"偏偏"的主观性更强,更加强调言说者对偏离的主观评注。如:

(16) 母亲抚养儿女，**为什么竟然**会得奖？天下的母亲难道不都一样吗？(《读者》)

(17) 迫使旅鼠大迁移的原因，是因为食物短缺，可为什么它们**偏偏**要拼命地奔向大海，走向死亡呢？它们为什么不到其他地方去寻找生路呢？(《中国儿童百科全书》)

例(16)突出言说者对这一结果的意外和不解；例(17)按照常理，由"由于食物短缺迫使旅鼠大迁移"可推知"旅鼠会迁移到食物充足的地方"，"偏偏"引出它们"拼命奔向大海，走向死亡"这一反预期的极端结果，并用"为什么"疑问形式强调这一结果的不同寻常之处，表达说话人对这一结果的不解和遗憾之情。

二、语义表达与主观评注

(一) 反预期情态

1. "竟然"与反预期

李秉震、郑氏明俊(2021)认为"竟然"并不表示出乎意料，其核心意义是表示终竟义。"竟然"句的出乎意料义是反预期语境赋予的，因为绝大多数情况下，隐去"竟然"后句中出乎意料的意义仍然存在。我们并不完全认同这一说法，根据对语料的考察，语料中大多语句如果隐去"竟然"，出乎意料义就不再存在或明显减弱。我们随机抽取了50条当代报刊语料(共51例"竟然"句)进行了分析，发现只有15例有明显的反预期语境。这些例中的反预期语境主要是由含出乎意料义的词语如"谁料到""不曾想""没有想到""本以为"等来体现的，隐去"竟然"后，虽然句子仍有出乎意料义，但意外的强调意味大大减弱。其他语句隐去"竟然"后句子不再具有出乎意料义。如：

(18) 去年年底，比比斯寄来他们夫妇的贺年片，还专门贴上一张他们与家人在一起休闲的照片。**没有想到**，这些**竟然**成了最后的纪念。(《人民日报》，2000)

(19) 个别来自农村的县、乡领导干部或重要部门的干部，父母死后，大操大办丧事，借机敛财。有的人家一场丧事办下来，扣除费用，收取的礼金**竟然**"结余"数万元。(同上)

例(18)隐去"竟然"后，虽然句子仍有出乎意料义，但意外的强调意味大大减弱；例(19)"竟然"隐去后，句子只是客观地陈述出现的结果，不再含有出乎意料义。因此，我们认为"竟然"虽然核心意义为终竟义，但突出的是对这一终竟结果的出乎意料。从历时角度来看，"竟然"是由"竟"发展分化而来的，"竟"的本义是"终了、完毕"，意味着事件的结束，具有终结性，它所呈现的是一个结果，但这一结果是出乎意料的，是说话者认为奇怪、惊讶甚至不可接受的。由前文分析我们可知，"竟然"常和表示意外、惊奇类词语共现，强调说话人感到意外的主观情感。与这些词语共现并不是说明"竟然"不表出乎意料，而是说明它与这些词语语义和谐,即使隐去这些词语后,"竟然"句仍能表达出乎意料义。

"竟然"虽然表示所出现的结果出乎意料,但"竟然"句不一定必然蕴含预期,这种出乎意料可以是反预期的,也可以是无预期的。反预期中的预期可以在句中显性出现,也可不出现,由句子中的相关信息推理得知。如:

(20)我以为再也见不到她了,没想到第二天她又出现在了北海公园。这次来,她仍让我给她画像,给她画完后,她再没提出要采访我的要求,拿起画就走了。第三天,她<u>竟然</u>又来了,和第二天一样,她让我给她画了肖像后又走了。(《中国北漂艺人生存实录》)

(21)月初,济南药检人员在一门诊部发现了一批假冒的"神经生长因子"注射液,这种进价只有0.8元的假药,非法行医者每支售价<u>竟然</u>高达288元,谋利高达360倍。(新华社,2001)

(22)当他带领三条小船航行到非洲西海岸附近的海面上时,突然,一场特大的风暴铺天盖地而来。风大浪高,小船在惊涛骇浪中颠簸挣扎。好不容易坚持到风暴平息,他们已被风浪吹送到了一个岬角边。沿着岬角航行一段时间,发现太阳<u>竟然</u>从船的右侧升起来,原来这时他们已经从大西洋进入了印度洋。(《中国儿童百科全书》)

(23)在古籍中,有关墓毒的记载很多。汉广川王刘去盗掘战国古墓魏襄王冢时,除了发现墓是铁汁浇灌之外,在打开后还有惊人发现,里面<u>竟然</u>喷出一种有毒气体:"黄气如雾,触人鼻目皆辛苦,不可入。以兵守之,七日乃歇。"(倪方六,《中国人盗墓史》)

上面例(20)(21)"竟然"后出现的结果是反预期的,其中例(20)的预期已在句中显性出现,由词语"以为"引出;例(21)虽未出现显性预期,但由句中信息"这种进价只有0.8元的假药"可推知说话者的预期是"售价高于进价,可能是进价的好几倍甚至好几十倍",但没想到最后的情况是谋利高达360倍,远远超出了事先的预期,从而突出结果的意外性。后两例句中出现的意外性结果是说话者或句子主语突然发现的新信息,言说者或句子主语事先并未有所预期。例(22)"竟然"引出的结果"太阳从船的右侧升起来"是他们在风暴过后航行一段时间时突然发现的,事先并未有所预期。例(23)中的结果"喷出一种有毒气体"是打开古墓之后才发现的,事先也没有预期。因此,我们认为"竟然"的主要作用在于突出结果的意外性,至于这一结果事先是否已有预期并不那么重要。

2. "偏偏"与反预期

关于"偏",许慎在《说文解字》中这样解释:"偏,颇也。从人,扁声。""颇,头偏也。"段玉裁《说文解字注》:"颇,头偏也。引申为凡偏之称。故以颇释偏,二字双声。"可见"偏"的本义指"偏斜、偏离",后来发展引申出"表程度高、表范围、表意外"等副词用法。副词"偏偏"明代开始出现,清代继续发展(参看贺盼盼,2016)。关于副词"偏偏"已有不少研究,杨霁楚(2008)通过句式观察及对句式意义的分析,认为"偏偏"的基本语义是表示偏离。我们同意这一看法,这一基本语义也可看作是受"偏"的语义积淀影响的结果。

童小娥（2015）认为"偏偏"既可表达与预期相反或偏离，也可表达与祈愿相反或偏离，还有一些学者也持相似看法。（石定栩等，2017；强星娜，2020）不管是表达对已有预期的相反或偏离，还是表达对无所预期的祈愿的相反或偏离，都是一种偏离。

何谓偏离？《现代汉语词典》（第7版）是这样解释的：指因出现偏差而离开确定的轨道、方向等。由这一释义可看出"偏离"是针对某一确定的轨道、方向即某一参照标准而言的。"偏偏"表示句中的信息偏离了某个参照标准，这一参照标准可以是某一预期，也可以是某一期待或祈愿。如：

（24）在国内学了4年的马来语，**本以为语言上该不会有什么问题，可问题却偏偏**先出在了语言上。（新华社，2002）

（25）比如有个单位已经分离到病毒，而且在国内完全有条件做出来，**却偏偏**拿到国外去"合作"，结果让人家占了便宜。（《1994年报刊精选》）

（26）有人提醒她"十聋九哑"，她最怕的就是这个，**偏偏**事实就这样无情：梁小昆因一岁时链霉素中毒失聪，双耳重度聋听力损失90分贝（正常人的听力为0—20分贝）。（同上）

（27）李克农同志在回忆他和张学良第一次会面时说："在谈判还不够和谐的时候，他看见张学良将军开头还有点少帅的架子，他不吸烟，也不允许别人在他面前抽烟。我当时就**偏偏**要叫副官给我拿过香烟来，我偏要当着他少帅的面，抽烟。"（同上）

例（24）（25）"偏偏"引出的内容偏离了原有预期，其中例（24）偏离的预期在句中显性出现，由"本以为"引出；例（25）偏离的预期并未显性出现，而是隐含在句子中，由"国内有条件做出来"可推知言说者的预期是"应该在国内做"，"偏偏"引出的"拿到国外去合作"偏离了这一预期。例（26）言说者移情于句子主语，站在句子主语的角度明确表达祈愿，"最怕的就是这个"即"希望别出现这种情况"，可通常"越怕什么越来什么"，"偏偏"句的结果偏离了这一祈愿；例（27）言说者故意偏离他人的期待"不在他面前抽烟"。

但"偏偏"不只是简单地表示偏离，更重要的是表示言说者对这种偏离的情感和态度，主观性比较强。如例（24）（25）偏离了言说者的原有预期，表达了言说者的不解和责备之情；例（26）偏离了言说者的祈愿，发生了言说者最不希望发生的事情，表达了言说者的遗憾之情；例（27）突出了言说者的主观故意性。

（二）主观评注功能

由前面的分析可知，"竟然"和"偏偏"都可表达反预期情态，但由于语义积淀的影响，二者在主观评注方面存在个性差异。"竟然"主要突出结果的意外或不可接受。当结果为积极或中性时，"竟然"通常只突出结果的意外或惊奇；当结果为消极时，"竟然"除了表达意外之外，还表达言说者对这一结果的不可接受。如：

（28）金展的父亲看到菅老师**竟然**提着蛋糕来劝学，一下子就愣在那里。(《人民日报》，2000）

（29）两个人去旅游只要付一个人的钱（且是优惠价）？那旅行社靠什么赚？更邪的是，一个几十人的团**竟然**让一名非专职人员当领队，在境外出了事谁兜着？（同上）

例（28）表达了行为主体"金展的父亲"对"菅老师提着蛋糕来劝学"这一结果的意外；例（29）在表达"小孙"对"让一名非专职人员当领队"这一事件出乎意料的同时，还表达了对这一现象的不可接受。

而"偏偏"主要强调对偏离的主观评注，当偏离的是预期时，常表达言说者对这一偏离的不解、惊奇或责怪之情；当偏离的是祈愿或期待时，常表达言说者对这一偏离的遗憾、埋怨或主观故意性。如：

（30）说也奇怪，这火把右边的茶馆烧光了，把左边的染房烧光了，**偏偏**中间的饺子馆连皮毛也没烧着。(曾明了，《生死界》)[表达对这一偏离的不解和惊奇之情]

（31）在焊接过程中，曾有焊花落地引起小小火苗，这时，人们本应采取紧急预防措施，**偏偏**施工者和商店负责人都不把火神的礼节性招呼放在眼里，于是一场灾难应运而生。(《1994年报刊精选》)[表达对这一偏离的不应该和埋怨之情]

（32）解平率领全班战士连续奋战了10多个小时，已够苦够累的了，不幸**偏偏**又降到他的头上。(《人民日报》，1994）[表达对这一偏离的同情和遗憾之情]

（33）觉慧站起来，他捏紧拳头在桌子上猛一击，坚决地说："不，我一定要走！我**偏偏**要跟他们作对，让他们知道我是一个什么样的人。(巴金，《家》)[表达偏离的主观故意性]

当"偏偏"强调对预期偏离的不解和惊奇时，与突出结果意外性的"竟然"主观评注功能相似，通常可换成"竟然"，如：

（34）现在科学发达，人们对自然界的一切的理解比宋朝人高明得多。人类已登上月球，嫦娥奔月的美丽神话已成为事实。然而奇怪的是今天**偏偏**（竟然）还有人迷信鬼神，……（《读者》）

当这类"偏偏"位于句首主语前时，须调整句法位置才能换成"竟然"。如前面例（30），换成"竟然"时须将其放于主谓之间。如：

（30'）说也奇怪，这火把右边的茶馆烧光了，把左边的染房烧光了，中间的饺子馆**竟然**连皮毛也没烧着。

但"竟然"句大多不能换成"偏偏"，因为"竟然"通常只是强调这一结果的出乎意料，而"偏偏"则更强调这一偏离结果处于一系列事件量级的最顶端，是最不可能或最不应该发生的。如例（30）由"这火把右边的茶馆烧光了，把左边的染房烧光了"这一情况，根据常理，可推出"很可能中间的饺子馆也烧光了、较有可能中间的饺子馆也烧了一部分、不太可能中间的饺子馆只烧一点儿、最不可能中间的饺子馆一点儿没烧着"这一系列事件,"偏偏"句中的"中间的饺子馆连皮毛也没烧着"处于这一系列事件的极端,是最不可能发生的,从而强调说话人的不解和惊奇之情。

三、结语

通过前面的分析,我们发现语义积淀对词语的意义和用法有着重要影响。"竟"的本义是"终了、完毕","偏"的本义指"偏斜、偏离",因而在其基础上发展演变而来的"竟然"和"偏偏"也呈现出各自的特点:"竟然"重在表达对终竟结果的出乎意料,与隐含结果类词语以及"意外""惊奇"类词语语义和谐,常一起出现;"偏偏"重在表达对偏离的主观故意性及不解、惊奇、责备和遗憾的主观情感,常与表转折义类词语及疑问类词语共现。需要指出的是,"竟然"和"偏偏"也存在一定程度的共性,当它们突出对偏离结果的不解和惊奇时,有时可互换,限于篇幅,本文未做详细讨论,待另文分析。

参考文献

曹秀玲、辛慧(2012)话语标记的多源性与非排他性——以汉语超预期话语标记为例,《语言科学》第3期。
陈振宇、杜克华(2015)意外范畴:关于感叹、疑问、否定之间的语用迁移的研究,《当代修辞学》第5期。
陈振宇、姜毅宁(2019)反预期与事实性——以"合理性"语句为例,《中国语文》第3期。
陈振宇、王梦颖(2021)预期的认知模型及有关类型——兼论与"竟然""偏偏"有关的一系列现象,《语言教学与研究》第5期。
谷峰(2014)汉语反预期标记研究述评,《汉语学习》第4期。
贺盼盼(2016)《副词"偏"与"偏偏"的比较研究》,北京语言大学硕士学位论文。
胡承佼(2018)意外范畴与现代汉语意外范畴的实现形式,《华文教学与研究》第1期。
匡鹏飞(2011)语气副词"明明"的主观性和主观化,《世界汉语教学》第2期。
李秉震、郑氏明俊(2021)试论"竟然"和"居然"的语法意义,《汉语学习》第3期。
刘慧(2010)《"意外态"语气副词研究》,上海师范大学硕士学位论文。
陆方喆(2014)反预期标记的性质、特征及分类,《云南师范大学学报》(对外汉语教学与研究版)第6期。
陆俭明(2010)修辞的基础——语义和谐律,《当代修辞学》第1期。
苗浴光(2006)《"意外"态语气副词研究》,辽宁师范大学硕士学位论文。
强星娜(2017)意外范畴研究述评,《语言教学与研究》第6期。
强星娜(2020)无定预期、特定预期与反预期情状的多维度考察——以"竟然""偏偏"等为例,《中国语文》第6期。
石定栩、周蜜、姚瑶(2017)评价副词与背景命题——"偏偏"的语义与句法特性,《外语教学与研究》第6期。
童小娥(2015)语气副词"偏偏"的意义及用法研究,载北京语言大学对外汉语研究中心编《汉语应用语言学研究》(第4辑),商务印书馆。

吴福祥（2004）试说"X 不比 Y·Z"的语用功能，《中国语文》第 3 期。
杨霁楚（2008）语气副词"偏偏"的主观语义及相关句式考察，载中国语文杂志社编《语法研究和探索》（十四），商务印书馆。
袁毓林（2008）反预期、递进关系和语用尺度的类型："甚至"和"反而"的语义功能比较，《当代语言学》第 2 期。
张谊生（2000a）《现代汉语副词研究》，学林出版社。
张谊生（2000b）评注性副词功能琐议，载中国语文杂志社编《语法研究和探索》（十），商务印书馆。
张谊生（2016）从"X 是"的反预期情态看语义积淀对副词主观评注功能的影响——以"硬是、愣是、就是、偏是"的个性差异为例，载《语言研究集刊》（第十六辑），上海辞书出版社。
Aikhenvald, A. Y. (2012) The essence of mirativity. *Linguistic Typology* 16(3): 435–485.
DeLancey, S. (1997) Mirativity: The grammatical marking of unexpected information. *Linguistic Typology* 1(1): 33–52.
Hengeveld, K. & Olbertz, H. (2012) Didn't you know? Mirativity does exist!. *Linguistic Typology* 16(3): 487–503.

（童小娥　北京语言大学教师教育学院　tongxiaoe@blcu.edu.cn）

《全球华语研究文献索引》出版

郭熙、祝晓宏、喻江编的《全球华语研究文献索引》由商务印书馆出版。

本索引汇集全球各地发表的华语研究相关文献近 7000 条，所收文献以海外华语研究为主，原则上不含对大陆汉语的研究，除非是与华语问题有关的；主要收入以汉语发表的作品，酌情收入一些其他语种文献（英语为主）。本索引分类编排，分类以理论、应用为纲，分成"华语理论、华语本体、华语与华人社会、华语应用"四大类，按语言各平面和地区差异分成数量不等的小类，条目著录体例先列篇名，次列著者，再列报刊、论著名称、年份期数。每小类的文献大体上按发表时间先后为序。《全球华语研究文献索引》《全球华语研究文献选编》是华语研究领域的基础文献信息源，也是全球华语、海外华语传承和其他祖语传承研究者的重要案头工具书。

传信与情态范畴视角下的"横竖"功能研究*
——兼论"横竖"与"反正"的区别

袁中慧　常　娜

摘　要：本文基于 BCC 和 CCL 语料库中的有效语料，对反素副词"横竖"的传信功能和情态功能展开了细致分析。"横竖"的传信功能主要体现在两方面：一是阐明因果关系，二是表排他性总结。就其情态功能而言，现实情态功能主要在于强调已然事实的已然性、凸显背离结果的稳定性，非现实情态功能主要在于强调未然事件的必然性、肯定惯常命题的正确性以及凸显主观意愿的坚决性。除此之外，针对各大词典用"反正"简单释义"横竖"的不合理现象，本文还通过最小对比对分析总结出"横竖"和"反正"的区别，即"横竖"在凸显背离结果的稳定性及主观意愿的坚决性时，不可用"反正"替换，由此认为应当利用这两点区别对"横竖"的释义加以完善。

关键词："横竖"；反素副词；传信范畴；情态范畴；非现实范畴

复合词组"横竖"由"横"和"竖"这两个对立反义的词组合而成，经过词汇化的演变，现已成为反素副词①（adverb composed of antonymous morphemes），内部分界彻底消失，"主观性"（subjectivity）强，表示"不管情况如何，都会如此"（张斌，2001）。本文的研究对象为反素副词"横竖"。如：

（1）你不说，就是欺骗他。横竖他也会晓得，瞒不过的。（CCL 语料库）

（2）本来咱们应该忍耐一下，不暴露咱们的力量，最好。但是如今敌人太过残暴，横竖已经打响了，咱们也绝不后悔！（CCL 语料库）

（3）班长硬把他拉了出来，发现他脸色不好，劝他回去休息，他横竖不肯，一定要到完成任务才离开高炉。（BCC 语料库）

以上例句中的"横竖"在句中所起的作用各有不同。例（1）中的"横竖"强化了言者对"他会晓得"这一未然推断的肯定，认为不管情况如何，这件事一定会发生。例（2）中，"横

---

* 本研究得到北京语言大学 2022 年国际中文教育教改一般项目"国际中文教育实用汉语语法课程建设"（编号：GJG202215）资助。

① 对于"由两个反义语素构成的语气副词"，各家命名不一，有"反义对立式语气副词""反素情态副词""反义语素合成副词""反义副词""反素副词"等，为方便研究，本文统一称其为"反素副词"。

竖"表达的是言者对"（战役）已经打响"这一已然事实的强调和凸显，带有深信不疑的语气。例（3）中的"不肯"表明了"他"（曾克俭）的主观意愿，"横竖"加强了这一主观意愿的坚决性。由此可见，反素副词"横竖"的功能丰富多样。

学者们对于"横竖"的个案研究较少，多将其与"反正""死活""早晚"等反素副词进行横向对比研究；仅有的几篇个案研究均为历时研究，缺乏共时探讨。张谊生（2000）从副词的功能出发，将"横竖"划归评注性副词，主要用于"对相关命题或述题进行主观评注"；董正存（2005）通过研究发现，"横竖"表达了说话人对命题的态度，这项结论同样是立足于"横竖"的功能；李宗江（2009）从情态义的角度出发，认为"横竖"表达坚决肯定的语气；张文、董文和李文均略微涉及了"横竖"，将"横竖"与其他反素副词进行横向对比，并未单独对其传信功能和情态功能进行细化研究。徐复岭（2013）主要研究了副词"横竖"异写形式的演变关系；武远佳（2021）、徐晓蕾（2012）均考察了"横竖"的语法化历程、动因和机制。以上三位学者均从历时的角度对"横竖"进行考察。由此可见，学界对于副词"横竖"缺乏个案研究及共时层面的功能研究。

通过查阅《现代汉语词典》（第7版）及各大虚词词典[①]我们发现，编者多用"反正"解释"横竖"，但完全相同的两个词是不存在的。比较：

（4）过年了，他想接老人到家中过，老人横竖不去，他便从家中提来猪肉，做好年饭后提早和老人过年，之后才回去和家人团圆。

＊过年了，他想接老人到家中过，老人反正不去，他便……

例（4）中的"横竖"表达了老人主观意愿的坚决性，用"反正"替换显然不妥。

"横竖"与"反正"的区别何在？这是本文尝试解决的问题。

"语言不仅仅客观地表达命题式的思想，还要表达言语的主体即说话人的观点、感情和态度"（沈家煊，2001）。"命题式的思想"属于传信范畴，而"说话人的观点、感情和态度"则属于情态范畴。副词在表达传信功能的同时，往往也体现出相应的情态功能。基于此，我们将利用北京大学中国语言学研究中心 CCL 语料库（网络版）和北京语言大学 BCC 语料库中的有效语料，分别从传信范畴和情态范畴两个角度出发，对反素副词"横竖"的功能进行深入研究，并尝试说明"横竖"与"反正"的区别，对"横竖"的词典释义提出相应的改进建议。

一、"横竖"的传信功能

传信范畴关注"客观信息来源的可靠性和真实性"，反映"人们对相关命题的现实依据的关心"，（张谊生，2000）是句中的现实性成分，颇具客观性。"横竖"的传信功能主要体现在

[①] 本文参考的虚词词典如下：北京大学中文系1955、1957级语言班编（2010）《现代汉语虚词例释》，商务印书馆；侯学超编（1998）《现代汉语虚词词典》，北京大学出版社；王自强编（1998）《现代汉语虚词词典》，上海辞书出版社；张斌主编（2001）《现代汉语虚词词典》，商务印书馆。

两个方面：一是阐明命题之间的因果关系，二是对事实和现象做出排他性总结。

（一）"横竖"阐明因果关系

"横竖"时常出现在因果关系句群中，用于连接两个命题并且指明命题之间的因果关系。"横竖"分句[①]为因，相邻分句为果。"横竖"并不影响句子命题的真值，但去掉该词，分句之间的因果关联及句群表达的连贯性和流畅性则明显削弱。例如：

（5）这天老人对他招招手，说他的菜<u>横竖</u>卖不出去，不如送给大卫。（CCL语料库）

（6）"他听见又有什么要紧？<u>横竖</u>他已经看见过她了，"觉慧不服气地分辩道。（CCL语料库）

（7）所以我想，与其找胡涂导师，倒不如自己走，可以省却寻觅的工夫，<u>横竖</u>他也什么都不知道。（BCC语料库）

例（5）中，"他（老人）的菜卖不出去"是前因，"送给大卫"是后果，去掉"横竖"，隐性的因果关系依然存在，但明显有所削弱。例（6）中的"他（觉新）听见又有什么要紧"是果，"他已经看见过她了"是因，两分句因语用的缘故语序有所调换，但因果关系不变。如若去掉"横竖"，则句子过渡不连贯，表义也不充分。例（7）中，之所以"自己走"，是因为"他（导师）也什么都不知道"这个前因，"横竖"强化了两者之间的因果关系，使句子表义更加连贯流畅。

（二）"横竖"表排他性总结

排他性总结指用一句话概括前面的内容，强调结论的唯一性和无他性。"横竖"可依据前文所列的众多个别事物和具体现象做出排他性总结，传信功能相当于"总之"，但在情态功能方面比"总之"更加强调结论的唯一性和无他性。句群结构通常体现为"分—总"。如：

（8）好事者走马灯似地介绍了一个又一个，爱慕者也频频发出爱的信号，她<u>不是</u>嫌这个太木讷，<u>就是</u>嫌那个太轻浮，<u>横竖</u>看不上，统统拒之门外。（CCL语料库）

（9）那些随声附和的人也懂得这个道理，不愿意将他的前提和推论说得太明白，以便于他可以随风倒；今天刮东风他往东倒，明天刮西风他往西倒，<u>横竖</u>你不容易抓住他的把柄。（CCL语料库）

例（8）中，关联词语"不是……就是……"罗列了"她"嫌弃爱慕者的具体原因，为"分"；"看不上"表概括性总结，为"总"。副词"横竖"强化了结论的唯一性和无他性。例（9）中，"今天刮东风他往东倒，明天刮西风他往西倒"用对举的方式表明随声附和之人的具体操作，为"分"；"你不容易抓住他的把柄"为概括性总结，即"总"。我们可将以上两例的"横竖"换为"总之"，句子依然成立。

有时，言者对信息的准确度没有十足的把握，说不清也道不明，无法精准表达，或者不想再继续罗列陈述，也会使用"横竖"一言以蔽之。如：

[①] "横竖"分句指包含反素副词"横竖"的分句。

（10）但是皇亲、勋旧们将如何进宫求情，尚不清楚，横竖不过是替他向皇爷诉苦，大家也顺便替自己诉苦。（CCL语料库）

（11）小燕接过来，心想："无拘多少吧，横竖有赚头，到手就属我，先拿回家去叫他们吃点再说。"（CCL语料库）

例（10）中，言者并不知道皇亲、勋旧们将如何进宫求情，但不外乎"替他向皇帝诉苦"，没有别的可能，"横竖"体现了该结论的唯一性；例（11）中，小燕并不想追究赚多赚少，但唯一肯定的是"有赚头"，"横竖"同样凸显了结论的唯一性和排他性。

"横竖"在阐明命题之间的因果关系或对事实和现象做出排他性总结时，义同"反正"，两者可以相互替换，表达传信功能。

二、"横竖"的情态功能

情态范畴表达说话人对命题的主观感受和态度，是句子命题之外的成分，即非事实成分，体现说话人的"自我"。大多数学者如徐晶凝（2008）、沈家煊（1999）等均认为，现实和非现实是一对情态范畴，本文采用该观点，从现实范畴和非现实范畴两个角度出发对"横竖"的情态功能进行阐述。

（一）现实句中"横竖"的情态功能

"现实"指的是"说话人认为相关命题所表达的是现实世界中已经/正在发生或存在的事情"，命题真值确定且在客观的时间轴上有具体的位置。与其相对应的是"现实句"，即"表达现实情态的句子"。（张雪平，2009、2012）

1. 强调已然事实的已然性

肯定陈述句是典型的"现实句"，描述过去发生的事，即已然事实，因而总是伴随着已然时体标记的出现，如"在中性语境下的独立小句中只表已经或正在发生的已然时态，不表可能或假想中的未然时态"的时态助词"了/着/过"（于秀金、吴春相，2017），又比如时间副词"已""已经""早已""早就""都"等。"'横竖'+肯定陈述句"，其作用在于对已然事实的已然性进行强调。言者也时常会根据"横竖"分句所表达的已然事实提出相应的结论[①]，使得分句之间存有潜在的因果关联（见本文第一部分（一））。如：

（12）大门口，一个好心的工作人员拦住他，说："你怎么这样老实，这里横竖都已乱掉了，到底什么东西认得是谁，没有人搞得清楚，大家都是瞎领的。您老反正首饰也被抄查一空，就随便这里认一只去吧，……"（CCL语料库）

（13）那就试试看吧，横竖你的屁股已烂得一塌糊涂了，就是手术没动好，半途而废了，也没关系。（CCL语料库）

---

① 这里的"结论"概指"建议""请求""决定"等。

（14）想到这里，……齐格菲里特老头，也不得不慎重地盘算起来了："放掉尤仑德父女是不是会好些？把罪行和劣迹一古脑儿推到邓维尔特身上去，横竖他已经死了；……"（BCC 语料库）

例（12）中工作人员用"横竖"表达对"这里都已乱掉了"这一已然事实的肯定，伴随着"都""已"和"了"等已然时体标记，并进而提出"随便这里认一只去"的提议。去掉"横竖"，句子依然成立，但强调的意味明显削减。例（13）中言者先提出"那就试试看"的建议，建议依据的是已然事实"你的屁股已烂得一塌糊涂了"，伴有"已""了"等已然时体标记，"横竖"加强了言者对这一事实的肯定和凸显，表达深信不疑的语气。例（14）中，齐格菲里特老头打算"把罪行和劣迹一古脑儿推到邓维尔特身上去"，因为"他（邓维尔特）已经死了"为已然事实，"横竖"使这一事实的现实性得到强化。

在强调已然事实的已然性方面，"横竖"与"反正"功能相同，可以相互替换。

2. 凸显背离结果的稳定性

"结果背离型 VP"指的是 VP 所表示的结果与行为主体的主观意志相背离，因结果已产生，且不以行为主体的意志为转移，因而也属于现实范畴。行为主体在前期经过努力旨在达到理想结果，但往往事与愿违，因此 VP 通常为否定形式，表现为"不 + VP"或"V+ 可能补语的否定形式"。"'横竖'+ 结果背离型 VP"表不管情况如何，该背离型结果始终稳定不变，凸显出其稳定性，与"横竖"的排他性总结功能相对应，因而背离型结果同时具有唯一性。如：

（15）年轻人离去之后，柯罗继续作画。但他横竖不顺手，画着画着，手发起抖来。（CCL 语料库）

（16）"也不是说不想写，"董略一沉吟，"只是想写也横竖写不出来。坐在桌前脑袋里也一片空白，构思啦词句啦场景啦踪影皆无。就在不久前还满脑袋想写的东西，装都装不下。到底发生了什么呢？"（BCC 语料库）

以上例句中的"不顺手""写不出来"均为否定性 VP，与行为主体的主观意愿相背离，同时这些背离型结果体现出唯一性和无他性，即不是别的背离型结果。例（15）中的"不顺手"显然不符合柯罗的主观意愿，但他暂时无法通过努力改变这个现状，反而"画着画着，手发起抖来"；例（16）中，董想写东西，努力尝试，但事与愿违，与主观意愿相背离。

我们试将以下两例中的"横竖"替换为"反正"，发现句子并不合法。比较：

（17）我想我应该有什么要对马尔他说，却横竖想不起来。（BCC 语料库）

＊我想我应该有什么要对马尔他说，却反正想不起来。

（18）刚才还见火机就在身边，现在横竖找不着。（BCC 语料库）

＊刚才还见火机就在身边，现在反正找不着。

例（17）的"想不起来"不是"我"所期盼的，但绞尽脑汁也无法想起来；例（18）中，行为主体在先前尝试过寻找打火机，经过努力但无法寻得，与行为主体的主观意志相背离。

"横竖"凸显了"想不起来""找不着"等背离型结果的稳定性,即不管情况如何,该结果始终不会发生改变。"反正"没有凸显背离型结果稳定性的作用,因而不能替换。

(二)非现实句中"横竖"的情态功能

与"现实"相对立的情态范畴是"非现实"。"非现实"表"说话人认为相关命题所表达的是可能世界中可能发生/正在发生或假设的事情",与之相关联的是"非现实句",(张雪平,2009、2012)通常具有未然或未定的特征[①],陈述非现实命题。根据典型语义特征,非现实句可分为认识域中的非现实句[②]和时间域中的非现实句两类,其中,时间域中的非现实句包括限时义非现实句(未来、祈使、祈愿、意愿、义务)和泛时义非现实句(惯常、能力、无条件)两类。

1. 强调未然事件的必然性

"未来句"所描述的事件是未来可能发生的,陈述"未来命题",因此一定具有未然特征,但不一定是未定的。很多情况下,"未来句"陈述的是当下未发生但确定会发生的事,如"明天学校会举办开学典礼"。"'横竖'+未来句"表达了言者主观上认定某种未然情况的必然发生,通常与其他分句存在因果关联。我们根据具体的例子来看:

(19)"三妹,不要争了,就让琴姐早些回去罢。横竖她今晚上要回去的。本来天下没有不散的筵席,"觉新忽然彻悟似地对淑华说,他也感到一种无可奈何的寂寞心情。(BCC 语料库)

(20)"她(琴)今天有点事情,人又不大舒服。横竖她们学堂后天放假,她明天来也可以住一天,"觉民安静地解释道。(BCC 语料库)

(21)他哪儿还记得我在家里过那种痛苦的幽禁生活?……我们回去罢,不必等大哥了,横竖他坐轿子回去。(CCL 语料库)

例(19)中的"要"是典型的将来时标记,因而"她(琴)今晚上要回去"这件事在当下并未发生,"横竖"表达了觉新对该未然事件必然发生的确信,所以"就让琴姐早些回去"。去掉"横竖",句子依然成立,但确信意味削减。例(20)中,"后天"表达将来时间,因而"她们学堂放假"这件事还未发生,"横竖"强化了确信的意味,所以"她明天来可以住一天"。例(21)中并无将来时体标记,但根据上下文语境我们可以推测"他(大哥)坐轿子回去"还没有得到实现,"横竖"表明言者主观上认定这件事一定会发生,因而"不必等大哥"。

在强调未然事件发生的必然性方面,"横竖"与"反正"功能相同,可以相互替换。

2. 肯定惯常命题的正确性

"惯常句"中的动作所涉及的行为并非物理角度的"实现""发生"或"正在发生",无法

---

① "非现实句"可以同时具有未然和未定两个特征,也可以仅具有其中一个特征。同时具有两个特征的句子的非现实性比仅具有其中一个特征的句子的非现实性更强。

② 认识域中的非现实句包括推断义非现实句(假设、条件、让步、无条件)和推测义非现实句(可能、疑问、可能选择)两类。

区分已然还是未然，在表述时并无外在时间的流逝，因而在客观的时间轴上无法寻得明确的起讫点，表达的是"整个时间轴或时间轴上的一大段中所发生的事"（张雪平，2012），也可以用"非过程"（郭锐，1997）加以描述。樊长荣（2014）指出，由于"惯常句[①]"是"经常反复发生成趋势的，将来也会依规则发生，但无法确定具体的时间轨迹，也可看成是'泛时'的"。"'横竖'+惯常句"，其作用在于强调惯常命题的正确性，通常也与其他分句存在因果关联。例如：

（22）冯礼喝道："滚下去！否则我立即宣布音乐会因你而取消。"我耸肩哂道："走便走吧，横竖我一向对音乐的兴趣不大。"（BCC 语料库）

（23）"多坐一会儿也好。我晏点去也不要紧。横竖剑云爱打牌，就让他多打一会儿，"觉新恳求地挽留道，空阔而冷静的房间在他的眼里突然显得温暖而有生气了。（BCC 语料库）

（24）横竖一个人迟早不免一死，目下不过是把结局提早了一些而已。（BCC 语料库）

例（22）中的"一向"表明"我对音乐的兴趣不大"是长时的，具有恒常性、一贯性，因而也可以描述为"泛时性"。"横竖"旨在表明该泛时命题的正确，因此"走便走吧"。例（23）并不是表明"剑云爱打牌"这件事已经现实化，在时间轴上也无法找到其具体的起讫点，因而同样具有泛时性特征，"横竖"强化了该惯常命题的正确性，所以"让他多打一会儿"。例（24）中，"一个人迟早不免一死"是为人们普遍接受的真理，表达惯常命题，作者不需要为其正确性负责，可以直接拿过来引用。

在肯定惯常命题的正确性方面，"横竖"与"反正"功能相同，可以相互替换。

3. 凸显主观意愿的坚决性

"意愿态"指的是"比较了两种情况之后而有所选择的意愿性情态"（张谊生，2000），高亮（2017）认为，意愿表达归属情态范畴，且同时具有主观性和非现实性两个重要特征。"横竖"是具有意愿态的评注性副词，"'横竖'+意愿态 VP"表明了行为主体态度的坚决，加强了语气，同时体现出态度的唯一性和无他性，即不是别的主观态度。意愿态 VP 的核心成分多为自主动词，能由行为主体自由支配，且通常以否定的形式出现，含有否定副词"不"，否定尚未发生的情况。需要指出的是，尽管 VP 多为否定形式，但形式上的否定并不影响行为主体对 VP 态度的肯定，"意愿态 VP"通常与行为主体的主观意愿一致，但往往和语境中其他参与者的主观意愿相悖。如：

（25）由于新立乡政府设在宾县城，一开始每逢开会办班，中午一些村屯干部要上饭店，武玉学却横竖不准。他只给每人发 5 元钱，各自到小吃部吃点儿。（CCL 语料库）

（26）李宁玉却硬是装大了，横竖不从，叫王田香甚是难堪。（CCL 语料库）

以上例句中的"不准""不从"均为否定性意愿表达，且均为自主动词，可以受到行为主体的有意支配。例（25）中的"不准"符合武玉学的主观意愿，但和其他村屯干部的意愿不

[①] 樊长荣（2014）将本文的"惯常句"称为"惯常类非现实句"，为方便研究，我们统一命名为"惯常句"。

合。例（26）也是如此，"不从"是李宁玉的意愿，但与王田香的意愿不符，因而让王田香很难堪。

我们试将以下两例中的"横竖"替换为"反正"，发现句子不通。如下所示：

（27）尽管轻歌舞团的标语就是"轻松愉快"，可她这个人天生的被动性格，总要人家拉着扯着，<u>横竖</u>不肯带头。（BCC语料库）

＊尽管轻歌舞团的标语就是"轻松愉快"，可她这个人天生的被动性格，总要人家拉着扯着，<u>反正</u>不肯带头。

（28）第2天，风没有来校，她母亲来了。"老师，风<u>横竖</u>不回家，还在她舅舅家里。"（BCC语料库）

＊第2天，风没有来校，她母亲来了。"老师，风<u>反正</u>不回家，还在她舅舅家里。"

例（27）（28）中的"横竖"凸显了行为主体"不肯带头""不回家"等主观意愿的坚决性，无论什么都无法改变。"反正"没有凸显行为主体主观意愿坚决性的作用，因而不能替换。

三、"反正"与"横竖"的区别

《现代汉语词典》（第7版）及现有的几大权威虚词词典均将"横竖"解释为"反正"。编者的做法有一定的合理性，"反正"和"横竖"两词在很多情况下可以相互替换，但并不完全等同，根据上文的研究，我们将"横竖"与"反正"的功能对比整理如表1所示。

表1 "横竖"与"反正"的功能对比

	"横竖"	"反正"
阐明因果关系	＋	＋
表排他性总结	＋	＋
强调已然事实的已然性	＋	＋
凸显背离结果的稳定性	＋	－
强调未然事件的必然性	＋	＋
肯定惯常命题的正确性	＋	＋
凸显主观意愿的坚决性	＋	－

通过上表我们发现，"横竖"在凸显背离结果的稳定性及主观意愿的坚决性时，不可用"反正"替换。

针对权威词典用"反正"解释"横竖"的现象，我们认为应当完善"横竖"的释义，增加"'横竖'在凸显背离结果的稳定性及主观意愿的坚决性时，不可用'反正'替换"这一条例。

四、结语

本文主要从传信范畴和情态范畴的视角出发，考察了反素副词"横竖"的功能。该词在表达传信功能的时候，往往体现出相关的主观情态。"横竖"的传信功能主要体现在阐明命题之间的因果关系，或者对事实和现象做出排他性总结；情态功能则主要体现在强调已然事实的已然性、凸显背离结果的稳定性、强调未然事件发生的必然性、肯定惯常命题的正确性以及凸显主观意愿的坚决性。除此之外，针对各大词典用"反正"简单释义"横竖"的现象，本文还考察了两词的区别，即"横竖"在凸显背离结果的稳定性及主观意愿的坚决性时，不可用"反正"替换，我们认为应当利用这两点区别对"横竖"的释义加以细化。

参考文献

北京大学中文系1955、1957级语言班编（2010）《现代汉语虚词例释》，商务印书馆。
董正存（2005）反素情态副词的差异比较，载中国人民大学对外语言文化学院编《汉语研究与应用》（第三辑），中国社会科学出版社。
樊长荣（2014）惯常类非现实句中NP的有定性特点，《语言研究》第3期。
高亮（2017）意愿情态动词的意愿等级，《语言教学与研究》第5期。
郭锐（1997）过程和非过程——汉语谓词性成分的两种外在时间类型，《中国语文》第3期。
侯学超编（1998）《现代汉语虚词词典》，北京大学出版社。
李宗江（2009）若干反义联合短语的副词化，《南京师范大学文学院学报》第1期。
沈家煊（1999）《不对称和标记论》，江西教育出版社。
沈家煊（2001）语言的"主观性"和"主观化"，《外语教学与研究》第4期。
王自强编（1998）《现代汉语虚词词典》，上海辞书出版社。
武远佳（2021）语气副词"横竖"的语法化，《肇庆学院学报》第4期。
徐复岭（2013）副词"横竖"流变考略，《汉字文化》第4期。
徐晶凝（2008）《现代汉语话语情态研究》，昆仑出版社。
徐晓蕾（2012）副词"横竖"的词汇化历程及现状考察，《常州工学院学报》（社科版）第4期。
于秀金、吴春相（2017）已然/未然范畴下时体助词的同形异质性，《汉语学习》第3期。
张斌主编（2001）《现代汉语虚词词典》，商务印书馆。
张雪平（2009）非现实句和现实句的句法差异，《语言教学与研究》第6期。
张雪平（2012）现代汉语非现实句的语义系统，《世界汉语教学》第4期。
张谊生（2000）《现代汉语副词研究》，学林出版社。
中国社会科学院语言研究所词典编辑室（2016）《现代汉语词典》（第7版），商务印书馆。

（袁中慧　北京语言大学汉语国际教育学部　18770768218@163.com
　　常娜　北京语言大学汉语速成学院　changna2008@126.com）

国际中文教材中的话语标记考察与分析*
——以《博雅汉语》《发展汉语》为对象

潘先军

摘　要：话语标记是重要的话语现象，是构成汉语作为第二语言学习者的交际能力的重要因素，但目前研究还很不够。本文以话语标记学习难度体系的核心因素汉语话语标记主观性为观测点，对两套影响较大且被国内高校广泛采用的汉语教材《博雅汉语》《发展汉语》所出现的话语标记进行了较为详尽的考察与分析，得出了几点结论，对话语标记教学具有参考与借鉴意义。

关键词：话语标记；教学；教材

一、话语标记与汉语作为第二语言教学

话语标记（discourse marker）是一种常见话语现象，话语标记不具有概念意义，只具有程序意义，它指明前后话语单位之间的关系，具有主观性。

话语标记及其相关理论20世纪50年代起源于西方，80年代中后期成为话语标记研究的黄金时期。汉语话语标记研究兴起于21世纪初，近十几年成为汉语研究的一个热点，涌现出了众多研究成果，正如张旺熹（2012）所言："话语标记作为自然口语中重要的话语功能表达手段，在2000年以前仅有零星的研究，2000年以后有了很大发展，已经成为当前汉语功能（话语）的研究热点之一。"

话语标记是话语中的重要语用现象，它与语言交际有着密不可分的关系，其应用研究的首要领域就是第二语言或外语的教学研究。吉晖（2019）分析了进入新世纪以来国外话语标记热点研究领域呈现出从理论构建向应用研究转移趋势，研究主要热点领域有：本体属性、二语习得、自然语言处理、社会语言学、机构话语等，其中二语习得就是主要热点研究领域之一。国外话语标记的二语习得研究主要集中在三个方面：二语学习者话语标记的使用特征、话语标记习得的影响因素、话语标记教学。事实上，20世纪国内90年代最初的几篇论文就是话语标记如何在英语教学中运用的研究，所以，在汉语话语标记的应用研究中，汉语作为外语或第二语言教学就是其首屈一指的领域。但汉语作为第二语言或外语教学的话语标记研

---

* 本文为国家社会科学基金一般项目"面向国际汉语教学的汉语话语标记主观性等级研究"（项目编号：17BYY118）的成果。

究成果还比较少，而且较为零散，汉语作为第二语言或外语教学的话语标记教学研究是近几年来才被注意的，这方面研究的总体态势可以用"上冷下热"来形容。所谓"上冷"，是指在汉语话语标记研究上卓有影响的名家和大家并没有关注话语标记教学问题，甚至包括从事国际中文教学的一线教师也鲜有涉及话语标记在汉语教学中的应用，没有出现有影响的观点与成果，有关国际中文教学话语标记研究综述也寥寥可数；所谓"下热"，是指研究生学位论文多，尤其是硕士学位论文，无论是学硕还是专硕，以国际中文教学中的话语标记问题为对象的较多，涉及很多领域与多个角度。相对汉语话语标记总体研究成果，对汉语作为第二语言或外语教学的话语标记研究成果还是比较少的，专著还没有，但已经出版的话语标记研究专著中有的设有章节专门谈留学生在学习汉语时话语标记问题，如刘丽艳（2011）在"跨文化交流"的主题下分析外国留学生（主要是韩国学生）学习和运用汉语话语标记的情况；曹秀玲（2016）最后一章"汉语作为第二语言话语标记习得研究"从教材分析与留学生测试两个方面对话语标记学习展开了研究；李治平（2015）最后一章为"言说话语标记与第二语言教学"，从留学生学习汉语出现话语标记偏误的角度进行了相关分析。上述专著可能因为作者均从事国际中文教学，研究时很自然会联系自身的专业或工作，所以其著作都涉及了话语标记习得与教学，但研究都是基础理论性的，涉及教学的部分都有明显的"捎带"色彩。专门对学习者话语标记习得进行研究的论文数量也不多，如白娟、贾放（2006），通过调查发现留学生使用话语标记的特点一是量少，二是只用标记的实义，少用虚义；阚明刚、侯敏（2013）从教学角度出发将话语标记按照语体分为书面语标记、口语标记两大类，但该文没有从教学角度深入探讨汉语话语标记的特点与功能，其价值在于提出了"教学启示"。此外还有多篇硕士学位论文从国际中文教育角度对话语标记进行了研究。总而言之，汉语话语标记在汉语作为第二语言中的作用、地位、意义，学习的重点、难点，话语标记的教学状况等等重要问题都没有触及，教学中很少得到重视，这与话语标记理论研究的"热度"非常不协调与不匹配。

Zuloaga & Thörle（2016）指出："话语标记大多是小的语言成分，乍一看似乎很不显眼，有时被认为是对话中的填充物。然而，仔细研究后发现，这些元素是非常有效的交际手段，说话者可以在文本和互动两个层面上组织他们的话语。因此，掌握话语标记语是提高母语和二语交际能力的重要前提。"既然话语标记在二语交际能力中占有如此重要地位，学界就应该加大话语标记的教学研究。就汉语话语标记在汉语作为第二语言交际能力中的地位和作用而言，我们认为它对学习者语篇能力养成和地道、流利表达具有重要意义，特别是在中高级阶段，是解决学习者汉语能力"最后一公里"的关键因素之一；（潘先军，2020）关于汉语话语标记的重点与难点，我们发现话语标记主观性及其等级是学习难度最关键的因素，主观性越强，学习就越难，以话语标记主观性及其等级为核心形成了话语标记学习难度体系。（潘先军，2022）所以，有必要对话语标记的教学实际进行考察，这样能发现现行的教学内容、方法等与学习规律是否吻合，哪些方面需要改进。

基于上述思想，本文拟从话语标记学习难度体系的核心因素汉语话语标记主观性角度对国际中文教材话语标记出现的情况及编排进行考察，为汉语作为第二语言话语标记教学提供参照与借鉴。

二、《博雅汉语》《发展汉语》中的话语标记

当前，国际中文教材数量规模很大，我们选取汉语教材《博雅汉语》和《发展汉语》作为考察对象对其话语标记情况进行统计分析，因为这两套教材目前被国内高校广泛采用，影响较大，且它们水平层次全、课型覆盖面广、体系较完备，是具有代表性的国际中文教材。

（一）两套教材出现的话语标记

李晓琪主编的《博雅汉语》（第 2 版，下同）[①]2012 年起由北京大学出版社陆续出版，是一套综合汉语课程教材，一般为精读课或综合课程使用。教材分为 4 个层次 9 册，分别为《博雅汉语·初级·起步篇》（Ⅰ、Ⅱ）、《博雅汉语·准中级·加速篇》（Ⅰ、Ⅱ）、《博雅汉语·中级·冲刺篇》（Ⅰ、Ⅱ）、《博雅汉语·高级·飞翔篇》（Ⅰ、Ⅱ、Ⅲ）。按照认定话语标记的标准[②]，我们对这套教材在课文出现的话语标记进行了统计，重复出现的标记只算作 1 个，跨级出现的只算最初出现级别的 1 次，单独记录下来，最后得出的数据列为表 1：

表 1 《博雅汉语》出现的话语标记统计

教材	标记数量	分类数量				兼类（含）
		A	B	C	D	
初级	25	12	10	1	2	2（A、B 或 B、A）
准中级	27	12	10	1	4	
中级						
高级	21	13	4	0	4	
合计	73	37	24	2	10	跨级 9（含）
语体统计		口语体 61	书面语体 2	口语、书面语体 10		

李泉主编的《发展汉语》（第 2 版，下同）2011 年起由北京语言大学出版社陆续出版，由综合、口语、听力、阅读、写作等多课型教材组成了完整的教材体系，全套教材共 28 册。我们重点对其综合教材、口语教材进行考察，尤其是口语教材是考察的重中之重，后面单独考察分析。这里先对其综合教材课文中出现的话语标记进行统计，综合教材分为初、中、高三级，每级 2 册，共 6 册。与上面对《博雅汉语》统计的标准一样，重复出现的话语标记只算作 1 个，跨级出现的也只算最初出现级别的 1 次，但单独记录下来。

---

① 两套教材及其中具体教材均在正文中列出编著者与出版年份，并对相关情况做了说明，均未列入文后"参考文献"。
② 即不与其他成分粘连，不含概念意义，表达程序意义。

表 2 《发展汉语》出现的话语标记统计

教材	标记数量	分类数量				兼类
		A	B	C	D	
初级	28	14	8	0	6	1（A、B）
中级	18	8	4	4	2	1（B、A）
高级	68	47	18	1	2	2（A、B）
跨级	12	69	20	5	10	
总计	114	口语 74	书面语 11	口语、书面语 29		

统计均为人工操作，不排除有一定的误差，误差的主要情况有：认定误差，不能保证全部标记认定都符合标准，也不能确保所有话语标记没有遗漏；分类也可能出现不准；统计数据的算法和计数可能有欠准确的。所以数据只是反映了话语标记在教材中出现的一个大概面貌，能看出话语标记教学中的基本情况。

（二）两套教材出现的话语标记分析

1. 关于话语标记的数量

两套教材不含重复出现的话语标记，《博雅汉语》出现 73 个，《发展汉语》114 个，为对比清楚起见，图示如下：

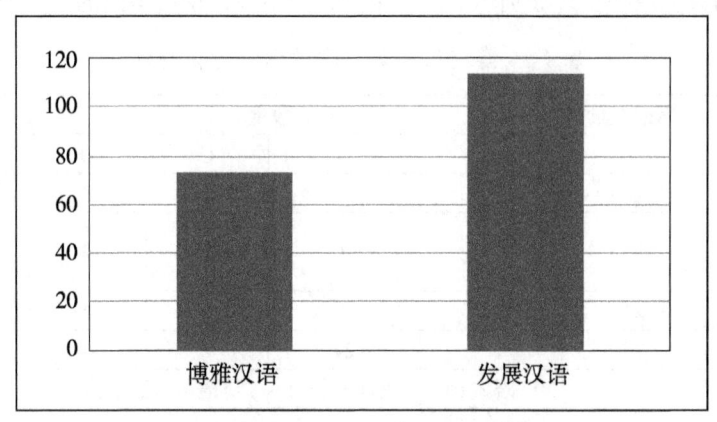

图 1 两套教材出现的话语标记数量对比

从总量看，《发展汉语》比《博雅汉语》话语标记出现的数量多出 43.84%，如果把标记数量平均到每册教材，《博雅汉语》每册为 8.1 个，《发展汉语》每册为 18.8 个，可以知道，《发展汉语》出现的话语标记大大超出《博雅汉语》。但问题并不是《发展汉语》比《博雅汉语》话语标记出现的多就好，关键是教材应该出现多少话语标记是合适的。

到目前为止，各种对汉语话语标记研究的成果并没有明确给出现代汉语中话语标记的数量，甚至是大概的数量。造成这种局面的原因是多样的，由于话语标记的判定标准、开放性、动态性、不确定性、多形态性等等，汉语话语标记的数量无法确切统计。在此情况下，为了分析上述两套教材出现的话语标记数量是否合适，只能借助相关研究结果作为参照。阚明刚、杨江（2016）以中央电视台（CCTV）《新闻联播》、香港凤凰卫视《鲁豫有约》两个节目为语料来源，过滤提取将近12千万字的文本，提取到了1018个话语标记。这些话语标记无论是口语的还是书面语的，都是日常生活中人们耳熟能详的。从汉语学习者角度看，绝大多数都较为浅显，相对各种大纲的高等级词汇都更容易一些，如提取的书面语话语标记最长的字符数是5个，诸如"这就意味着""正因为如此"之类，都是由很基础的词语构成的，口语话语标记最长的6个字符，如"总之就一句话"。对照这个数量规模，上述两套教材出现的话语标记可谓"九牛一毛"，两相比较，《博雅汉语》出现的标记仅约为7.2%，《发展汉语》为11.2%，这样说起来，两套教材出现的话语标记仅从数量上说都显得严重不足，而实际上我们在对教材进行统计时，一个标记的多个变体都各按1个计入，如"就……来说""就我来说""就他来说"是按3个标记计算，所以上面教材中的标记数量还要再打折扣。《发展汉语》出现的话语标记数量超过《博雅汉语》，但二者的标记规模并没有本质差别。

两套教材出现的话语标记数量偏少反映出的核心问题是：话语标记在教材编写时不是编写者考虑的因素。

一般的教材编写在选取语料时重点考虑的因素是词汇、语法、功能以及文化因素等，即使在高级阶段虽然会注意到篇章因素，但话语标记没有纳入其中，这些都说明教材编写对话语标记重要性的认识不够。两套教材都是综合教材。综合课也被称为"精读课""基础课"，是目前国内的国际中文教学课程体系中最重要的语言技能课程，精读教材话语标记数量的严重不足，是教学对话语标记的地位认识不够的突出表现，其不良后果就是导致学习者对话语标记掌握不好，对他们语篇能力的提升和得体地道表达造成一定的负面影响。作为教材的课文是学习者学习汉语时的重要语料，也是输出时的范本，在输入时话语标记的缺失会造成理解的不够全面，进而使学习者在表达时不会用或回避使用，所以在实际中，即使是高级水平的汉语学习者还是和母语为汉语者有差距，除了语音上的洋腔洋调外，就是表达的不地道，后者与话语标记的使用密切相关。

2. 关于话语标记的功能与类型

本文在对两套教材出现的话语标记进行统计时，对话语标记对应的主观性进行了细化分类与统计，也就是基于教学进行分类，即分为A、B、C、D 4类。A类为主观性低或弱，对应的是篇章功能类，B类为一般主观性标记，主观性高于A类，这些多是人际类标记，C类为部分交互主观性的标记，主观性高于A、B类，对应的是人际功能标记中出现向听者移情那部分，D类为交互主观性标记，主观性最强，对应的是互动功能标记，分属低主观性、较高主观性、高主观性3种类型。两套教材对照如图2。

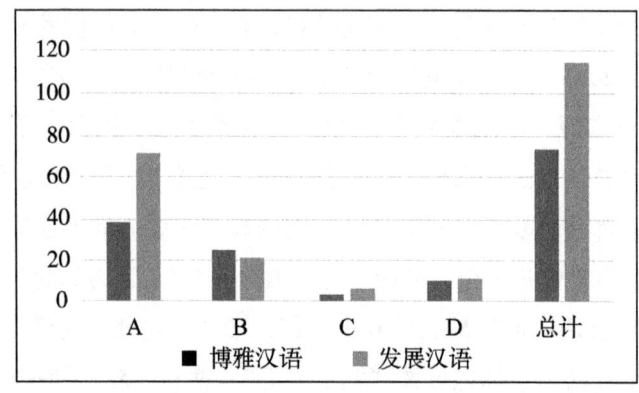

图 2　两套教材出现的话语标记类别对比

依照标记的语体风格，区分为单纯口语标记、单纯书面语标记、口语和书面语兼用三种情况，两套教材情况对比如图 3。

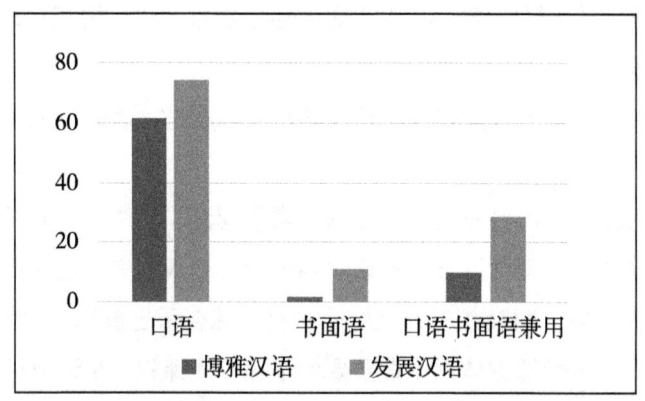

图 3　两套教材出现的不同语体话语标记数量对比

从上面两个图可以看出，两套汉语教材出现的话语标记就分布情况来看非常地一致，话语标记的数量分布为：A>B>C>D，A、B 两类数量大大超出 C、D，也就是主观性越强，出现得就越少。不同语体的标记分布数量也完全一致：口语体标记＞口语书面语兼用标记＞书面语体标记，尤其是《博雅汉语》，纯书面语体标记为 2 个，仅占全套教材出现标记的 2.74%，《发展汉语》也不过只占 9.65%。

通过上述数字知道两个事实：

第一，在国际中文教学最核心课程的教材中，出现的话语标记主要是篇章功能类的话语标记，这类标记主要起的作用是衔接话语，容易引起注意，也便于编排，所以出现概率与频次比较高，而具有较强主观性的标记则被忽视。

第二，口语体的标记出现概率和频次大大高出书面语体标记，一方面体现了话语标记口语色彩强、口语中用得多的规律，另一方面也表明书面语体标记被忽视，说明教材编写者语体意识不够突出，精读教材所用语料是以书面语为主的，除了初级入门阶段的课文一般采用会话形式外，从初级阶段后半程起就以叙述方式为主了，进入中级后，语料基本都是选用已经发表的原文，并稍做改编，这些选文的书面语色彩比较浓，但两套教材出现的话语标记在这一点上没有任何体现，其结果当然是负面的。

3. 关于话语标记的等级排列

教材中语言项目的编排都要遵循从易到难的顺序，这才符合学习规律，所以无论是词汇、语法还是功能，我们都制订了教学大纲，大纲都进行了水平分级，教材编写时都会依据大纲进行。但话语标记却没有大纲，客观上说明话语标记不像词汇、语法和功能那么具有刚性作用，主观上也说明对话语标记的作用与意义认识不到位，这种局面就造成了教材的话语标记的出现并没有依照难易程度安排，可能是遇到什么就教什么，完全不像词汇、语法等项目那样按照大纲去精心设计与安排。两套教材出现的话语标记数量分布情况如图4。

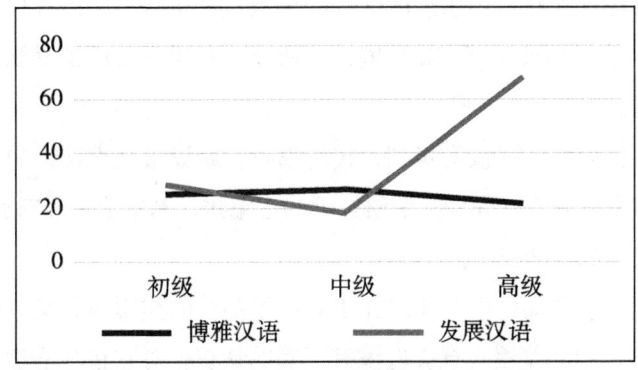

图 4 两套教材各级别出现的话语标记数量对比

两套教材的各类标记的数量对比如图5。

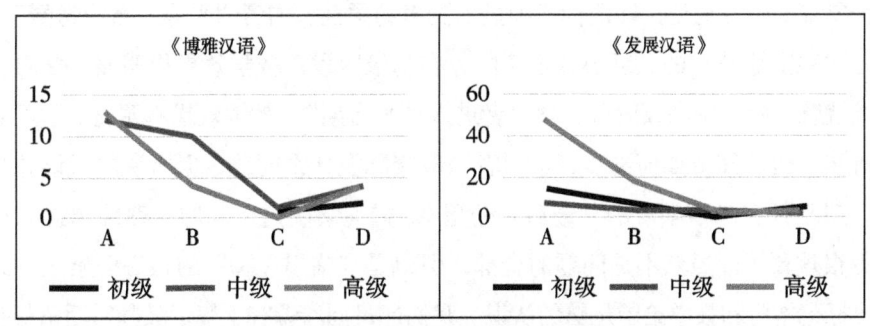

图 5 两套教材各级别出现的各类话语标记数量

从上面数量分布图看，两套教材各个层级出现的话语标记都不是正常分布。《博雅汉语》初、中（含准中）、高3个级别出现的话语标记基本持平，没有呈有序增加的态势，特别是中高级阶段在语篇、语段教学成为教学重点时，话语标记数量一如初级阶段，甚至略有下降，这既不符合教学规律，也没体现教学重点；《发展汉语》中级到高级倒是有很大增长，跳跃性很大，但中级较之于初级还略有下降，所以增加和减少基本上都是没有规划地出现，较为随意。较之数量上的缺乏计划，两套教材在话语标记出现的难易度上也是同样考虑不周。篇章功能类的标记在初级阶段都是占据了绝对数量，主观性强的C、D类很少，这还是符合话语标记难易程度顺序的。但到了中高级阶段，C、D类却仍处在"弱势"，依然没有得到重视，两套教材的中高级阶段话语标记还是篇章类占据了数量上的绝对优势，主观性强的甚至阙如，足以看出，虽然培养学习者成段表达能力是中高级阶段的主要教学任务，但对学习者篇章能力和得体表达能力构成具有重要影响的话语标记却没有得到应有的重视。

4. 讨论

通过对《博雅汉语》和《发展汉语》（综合）教材出现的话语标记进行统计与分析，窥一斑而知全豹，有关目前国内的国际中文教育核心课程话语标记教学状况，可以概括为以下两点：

第一，综合课或综合课教材中出现的话语标记数量严重缺少，而且形式较为单一，集中在篇章类，因为输入的不够很有可能导致输出的匮乏，对学习者的篇章能力与成段的得体表达能力产生负面影响。

第二，话语标记的安排几乎没有规划，较为随意，既没宏观设计，如从总体上考虑如何安排，微观上也没有具体安排，如各类话语标记顺序编排，基本上是语料遇到什么就用什么，没有单独进行有针对性的教学安排。

为什么会出现这样的局面？根本原因在于对话语标记的作用与意义认识不够，所以导致不重视。我们对话语标记的作用与意义应该有正确的认识，对它在汉语学习中的地位应该准确定位。我们强调话语标记的重要性并不是要把话语标记放在一个不恰当的高度，相对语音、语法、词汇、功能等语言要素与作用，话语标记的作用不是那么突出，尤其在初级阶段，较之其他语言要素的刚性地位，话语标记则显出更多的柔性，前者似乎是"雪中送炭"，而话语标记好像是"锦上添花"的。反观教学实际，在初级阶段，教学效果很明显，学习者进步很快，很有成就感，到了中高级阶段，学习者进入"平台期"，教学效果不明显，学习者感觉不到自己的进步，也不知道如何进步，学习者一般交际没什么问题，但所说的汉语总显出有别于中国人，似乎处在汉语学习的"最后一公里"。如何解决这个问题？熟练掌握与运用话语标记就显得很重要了。虽然不是问题的全部，但也是"临门一脚"的核心因素之一，有必要对汉语话语标记本身和教学给予足够的认识。我们通过问卷调查了解了教师对话语标记的教学情况、重视程度等，发现大部分教师没有意识到话语标记的重要性，教学中随意处置或置之不理，结果是学生不能很好地习得和运用话语标记。实际上这个问题与教材的设计密切关联，教材是课堂教学的物质依据，如果在教材编写时对话语标记进行适当处理，突显其作用，教师在使用教材时就会相应予以关注，技能训练时加以强化，效果就会好得多。所以教材是开展话语标记教学的基础，重视话语标记的作用首先应该从教材开始。

三、口语教材中的话语标记

（一）《发展汉语》口语教材出现的话语标记

目前国内高校国际中文教育语言技能课程体系绝大多数采取分技能设置课程方式，以综合课为核心，分别按照听、说、读、写不同技能设课，形成"1+3"（综合＋口语、听力、阅读）和"1+4"（综合＋口语、听力、阅读、写作）的主要格局，有的在此基础上再开设复合技能课程，如"听说课""读写课""视听说"等。学习者口语程度是衡量汉语水平的一个重要观测点，承担表达技能训练任务的课程是口语课，话语标记的学习和运用与口语课密切相关，那么话语标记在口语教学中的情况如何呢？下面再选取国内口语代表性教材进行统计分析。

再以《发展汉语》系列教材中的口语教材作为考察对象，选择原因很简单，一是《发展汉语》在国内高校使用面较广，影响较大，二是该教材已经经过修订，出版了第二版，较之前更为成熟，更重要的是该教材成体系，整体性、配套性很强，这是目前国内出版的众多教材难以与之比肩的。

《发展汉语》口语教材（第2版）一共3级6册，分别是《发展汉语·初级口语》（Ⅰ、Ⅱ）、《发展汉语·中级口语》（Ⅰ、Ⅱ）、《发展汉语·高级口语》（Ⅰ、Ⅱ）。我们从《发展汉语·初级口语》（Ⅰ）、《发展汉语·初级口语》（Ⅱ）开始，对每册教材中出现的话语标记进行摘取，同一个标记摘取最先出现的，数量上不重复计算，以每册为单位进行统计，所以某个标记可能会在多册中重复出现。下面我们逐册列出各册教材出现的话语标记。

《发展汉语·初级口语》（Ⅰ）（王淑红、么书君、严楗、张葳，2012）共23课，提取到22个话语标记（具体略去，下同）；《发展汉语·初级口语》（Ⅱ）（王淑红、么书君、严楗、张葳，2012）共21课，提取到39个标记；《发展汉语·中级口语》（Ⅰ）（路志英，2011）共15课，提取到46个话语标记；《发展汉语·中级口语》（Ⅱ）（蔡永强，2011）共15课，提取到53个话语标记。需要特别说明的是，上面中级的话语标记中，提取的标记除来自生词、课文外，还有课文后的"功能训练项目"，同一功能项目中会列出几个话语标记，生词和课文中并没有出现，我们将同一功能项目列出的几个话语标记都摘取出来，但记为1个标记，如"幸亏/好在/想不到/没想到"在"功能训练项目"列为一类举出，就按1个计算。《发展汉语·高级口语》（Ⅰ）（王淑红，2011）共15课，提取到67个话语标记；《发展汉语·高级口语》（Ⅱ）（李禄兴、王瑞，2011）共15课，提取到58个话语标记。与中级口语一样，高级口语话语标记的来源除了生词、课文外还有专栏"表达方式"，教材列出表达方式时将其变体也列出，所以我们一并提取，但只记为1个，如"乍看起来/初看起来/从表面看来"。

（二）《发展汉语》口语教材话语标记统计分析

如果不考虑重复出现，上述 6 册《发展汉语》口语教材各自出现的话语标记数量可以通过图 6 进行对比。

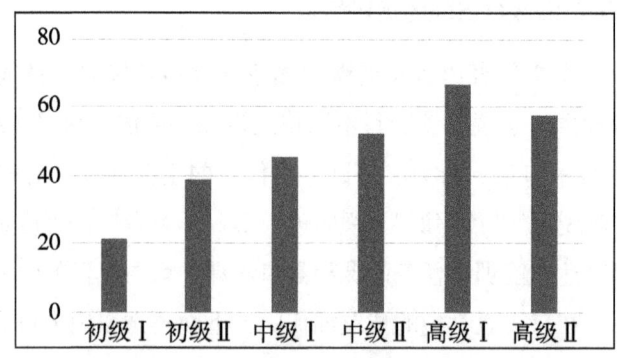

图 6 《发展汉语·口语》各册出现的话语标记数量

按照初、中、高 3 个阶段来计算，也就是分别将《初级口语》（Ⅰ、Ⅱ）、《中级口语》（Ⅰ、Ⅱ）和《高级口语》（Ⅰ、Ⅱ）同层级 2 册合并，且跨级出现的不重复计算。《初级口语》（Ⅰ、Ⅱ）重复 6 个，初级阶段出现过的有 16 个在中级阶段重复（含 1 个还在高级阶段复现），8 个在高级阶段重复出现（含 1 个还在中级阶段复现）；中级阶段的有 14 个在高级出现，中级Ⅰ的有 2 个在中级Ⅱ重复出现；高级Ⅰ的 8 个在高级Ⅱ重复出现。所以中级 2 册相加后减去初级和自己重复出现的共 18 个，高级 2 册减去初、中级和自己重复出现的共 30 个，最后 3 个阶段出现的话语标记对比如图 7。

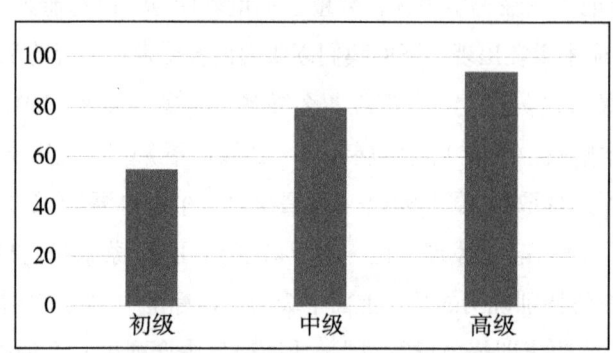

图 7 《发展汉语·口语》各级别出现的话语标记数量对比

从数量及其分布来看，《发展汉语》口语教材出现的话语标记情况明显优于综合教材。一是总量多于综合教材，口语教材 3 个级别共出现了 231 个标记，而综合教材只有 114 个，口语教材高出综合教材 88.6%。而再横向与《博雅汉语》比较的话，数量差距更大，高出了后者 94.52%，几乎多出 1 倍。二是数量分布更为合理，无论是各册出现的数量还是分阶段数量都呈现出递增态势，这符合一般的学习与教学从少到多的规律。当然，从具体情况看，还有些不够平衡，那就是高级口语Ⅱ与高级口语Ⅰ之间的差别显得不太合适，但高级口语Ⅱ毕竟还是多于中级和初级各册，基本维持了合理数量规模。

我们按照前文的主观性分类标准，将口语教材出现的话语标记分为A、B、C、D四类，数据如表3[①]。

表3 《发展汉语·口语》各级别出现的各类话语标记统计

阶段	A	B	C	D	C、D占比	兼类情况（含）	阶段总计
初级	32	26	2	1	4.92%	A、B兼类4	61
中级	54	87	7	1	8.08%	A、B兼类1	99
高级	103	19	0	3	2.4%	A、B兼类2	125
类别总计	189	132	9	5	4.18%		

上表显示，在没有排除少数标记重复出现的情况下，各个类别话语标记数量分布在每个阶段呈现高度一致的情况，即：A>B>C、D，而且A、B到C、D之间出现了"断崖式"减少的状态。李瑶（2016）对高级阶段口语教材话语标记进行分析时选取的教材是《发展汉语·高级口语》（Ⅰ、Ⅱ）和《高级汉语口语》（1、2、提高篇），[②]她把话语标记分为话题类、组织类、情态类三种，统计的类型数据最少的是情态类，与前两类数据差别非常大，其情态类大致与我们的C、D相当，所以数据上与我们的考察基本可以形成印证。《发展汉语》口语教材各类话语标记数量分布状况与综合教材情况是一致的，这也说明编写者都没有认识到各类话语标记之间有什么差异，都是从客观需要上进行安排。诚如前述，A类标记在篇章的构成中作用明显，成段表达对它们的依赖性强，所以出现的数量大大超出主观性强的标记。

最后再看各语体话语标记数量分布的情况，列表如下：

表4 《发展汉语·口语》各级别出现的各语体话语标记统计

阶段	口语体	书面语体	口语兼书面语体	书面语兼口语体	阶段总计
初级	49	4	6	2	61
中级	66	15	8	10	99
高级	30	51	22	22	125
类别总计	145	70	36	34	

从上面各语体标记的数量分布来看，《发展汉语》口语教材出现的话语标记语体分布与综合教材相比还是较为均衡的，不像综合教材，本来课文文本书面语色彩要强得多，但出现的话语标记数量上却向口语体"一面倒"，明显忽视了话语标记的语体色彩，尤其中高级阶段较

[①] 此表中的统计数字没有排除跨级别、跨册重复出现的情况。

[②] 两套教材的具体信息如下：《发展汉语·高级口语Ⅰ》（第二版），王淑红编著，北京语言大学出版社2011年版；《发展汉语·高级口语Ⅱ》（第二版），李禄兴、王瑞编著，北京语言大学出版社2011年版；《高级汉语口语》1、2（第二版），刘元满、任雪梅、金舒年编著，北京大学出版社2004年版；《高级汉语口语·提高篇》（第二版），祖人植、任雪梅编著，北京大学出版社2008年版。

之初级阶段基本没什么变化,甚至出现"倒挂"。比照阚明刚、杨江(2016)的统计数据,他们将《新闻联播》《鲁豫有约》两档节目分别作为典型书面语、口语代表语料提取了超过1千个话语标记,其中口语标记925个,书面语标记161个,书面语标记大大少于口语体标记,这也符合话语标记主要用于口语交际的一般说法,按照这两个数据,书面语体标记与口语体标记之间的比例为1∶57.5。将上表中"口语兼书面语体"标记并入口语体、"书面语兼口语体"并入书面语体,计算出各级书面语体标记与口语标记之间比例,分别是初级1∶9.27,中级1∶2.96,高级1∶0.71,3个阶段合并是1∶1.74,可以看出,书面语体标记越往后占比越高,梯级非常清晰,到了高级阶段,书面语体标记总量超出口语体标记,适应高级口语表达应该正式、得体的要求。

一直以来,在教学实践中采取分技能设课的背景下,一说"口语",很多人都把口语跟"日常会话""大白话"之间画等号。各阶段口语教学目标也有些混淆,到了中高级阶段,口语教学仍延续初级口语的内容与方式,还是以训练学生的口语会话能力为主,结果就是中、高级综合教材出现的是很正式的书面文本,口语却还是"大白话"式的会话,二者完全像"两股道",各不相干。这是对"中、高级口语"的内涵把握不准造成的。"中、高级口语"是"中、高级汉语"的有机组成部分,是在学习者经过初级阶段学习后,完成了"生存汉语"能力的培养,从"能说"进入"会说"阶段,要培养学习者语段、语篇得体表达的能力,所以"中、高级口语"就是从输出层面对学习者进行口语表达训练,其有别于初级口语的就是会根据交际场景进行表达,超出初级的一般日常会话场景,更多的是如何在各种正式语境中进行成段的得体表达,故而与之适应的话语标记就也要从单纯的口语标记转向正式、庄重的书面语体标记。上述数据表明,《发展汉语》口语教材出现的话语标记,语体上注意到了各语体标记的数量配比与阶段特征,分配、安排上较为周全、合理,突出了各阶段培养目标。

《发展汉语》口语教材关于话语标记教学还有突出的一点,就是明确将其单独列进了语言项目,虽然没有使用"话语标记"这个术语,而是将它与其他具有篇章、语用等功能的相关语言点放在一起,单独作为学习或训练的语言项目列入教材。初级教材每课设有"功能句"栏目,安排在"练习"之前,对每个"功能句"的意义、用法进行注释,"功能句"包括话语标记;中级教材每课设有"功能项目练习"栏目,安排与初级类似,而且表达同样功能的形式除了列出课文中出现的以外,还将意思相近、功能相同的形式罗列在一起,起到举一反三的作用,这些"功能项目"大量包含了话语标记,并设计了相应练习内容;高级教材设有"表达方式"栏目,该栏目放在每课最前面,把本课将出现的重要表达方式列在一起,每课设置4—6条,每条下再列举2—3个例子,这些表达方式主要内容就是各种复句的关联形式和话语标记,训练学生运用它们进行成段表达。是否应该明确使用"话语标记"这个术语对学习者进行语言知识教学和语言技能训练,这个问题还有待学界同人达成共识,但它在汉语中确实存在并会对学习者的汉语交际能力产生影响,而且教学中不可回避,这是不争的事实。所以在目前阶段，用不用"话语标记"这个术语还不是紧迫的，重要的是在教学中予以重视。《发展汉语》各级别口语教材通过设置上述专门栏目突出了话语标记的教学，应该说是难能可贵的。在考察国际中文教材时发现，话语标记教学能得到突出体现有几种主要方式：一是话语标记出现在"生词语"中，实际上能进入教材"生词语"栏目的较少，能进入的多是词或词汇性强的短语，而这些词语也未必是话语标记，只是可能用作话语标记，像"嗯""嘿""哈"等语气词，还有很多连词都是如此。是否作为话语标记使用还要看在课文中出现的情况，中高级阶段一些固定短语或类固定短语能进入"生词语"，其中有的是话语标记，像"实话实说""归根结底""诸如此类"等，但大量不是固定短语的短语是不太能成为"生词语"的。二是出现在"语言点"中，国际中文教育各类语言技能教材每课后都会设有本课重要的"语言点"栏目，名称各有不同，是每课的教学重点，综合教材尤为突出，有的话语标记可能进入"语言点"，特别是口语教材，但因为话语标记没有得到足够重视，口语教材之外，其他的就不会将话语标记作为关注重点，一般都是将重点放在语法、词汇等结构性项目上。中高级因为篇章教学成为重点，复句的关联成为焦点，所以话语标记只是"附带"关注。三是出现在"练习"中，这一点其实是"附着"于上述两点，进入了"生词语""语言点"的内容再进入"练习"的概率就非常大，尤其是"语言点"。所以《发展汉语》口语教材设置了"功能"类项目，里面覆盖了话语标记，这样增加了对学习者进行话语标记训练的机会，是非常值得肯定的。

四、结论

上面以《博雅汉语》《发展汉语》为代表，对话语标记在国内综合课、口语课教材中出现的情况进行了较为详尽的考察，窥一斑而知全豹，就话语标记在教材中的情况概括为几个方面。

第一，国际中文教材整体上对话语标记的作用重视不够，出现的话语标记无论是数量、类型、语体区分等各方面都还有很大提升空间。其根本原因在于对话语标记的意义认识不到位，所以教材对话语标记的处理与处置都没有规划，较为随意，尤其在中、高级阶段没有相应进行加强。

第二，国际中文教育各课型教材在对待和处理话语标记上表现得不均衡，口语课教材相对来说好于综合课教材。综合课教材是核心教材，但对话语标记的安排和处理不如口语课教材，而口语课教材情况之所以能相对好一些，其原因有两方面：一是客观上话语标记的作用在口语中比较突出，尤其是中、高级阶段，其作用难以回避，所以促使教材编写时突出了这方面内容；二是教材编写者一定程度上认识到了话语标记在口语表达中的重要性，尤其是成段表达，所以像《发展汉语》口语教材会设置专门栏目开展对话语标记的教学与训练，显示了编写者的态度，具有积极意义。

第三，对基于国际中文教学的话语标记性质认识不清，教材有关话语标记的安排与设计都欠合理。因为话语标记是重要的语用现象，交际中不可避免，尤其到了中、高级阶段，成为学习者掌握地道和流利汉语的关键因素之一，所以在各种国际中文教材中都程度不等地出现话语标记。但可以看到，教材中出现的话语标记远不像语音、语法、词汇等语言要素项目那么有条不紊、有理有据，应该出现什么、在什么阶段出现、出现多少、各类标记出现的顺序等等基本上都是"跟着感觉走"，或者遇到什么语料就学什么，都缺乏总体设计和安排。我们面向汉语作为第二语言教学对话语标记进行了细致考察，认为话语标记的主观性存在一个等级梯度，主观性越强对汉语学习者来说就越难，我们从主观性强弱角度将汉语话语标记为四个等级类别，也就是前文在统计时提到的 A、B、C、D 4 类，构成主观性等级链：A<B<C<D，C、D 两类主观性最强，也是学习的难点。上面提到的几篇有关话语标记教学的硕士论文在这一点上结论都与我们相同，印证了我们的观点。但通过上面对几套教材的分析，发现这些教材几乎都没有意识到这一点，话语标记的出现顺序完全没有考虑难易程度，没有突出话语标记的难点与重点，都很自然地大量出现篇章功能这样的低主观性标记，而容易导致在输入上影响理解、输出上影响流利和地道表达的高主观性标记出现得少之又少，安排上显得本末倒置。此外，对话语标记的语体类别也认识不够，没有注意到语体的阶段性，这也是对话语标记如何在教学中应用认识不够清晰和准确的表现。

参考文献

白娟、贾放（2006）汉语元语用标记语功能分析与留学生口头交际训练，《语言文字应用》第 12 期。
曹秀玲（2016）《汉语话语标记多视角研究》，中国社会科学出版社。
吉晖（2019）基于知识图谱的国外话语标记研究热点领域分析，《外语学刊》第 4 期。
阚明刚、侯敏（2013）话语标记语体对比及其对汉语教学的启示，《语言教学与研究》第 6 期。
阚明刚、杨江（2016）《话语标记概貌分析与情感倾向探索》，吉林文史出版社。
李瑶（2016）《高级阶段留学生话语标记使用调查与口语教材研究》，暨南大学硕士学位论文。
李治平（2015）《现代汉语言说词语话语标记研究》，世界图书出版公司。
刘丽艳（2011）《汉语话语标记研究》，北京语言大学出版社。
潘先军（2020）话语标记对汉语作为第二语言交际能力的影响和作用，《汉语教学学刊》第 2 期。
潘先军（2022）话语标记的主观性差异与等级及其在汉语教学中的应用，载郭鹏主编《汉语国际教育学报》（第十辑），科学出版社。
张旺熹（2012）《汉语口语成分的话语分析》，北京语言大学出版社。
Zuloaga, M. B. & Thörle, B. (2016) Discourse markers in second language acquisition: Studies on Italian and French as L2. *Language, Interaction and Acquisition* 7: 1–16.

（潘先军　北京第二外国语学院汉语学院　20130044@bisu.edu.cn）

"中文+职业技能"教育服务"一带一路"：价值意蕴与实现路径*

李宝贵　李　辉

摘　要：六大经济走廊是"一带一路"建设的重要支柱，细化探究各大经济走廊建设的行业人才需求对研究中文教育精准服务"一带一路"建设具有重要意义。基于对六大经济走廊标志性项目建设涉及主要行业领域特点的研究，提出"中文+职业技能"教育服务"一带一路"建设的路径：强化顶层设计和规划，稳步推进内涵化发展；研发专业标准体系，引领教育教学规范化发展；重视区域国别调研，精准施策推动本土化发展；搭建合作创新平台，促进产教融合协同发展；科技引领数字赋能，提质增效助推高质量发展。

关键词："一带一路"；"中文+职业技能"教育；价值意蕴；实现路径

2021年10月12日，中共中央办公厅、国务院办公厅印发了《关于推动现代职业教育高质量发展的意见》，文件特别指出，要推动职业教育走出去，并提出应探索"中文+职业技能"的国际化发展模式。国家教育部进一步提出，鼓励国内职业教育机构、中资企业参与国际中文教育，促进职业技能与国际中文教育"走出去"融合发展，推动各国经济发展和民心相通。国务院副总理孙春兰也曾强调，中文教育要"坚持市场化运作，支持中外高校、企业、社会组织开展国际中文教育项目和交流合作，聚焦语言主业，适应本土需求，帮助当地培养中文教育人才"。然而，世界各国尤其是"一带一路"相关国家的职业教育发展不均衡，往往难以支撑产业一线对高素质高技能人才的需求，并且，当地雇员存在中文能力有限，与中国企业文化融合困难等突出矛盾和问题，这些都成为中国企业"走出去"、融入当地发展的重要制约性因素。中文能力是劳动力的要素之一，"中文+职业技能"教育的高质量发展是适应职业教育国际化趋势和中文教育内涵式发展的现实选择。"中文+职业技能"教育为"一带一路"建设培养语言人才，为共建"一带一路"相关国家中文学习者解决就业等民生问题，是国际中文教育健康、可持续发展的关键。

"一带一路"倡议自2013年提出以来，以"政策沟通、设施联通、贸易畅通、资金融通、

---

* 本研究得到国家社科基金一般项目"新时代配合支持更多国家将中文纳入国民教育体系的理论建构与实现路径研究"（项目编号：22BY154）、教育部语合中心国际中文教育研究课题重大项目"新时代国际中文传播体系研究"（项目编号：21YH03A）的资助。

民心相通"为主要内容的"五通"让"一带一路"建设为相关国家经贸与投资搭建了新平台，积极推动了我国与相关国家发展战略的对接与耦合，正在为相关国家民众创造更多的福祉。习近平总书记在第二届"一带一路"国际合作高峰论坛上指出，"一带一路"要坚持以人民为中心的发展思想，"聚焦消除贫困、增加就业、改善民生"。2021年11月19日，习近平总书记在第三次"一带一路"建设座谈会上强调，以高标准、可持续、惠民生为目标，继续推动共建"一带一路"高质量发展。多年来，国际中文教育为助力"一带一路"建设，培养"中文+职业技能"人才发挥了重要作用。新形势下，国际中文教育仍需以不断满足服务当地经济社会发展为目标，积极探索提升"中文+职业技能"教育水平的路径，通过推进中文教育，提升学习者的劳动力水平，进而提升当地经济社会发展。

目前，"中文+职业技能"教育研究已引起学界的关注。教育部中外语言交流合作中心（2021）提出要构建"中文+职业技能"教育高质量发展新体系，需要强化内涵建设，坚持标准引领，重视科技赋能，加强调查研究，因地制宜做好项目试点，切实增强全球适应性。耿虎、马晨（2021）指出"中文+技能教育"要围绕"五通"强化内涵建设，应重视"中文+教育/翻译"人才培养、推进"中文+职业技能"培训、落实"中文+实习/就业"保障措施、坚持"中文+教育""请进来"与"走出去"并行、探索"中文+"教育市场化道路。王春辉（2021）提出，应充分尊重中文教学和职业技能教学各自的特点，坚持以中文教学为基础、以职业教育为特色，不断完善体制机制，加强专业标准建设、加大师资培养力度、大力开发教学资源。罗小如（2021）认为应探索中文教学与职业技能培训相结合的培养方式，发展"中文+"职业教育，服务当地经济社会的发展并为学员创造就业机会，这是适合非洲孔子学院不断创新、持续发展的路径。李晓东、刘玉屏、尹春梅（2021）研究了中亚地区"中文+"复合型人才需求与培养方略，提出加强中亚与中国职业院校合作交流、在中亚职业院校开设专门用途汉语课程、提升已有中亚院校商务汉语教学质量等培养方略。

然而"中文+职业技能"教育已有的研究中，对"一带一路"背景下中文教育需要加哪些"职业技能"，"中文教育"应该怎么有针对性地加"职业技能"教育的精细研究鲜见。本文细化研究了"一带一路"六大经济走廊的重点建设领域和标志性项目，基于此提出"中文+职业技能"教育服务"一带一路"建设的实践路径。

一、"中文+职业技能"教育的价值意蕴

自"一带一路"倡议提出以来，国际中文教育积极服务"一带一路"建设，在促进人文交流和民心相通等方面发挥了重要作用。"一带一路"建设的深入使既通晓中文又掌握职业技能的人才成为迫切需求，"中文+职业技能"应运而生。

（一）"中文＋职业技能"的内涵

"中文＋职业技能"是"中文＋"的具体化。理解"中文＋职业技能"教育的内涵，要先厘清"中文＋"和"＋中文"的含义。吴应辉、刘帅奇（2020）将二者解释为："中文＋"的重点在于"中文"，即以中文教学为中心，辐射有关行业领域。而"＋中文"的重点在于以行业领域为中心，中文处于从属地位，发挥辅助作用。赵杨（2021）指出，"中文＋"是以中文为主，辅以专业知识、技能；"＋中文"以专业知识、技能为主，辅以中文。这一变化又与国家发展有关。中国提出"一带一路"倡议后，中资企业走出去，需要大量的既懂中文又懂职业技术的工人，中文与职业技能相结合的教学于是兴起。简言之，"中文＋"和"＋中文"的区别在于"中文"是主要成分还是附加成分，"＋中文"是伴随着中资企业走出去而发展起来的。

"中文＋职业技能"教育可以从广义和狭义两个方面理解。广义上讲，"中文＋职业技能"教育的"＋"可以用表示并集的"∪"来替换，可以理解为，"中文＋职业技能"教育既包括中文教育和职业技能教育各自分属的领域，也包括它们的交集部分，目标在于通过推动中文教学进而提升职业教育的国际影响力，通过提高职业教育的质量也助力推动中文国际传播，二者有机深度融合，共同服务国家战略。狭义上说，"中文＋职业技能"教育仅是一种新的中文教育生态，可用表示包含关系的"⊃"替换"＋"，理解为中文教学包含职业技能教学，即以中文为主业，学习者以中文为工具，通过学习中文进而掌握职业技能，教者在进行中文教学的基础上传授职业技能。本文研究采用的是"中文＋职业技能"教育广义的解释。

"中文＋职业技能"教育具有以下几个特征：一是跨领域、跨学科融合，体现协同化。"中文＋职业技能"教育"加什么"，涉及航空、铁路、电业、物流等多个领域，涉及语言学、管理学、经济学、工学、农学等多学科。二是以创新为驱动力，体现特色化。"中文＋职业技能""怎么加"，即"中文教育"和"职业技能"如何深度融合，关键在于创新驱动，用改革和开放的思维寻找结合点，创建"中文＋职业技能"教育的特色。三是植根当地，体现本土化。"中文＋职业技能"教育的落脚点是基于"一带一路"建设对高素质人才的需求，有的放矢发展"中文＋职业技能"教育，真正解决民生问题，为当地民众创造福祉。

（二）"中文＋职业技能"教育的价值

"中文＋职业技能"教育具有多重价值意蕴，主要体现在以下几个方面：

1."中文＋职业技能"教育是促进国际中文教育可持续发展的重要途径

"一带一路"建设项目的深入推进催生了既懂中文又掌握职业技能的人才需求。"中文＋职业技能"教育能够使当地民众通过学习中文、享受孔子学院提供的语言培训与服务，而掌握语言和职业技能，获取生存与发展的机会，这是促进国际中文教育内涵式发展的有效途径之一。以埃及为例，埃及苏伊士运河大学孔子学院为通信技术和机电一体化专业学生开设中文必修课，大力培养"中文＋"人才。疫情期间，该孔子学院学员人数不但没有下降，反而逆势上扬，实现了扩招。"中文+职业技能"教育成为共建"一带一路"国家人民生存发展的重要组成部分，不仅有利于提高中资企业的语言能力，进而提高工作效率，而且能够直接提高当地就业率，为中文学习者谋得红利，有利于当地社会的稳定发展，这将有效推动中文当地传播，实现国际中文教育可持续发展。

2. "中文+职业技能"教育是提升我国对外教育援助效能的有力推手

共建"一带一路"的发展中国家职业教育主要面临职业教育规模偏小、职业教育质量不高、人才结构比例失衡、教育管理体制陈旧等问题。如，2021年印尼华文教育协调机构执行主席蔡昌杰指出，印尼目前的职业教育最大的瓶颈是实训课程、实训手段以及实习场景的稀缺。《中国教育现代化2035》明确指出，要促进孔子学院和孔子课堂特色发展；鼓励有条件的职业院校在海外建设"鲁班工坊"；健全对外教育援助机制。孔子学院自成立以来便担负起语言学习领域国际教育援助的重要使命。通过孔子学院这个平台，中国向全世界提供了语言文化类的教育援助。"中文+职业技能"教育通过提供中文教学与职业技能教育的方式满足沿线亚欧非大陆国家对中文学习和就业的需求，适应当地经济社会发展的需要，为中文学习者提供实在的福利，使其从中获益，促进民心相通。

3. "中文+职业技能"教育是营造"一带一路"建设良好舆论氛围的创新实践

世界百年未有之大变局正加速演变，新一轮科技革命和产业变革带来的激烈竞争前所未有，气候变化、疫情防控等全球性问题给人类社会带来的影响前所未有，共建"一带一路"国际环境日趋复杂。"中文+职业技能"教育不仅是一项惠民的民生工程，提升"中文+职业教育"质量能够加速提升共建国家民众的获得感，而且也是讲好中国故事、传播中国声音、展示中国大国形象的有效途径，有利于赢取当地民众对"一带一路"建设的认同与支持，是接地气、聚人心的重要举措。

4. "中文+职业技能"教育是反哺我国现代职业教育高质量发展的关键举措

加快发展现代职业教育，是党中央、国务院做出的重大战略部署，对于深入实施创新驱动发展战略，创造更大人才红利，加快转方式、调结构、促升级，都具有十分重要的意义。我国职业教育也面临职业教育质量不高、学生职业能力不强等问题。"中文+职业技能"教育为我国职业教育走出去提供了重要平台，有吸引力的职业教育才能真正走出去、融进去。这有利于反哺我国职业教育建设，促进我国职业教育深化教学改革，优化职业教育供给结构，提高职业教育人才培养效能，进而促进我国职业教育高质量发展。

二、"中文+职业技能"教育服务"五通"建设的路向

"五通"是"一带一路"倡议的重要内容，加强政策沟通是"一带一路"建设的重要保障，基础设施互联互通是"一带一路"建设的优先领域，投资贸易合作是"一带一路"建设

的重点内容，资金融通是"一带一路"建设的重要支撑，民心相通是"一带一路"建设的社会根基。掌握"五通"建设的情况是规划"中文+职业技能"教育发展的根本依据。探索"中文+职业技能"教育服务"五通"建设的路向，首先要了解"五通"建设，尤其是与"职业技能"相关的"设施联通""贸易畅通"的现状。

（一）"五通"建设及六大经济走廊建设情况

八年来，"一带一路"建设已经向"政策沟通更有力、设施联通更高效、贸易更畅通、资金更融通、民心更相通"发展。截至 2021 年 9 月，我国与共建国家货物贸易额累计达到 10.4 万亿美元，对沿线国家非金融类直接投资超过 1300 亿美元（安蓓等，2021）。行业的快速发展，势必会带来人才的大量需求。总体来看，"一带一路"建设在一般建筑、交通运输建设、电力工程建设、通信工程建设、石油化工、工业建设、水利建设和制造加工设施建设方面成绩卓著，这是"中文+职业技能"教育总体规划要考虑的重要方向。

六大经济走廊是"一带一路"的战略支柱，也是区域经济合作网络的重要框架，（丛培影，2022）细化探究各大经济走廊建设的行业人才需求对研究中文教育精准服务"一带一路"建设具有重要意义。六大经济走廊包括中蒙俄经济走廊、新亚欧大陆桥经济走廊、中国—中亚—西亚经济走廊、中国—中南半岛经济走廊、中巴经济走廊和孟中印缅经济走廊，几年来建设成绩卓著，已在相关国家取得实质性进展，完成了很多标志性项目。

行业的快速发展，势必会带来人才的大量需求。总体来看，"一带一路"建设在一般建筑、交通运输建设、电力工程建设、通信工程建设、石油化工、工业建设、水利建设和制造加工设施建设方面成绩卓著，这是"中文+职业技能"教育总体规划要考虑的重要方向。

（二）六大经济走廊建设情况

六大经济走廊是"一带一路"的战略支柱，也是区域经济合作网络的重要框架（丛培影，2022），细化探究各大经济走廊建设的行业人才需求对研究中文教育精准服务"一带一路"建设具有重要意义。六大经济走廊包括中蒙俄经济走廊、新亚欧大陆桥经济走廊、中国—中亚—西亚经济走廊、中国—中南半岛经济走廊、中巴经济走廊和孟中印缅经济走廊，几年来建设成绩卓著，已在相关国家取得实质性进展，完成了很多标志性项目。

总体来看，六大经济走廊围绕"基础设施联通"和"贸易畅通"展开了多领域的合作。主要体现在：第一，着力实现基础设施的互联互通。一方面，陆上依托航空、铁路、高速公路等国际大通路实现相关国家的互联互通；海上以相关中心城市为支撑，以重点港口为节点，建设通畅的运输通道。另一方面，电网、天然气、煤矿等能源项目发展势头强劲。第二，着力实现贸易畅通。兴建重大经贸项目，尤其是经贸合作区、自由贸易区的合作区的建设，使更多的产品、技术和服务在沿线国家流通，为"一带一路"建设注入活力。由于沿线各国地缘环境、区域优势、基本国情和经济基础等因素，六大经济走廊的建设情况具有差异。

（三）"五通"建设对"中文+职业技能"人才的需求

随着"一带一路"建设的不断推进，相关国家对既会中文又懂技能的人才需求激增。"中文+职业技能"教育需担负起为当地培养语言、技能人才的使命，为"一带一路"建设，尤其是标志性项目输入各行业所需人才。哪些行业、哪些项目需要什么样的职业技能人才，国际中文教育就应与哪种职业形成联动，对接当地"一带一路"建设。

要想维持"六大经济走廊"的运转，首先要建成基础设施。基础设施兴建网，"以陆海空通道和信息高速路为骨架，以铁路、港口、管网等重大工程为依托"。因而，基础设施兴建与运转催生了该领域的语言人才需求。同时，国家与国家之间的政策沟通也需要翻译人才、法律人才助力。可见，精通"中文+航空、中文+铁路、中文+公路、中文+港口、中文+信息网络、中文+翻译、中文+法律"等"中文+职业技能"的人才是六大经济走廊都必需的人才。各大经济走廊各有发展特色，支点建设领域不尽相同，针对不同的经济走廊，应培养有针对性的"中文+职业"人才。根据六大经济走廊领域建设特色析出其对"中文+职业"的需求情况，见表1。

表1 六大经济走廊"中文+职业"需求情况

经济走廊	"中文+职业"个性需求	"中文+职业"共性需求
中蒙俄	中文+石油、电业、农牧业、纺织品、物流	中文+航空
中国—中亚—西亚	中文+能源开采（石油、天然气、铬铁矿、煤矿、黄金和铀矿）、化学制品的制造与加工、通信及电子设备制造	中文+铁路 中文+公路
中国—中南半岛	中文+旅游、电子商务、物流、矿产开采	中文+港口
新亚欧大陆桥	中文+能源（石油、天然气、电力）、汽车及工业机械制造、农业与食品、生物制药领域	中文+信息网络
中巴	中文+能源建设、纺织业、交通物流	中文+翻译
孟中印缅	中文+能源矿产、生物医药、信息科技、纺织服装	中文+法律

表1为"中文+职业技能"教育向各大经济走廊输入人才提供决策参考，如何基于个性和共性需求，培养既能熟练使用中文又具备从事这份职业的专业技能的人才是急需解决的实际问题。

三、"中文+职业技能"教育服务"一带一路"的实现路径

据世界银行研究报告，共建"一带一路"将使相关国家760万人摆脱极端贫困、3200万人摆脱中度贫困。每年世界各国都有数以万计的学员学习中文，以2020年为例，孔子学院共有注册学员120万人，通过广播、电视和网络等方式学习的学员达200多万人次。（赵灵山，2021）"十三五"期间，有400余所高职院校与国外办学机构开展合作办学。"一带一路"建

设成果惠及多国民众，中文学习即使遭遇疫情也热度不减，职业教育的国际化已逐渐展开，这为"中文＋职业技能"教育服务"一带一路"建设奠定了良好的发展基础，因而，要基于"一带一路"区域与国别特点，多措并举，积极探索"中文＋职业技能"教育的发展路径，为提升中文影响力、助力"一带一路"建设、增进民生福祉注入力量。

（一）强化顶层设计和规划，稳步推进内涵化发展

"中文＋职业技能"教育是中文教育和职业教育相融合的教育，为"一带一路"建设培养复合型人才。将"中文＋职业教育"置于"一带一路"建设全局中、国际中文教育规划中进行整体统筹至关重要。第一，规划孔子学院的布局，发挥品牌效应的引领作用。根据"一带一路"建设实施情况规划孔子学院的布局，按照标志性项目对职业的需求统筹谋划建立职业特色孔子学院，在此基础上建立"中文＋职业技能"教育示范区，先引领某个特色孔子学院与当地标志性项目展开全方位、多元化合作，为其培养人才、提供服务，产生品牌影响效应后，以此为点向外辐射，形成影响力，为其他区域孔子学院"中文＋职业技能"教育发展提供示范。第二，争取国家政策支持，激发中资企业的积极性。如通过减免税收等方式鼓励"一带一路"中资企业多方位参与"中文＋职业技能"教育的创新实践，为中文学习者提供见习和实习的平台，为学员提供培训和就业的机会。第三，科学规划"中文＋职业技能"教育的师资培养机制，如创新孔子学院公派教师的选拔制度，吸取有职业教育经验的教师通过中文教学培训后到相关国家提供"中文＋职业技能"教育服务；国内高校应进一步完善汉语国际教育硕士培养方案，有计划地鼓励汉语国际教育硕士选修合作相关职业教育课程，力求对接产业需求。第四，支持有条件的高职院校增设汉语国际教育本科专业，有目的地储备"中文＋职业技能"教育的师资力量。

（二）研发专业标准体系，引领教育教学规范化发展

2021年3月，教育部、国家语委发布了《国际中文教育中文水平等级标准》，并于同年7月将这一标准付诸实施。《等级标准》的发布实施，是国际中文教育进一步走向规范化、标准化的标志。赵杨（2021）进一步指出，未来我国要制定针对不同类别、不同领域、不同对象的各种标准，构建国际中文教育标准矩阵，通过标准建设，掌握国际中文教育的话语权。马箭飞提出，要重点开发《职业中文能力标准》，基于国际中文教育既有知识库以及典型职业教育特征知识库和资源库，运用智能技术构建具有典型职业场景、统一等级特征以及指南性质的系列大纲，围绕标准体系设计课程、组织培训、开展考评。（教育项目研究组，2021）研制"中文＋职业技能"标准，对支撑"中文＋职业技能"教育高质量发展具有基础性和引领性作用。标准引领有助于"中文＋职业技能"课堂教学、测试与评估、个性化教材编写等实现内涵式发展。一方面，"中文＋职业技能"标准的研制应基于《国际中文教育中文水平等级标准》由音节、汉字、词汇和语法构成的"四维基准"，突显职业技能词汇，即按照职业技能类别规定各个等级应掌握的词汇数量。另一方面，在评价维度上，细化"话题任务内容"相关要求，明确常见职业技能领域话题任务完成的标准。

（三）重视区域国别调研，精准施策推动本土化发展

习近平总书记指出，调查研究是谋事之基、成事之道。没有调查，就没有发言权，更没有决策权。行业人才需求与职业院校人才培养不匹配的直接原因是对行业人才需求状况缺乏深入的调查与认识。高明（2020）提出，职业院校不了解有哪些企业在共建"一带一路"国家投资以及投资企业的需求，在共建"一带一路"国家的我国企业也不知道哪些职业院校可以帮助他们解决问题。没有深入的调研，就会出现"信息不对称"的问题，就难以做到精准施策。因而，要加强对"一带一路"区域与国家实地考察与调研、数据分析，充分了解中文教育在各区域、各国家的进展及效果，了解"一带一路"建设、中资企业带来的中文需求研究及相关国家在推进中文教育对接"一带一路"建设的具体措施，能够为制定"中文＋职业技能"内涵式发展方略提供一手信息资料，进而靶向发力。具体来说，一是加强"一带一路"各大经济走廊区域"中文＋职业技能"人才需求的调研，二是重点研究各区域内有中国标志性项目合作的国家对"中文＋职业技能"人才的需求情况，了解各经济走廊的重点项目、各国家的标志性项目需要哪些语言技能人才，就为其按需培养、配备哪些"中文＋职业技能"人才。

（四）搭建合作创新平台，促进产教融合协同发展

国际中文学习需求日益强盛，尤其是共建"一带一路"国家对"中文＋职业技能"教育的需求更为迫切。只有持续吸引和凝聚各方力量积极参与，才能不断夯实中文教育的社会和民意基础。"中文＋职业技能"教育需要搭建更多的合作平台，创新思路，积聚各方力量合力打造，才能让"中文＋职业技能"教育在共建"一带一路"国家落地生根、开花结果。一是深化孔子学院与当地中资企业的合作，调研企业语言人才需求，根据供需关系按需定制、按需培养人才。二是加强孔子学院、中资企业与当地职业技术学校的三方合作，让"中文＋职业技能"的课程走进去、融进去，既满足当地职业学校的语言学习需求，又加强其职业技能培训，为胜任"一带一路"各行业、各领域建设奠定基础。三是建立孔子学院与国内高校合作平台，以便国内高校为与"一带一路"建设相关行业派出或储备"中文＋职业技能"教育师资。四是加强孔子学院"中文＋职业技能"教育教师与当地企业专家的合作与沟通，为优化课程设置与教学方法提供有力保障。五是增强高职院校、孔子学院与"一带一路"标志性项目的合作，"一对一"为当地标志性项目培养"中文＋职业技能"人才。如"中白工业园"是新亚欧大陆桥的标志项目，白俄罗斯孔子学院就可以打造"中文＋中白工业园项目"，调研中白工业园需要的语言职业教育人才需求，按需培养、按需施策。六是形成区域孔子学院院际合作共同体，资源、智库共享，携手共进。

（五）科技引领数字赋能，提质增效助推高质量发展

新冠疫情防控的常态化，客观上推动了线上教学的大规模开展，"互联网+"背景下的智慧教育技术已成为全球教育领域关注的热点。"中文+职业技能"教育也要借力现代信息化技术手段，积极运用多媒体技术、网络技术、人工智能技术，推进智能"中文+职业技能"教育建设，提质增效，实现高质量发展。第一，建立"中文+职业技能"教育学习平台，让中文学习者可以跨越时空的限制，通过网络平台根据个人职业技能需求在线学习课程。第二，建立健全数字课堂教学体系，加强国际中文教育资源共享，使教学资源集群式发展。通过使数字课堂教学规范化、常态化，最大限度发挥网络教学资源作用，推动"中文+职业技能"教育的内涵式发展。第三，提供智能"中文+职业技能"语言学习产品，让学习产品成为中文学习者的学习必备品，随时助力学习者掌握职业相关词汇。如赋能"小爱同学"智能音箱，让"小爱同学"在双语或多语翻译、"中文+职业技能"专业术语查询等方面发挥作用。第四，树立国际中文教师的数字技术观。国际中文教师要把数字技术与教学理念、教学内容、教学方式有机结合起来，结合学习者的学习特点和心理特征，利用数字技术整合数字资源，打造精品数字教学资源，采用学习者乐于接受的教学方式，将教学资源以多模态的、立体的方式呈现给学习者，以降低学习者学习中文的难度，增加学习者的兴趣和学习汉语的信心。第五，应通过即时反馈和及时调适，精准服务相关国家的中文教育，联通相关国家的语言文化交流，助力经贸、教育等多领域实现融合发展，促进"一带一路"全域实现人才共育、经济共荣、文化共生的发展新格局。

"中文+职业技能"教育前景广阔，大有可为。六大经济走廊建设离不开"中文+职业技能"教育的助力。"中文+职业技能"教育要逐步攻克标准建设、师资培养、产教协同等方面的挑战，实现内涵式、高质量发展，助力"一带一路"建设。

参考文献

安蓓、谢希瑶、温馨（2021）共建通向共同繁荣的机遇之路——习近平总书记谋划推动共建"一带一路"述评，https://www.yidaiyilu.gov.cn/xwzx/gnxw/199524.htm，2021-11-19。
陈莹（2019）人类命运共同体视域下中国国际教育援助，《暨南学报》（哲学社会科学版）第11期。
丛培影（2022）六大经济走廊在"一带一路"中的战略价值与发展路径，https://china.chinadaily.com.cn/a/201908/23/WS5d5fd12ba31099ab995db537.html，2022-05-01。
高明（2020）职业院校服务"一带一路"建设的现状、障碍和对策，《现代教育管理》第10期。
耿虎、马晨（2021）"一带一路""中文+"教育发展探析，《闽南师范大学学报》（哲学社会科学版）第1期。
和震、柳超（2021）职业教育规划需要人才需求预测的优化，《现代教育管理》第1期。
教育项目研究组（2021）构建"中文+职业技能"教育高质量发展新体系，《中国职业技术教育》第12期。
李宝贵、李辉（2021）中文国际传播能力的内涵、要素及提升策略，《语言文字应用》第2期。
李宝贵、刘家宁（2021）新时代国际中文教育的转型向度、现实挑战及因应对策，《世界汉语教学》第1期。

李宝贵、庄瑶瑶（2020）中文纳入"一带一路"沿线国家国民教育体系的特征、挑战与对策，《语言文字应用》第 2 期。
李晓东、刘玉屏、尹春梅（2021）中亚本土"中文 +"复合型人才需求分析与培养方略研究，《齐齐哈尔大学学报》（哲学社会科学版）第 1 期。
林成华、徐宝敏（2019）"一带一路"倡议下孔子学院亟须拓展职教职能，《中国教育报》，2019-9-24。
刘玉屏、李晓东、郝佳昕（2021）国际中文教师数字能力现状与影响因素研究，《民族教育研究》第 3 期。
罗小如（2021）"一带一路"背景下非洲孔子学院"中文 +"教育发展探究，《文教资料》第 8 期。
钱蔚（2021）"一带一路"通世界利天下，https://www.yidaiyilu.gov.cn/xwzx/gnxw/199675.htm，2021-11-20。
汤永川、潘云鹤、张雪、黄江杰（2019）"一带一路"沿线六大经济走廊优势产业及制造业国际合作现状分析，《中国工程科学》第 4 期。
田立新（2021）在《国际中文教育中文水平等级标准》新书发布会暨国际学术研讨会上的致辞，《国际汉语教学研究》第 2 期。
王春辉（2021）历史大变局下的国际中文教育——语言与国家治理的视角，《云南师范大学学报》（哲学社会科学版）第 2 期。
吴应辉、刘帅奇（2020）孔子学院发展中的"汉语 +"和"+ 汉语"，《国际汉语教学研究》第 1 期。
赵灵山（2021）孔子学院年度发展报告 2020，中国国际中文教育基金会。
赵杨（2021）构建国际中文教育标准体系，《国际汉语教学研究》第 2 期。

（李宝贵　辽宁师范大学国际教育学院 libaogui2003@163.com

李辉　辽宁师范大学国际教育学院 lihui7370732@163.com）

来华留学生汉语学术写作能力的培养

高增霞

摘　要：高层次、高端专业型人才培养需求的增加，要求我们必须重视学术汉语能力的培养，尤其是学术汉语写作能力的培养。汉语学术写作能力应包括学术语言表达能力、学术篇章表达能力、科学思维能力。汉语学术写作能力的提高，不仅仅是汉语书面表达能力的提高，还必须是基于学生思辨能力或者批判性思维能力的提高。因此，学术汉语写作能力的培养，是一个长期的过程，需要建立包括不同阶段、不同层次的汉语学术写作能力课程体系和相应的教材体系。

关键词：汉语学术写作能力；学术汉语；汉语写作教学

学术写作，指的是与学术语篇有关的写作实践活动。自 2021 年 7 月 1 日起正式实施的《国际中文教育中文水平等级标准》（GF0025-2021）对高等水平写作技能的评价标准进行了等级划分，从第七级到第九级，每一级都列出了专业论文的标准，并且首次明确了学术写作能力作为中文高级水平标志的重要地位和培养目标，对未来对外汉语写作教学改革是一个重要的风向标。其实，随着近年来来华接受学历教育的国际学生数量激增，学位论文的写作及教学早已引起学界的广泛关注。金宁（1998），罗青松（2004），亓华（2006），陈淑梅（2012），孔凡娣（2015）等较早关注留学生本科毕业论文写作中出现的问题；张珊（2015），朱立婷（2019）等注意到留学生研究生在学位论文写作中出现的问题，石琳（2015），郭涵宁（2016），邓淑兰（2017），刘斯婧（2020）等讨论了学术汉语写作的课堂教学问题；单韵鸣、安然（2009），高增霞、栗硕（2018），宋乐乐（2019）等探讨了学术汉语教材建设的问题。高增霞、刘福英（2016），李海燕、张文贤、辛平（2020），周珍洁（2020）等调查了留学生的学术汉语学习需求及课程建设问题。

学术写作不等于毕业论文写作，但是毕业论文写作是目前汉语学术写作教学最现实、也最迫切的服务目标。当前，各高校都开设了或者计划开设学术论文写作课程或学术论文写作指导课程，只不过对于这些课程的教学内容、教学目标还不明确，也未达成统一认识。但是有一点是清楚的：学生的汉语论文写作水平，绝不是一个学期的论文写作指导课程就能够解决的，合格的汉语学术论文的写作，是建立在长期的汉语学术写作能力培养的基础上的。因此，来华留学生汉语学术写作能力的培养应该是一个长期的、系统的过程，需要顶层设计。

一、来华留学生汉语学术写作能力的构成

汉语学术写作训练，首先需要明确要培养学生哪些方面的能力。关于这方面的研究处于起步阶段，但是英语等其他学术写作的相关研究很多，值得借鉴。汉语学术写作与其他语言的学术写作有相通之处，同时也有自己的特点，因此需要根据学习者的需求和容易出现的问题进一步明确应该培养哪些方面的能力。

（一）学术写作的特点

二语教学中的学术写作属于专门用途写作，与通用写作不同，学术写作服务于某个领域学科或问题的研究和探索。相比之下，学术写作大致有以下特点。

第一，专业性。学术写作是为科学研究服务的，是带有强烈目标的功能性写作，学术语篇带有显著的专业特征，大量使用专业术语，是建立在已有学科研究基础之上，有比较明确的读者群。

第二，模式化。学术语篇有比较固定的组成部分，其顺序也比较固定，如：题目—摘要—正文（引言/绪论—主体—结论/结语）—参考文献。每一部分也有比较固定的语步，例如，摘要的一般模式包括导言、方法、结果、讨论，而引言写作中常常包括释题、背景、评述、设计等。

第三，客观严谨，逻辑性强。普通语篇多为文学创作，为了表达观点常常允许自由发挥想象。而学术语篇必须以事实为基础，所陈述的观点是以事实为依据，不允许脱离事实的想象和虚构，而是要求缜密的逻辑推理，准确的专业表达。

（二）外语界关于学术写作能力的认识

对于学术英语写作能力，郭强（2006）认为是语言能力、社会语言和文化对比能力、交流策略使用能力和篇章构建能力的综合体现。熊淑慧、邹为诚（2012）认为可以从三个方面培养：学术论文的语篇规则；学术语言；科学思维。齐彬（2014）指出英语学术论文写作能力由七种子能力构成：学术思维能力、理论能力、应用能力、工具能力、文献能力、专业能力和话语能力，其中应用能力起核心作用。

以上研究成果，尽管分类多寡不同，但是所关注的核心内容，不外乎学术能力和语言能力两个层面。学术能力指的是从事学术研究的相关素质，包括写作者的研究能力、专业知识掌握情况和专业识见，语言能力包括篇章结构、词语表达、写作规范等方面。一篇学术论文，必须同时具备学术能力和语言能力，二者互为表里，缺一不可。但是，学术能力属于专业领域及个人专业素养方面的能力，虽然在外语课上也可以得到提高和发展，但是不应该属于外语教学的教学目标，也不是外语课一门语言课程所能负担得了的。在外语教学中能够进行培

养的，只有一般的学术思维、学术方法、学术研究程序等内容。外语教学的主要目标仍然应该是语言能力。

就写作结果来看，学术写作与普通写作不同的地方在于，学术语篇是在遵循基本的普通写作规范的基础上，遵循学术规范写作的结果。学术规范构成了学术语篇的风格或体裁特点，学术写作当然要训练学术篇章表达，但是，还应该同样重视普通写作技能的训练，因为普通的语言表达技能是更基础的写作技能，所谓"水涨船高"，只进行一些特别的学术表达技巧，而忽视了普通的语言写作技能练习，仍然不能有效提高学生的学术写作水平。

（三）当前留学生汉语学术写作中比较普遍的问题

根据孔凡娣（2015）、张珊（2015）等的调查，来华留学生在毕业论文撰写上存在的问题主要是文献研究法运用不规范，分析不深入。题目过大，摘要和关键词不规范，与论文内容脱节；主体部分结构不完整，引用不权威、不规范等问题。摘要写作中出现的问题主要有字词、语法、标点符号、要素、人称和分段。

无独有偶，根据熊淑慧、邹为诚（2012），英语二语学习者在论文写作中出现的问题表现在学术词汇、语法、文献阅读、体裁和写作修辞能力偏弱，学术写作规范知识不足，摘要格式不规范，逻辑关系不明，语篇与文体知识欠缺导致的结构不完整或结构冗长，语法错误等方面。

可见，二语学术写作有一些问题是有共性的，如：学术规范问题、词汇语法等语言问题、篇章结构及格式问题、逻辑问题等。其中逻辑虽然并不单纯属于语言问题，但是在写作尤其是学术语篇写作中具有非常重要的作用。么书君（2005）在其教学实践中发现，对于高年级的本科韩国留学生来说，写作中表现出来的问题主要是缺乏文体知识和缺乏论文思维。后者主要表现为：思路狭窄、肤浅，看问题表面化、眼光单一化。缺乏观察思考的习惯和论证说理的逻辑思维。这一现象在对外汉语教学中非常有代表性，值得重视。孔凡娣（2015）、张珊（2015）研究中所提到的分析不深入、分段有误等问题，都是缺乏学术思维训练造成的。以上研究还表明，与英语学术写作不同，汉语学术写作中论文标题过大、摘要关键词与正文脱节、引用不权威等问题相对更突出，这些问题的存在，说明汉语学习者在学术研究素养方面是有欠缺的。罗青松（2004）的研究也发现留学生本科毕业论文写作中暴露出语言运用偏误、知识储备不足、缺乏构思论文的能力和综合分析能力等三个问题，三个问题中有两个是学术素养的问题。根据我们的调查，相当一部分来华攻读研究生的国际学生没有经历过毕业论文写作。（高增霞，2020）所以对于汉语学术论文教学而言，学术规范和学术素养的提升，是更为突出的任务。因此，我们赞成熊淑慧、邹为诚（2012）的看法，认为科学思维的能力应该是学术写作能力中的一个重要组成部分。

（四）汉语教学中应该培养的学术写作能力

综上，我们认为，学术论文写作作为对外汉语教学课程中的教学内容，其性质仍然属于语言技能教学，即写作技能的训练教学。汉语学术论文写作能力即在撰写汉语学术论文过程中体现出来的能力，具体包括学术语言表达能力、学术篇章表达能力、科学思维能力。

学术语言表达能力包括一般书面语表达能力和运用特殊学术表达格式的能力。

学术篇章表达能力包括具有学术篇章体裁意识、学术篇章结构能力、文献引用能力及遵循学术规范的能力。

科学思维能力包括批判性阅读能力、辩证分析能力、逻辑推理能力等。

学术篇章表达是遵循学术规范、依照学术研究程序、组织语言进行表达的过程，因此学术写作教学涉及学术研究程序讲解、学术规范讲解、学术篇章表达讲解三个方面。学术规范是遵循特有的学术程序及篇章写作的规则，学术研究程序即选题、查阅梳理使用资料、确定研究目标、研究设计、设计实施、得出结论解决问题等研究环节，这些构成了学术语篇的体裁特点。

在这些能力中，文献引用能力是学术写作显著区别于普通写作的能力。文献引用是学术写作的重要组成部分和典型特征之一。（Petric，2012；Hyland，2000 等）学术写作其实就是对各种观点的求证、关联、比较、应用，因此必须使用如文献材料等外在知识资源，（Paltridge & Starfield，2013）文献引用能力的掌握，是写出规范的学术论文的前提和保证，无论是对来华留学生还是本地学生都一样重要。

来华留学生区别于本地学生的最显著的特征是语言能力的欠缺和对汉语写作模式的不熟悉。吴勇毅（2020）指出："许多专业的硕士生导师、博士生导师不愿意带外国学生的一个重要原因就是学生看不懂汉语的学术论文（参考文献），不能（能力不够）或不会（不知道如何）用汉语写学术论文，甚至听不懂用汉语上的专业课。"从我们的调查（高增霞，2020）和教学实践中也可以看出，留学生研究生对于汉语论文写作的焦虑主要来源于不熟悉汉语学术论文写作的套路，不知道如何正确表达，不能够恰当地整合和运用文献。因此，对于来华留学生的学术写作教学来说，应该将语言表达能力和文献引用能力作为教学重点。

二、汉语学术写作能力培养现状

学术写作能力的获得是一个长期的发展过程，在毕业论文写作之前来华留学生学历教育所有的汉语写作训练其实都是为了帮助学生提高写作能力和学术素养。以毕业论文写作为标志，二语写作能力的培养基本上可以分为三个阶段：学历教育前的预备阶段、论文写作前的准备阶段、论文写作中的个别指导阶段。个别指导属于个体教学，不在本文讨论范围内。下面，我们主要通过教材写作项目的设置管窥当前汉语学术写作能力培养的状况。

（一）学历教育的预备阶段

预备阶段的汉语学习是为接受学历教育做准备的阶段。国内各高校留学生本科或研究生入学条件一般包括 HSK 成绩达到 4 级及以上的标准。（张洁，2021）根据汉语考试服务网（www.chinesetest.cn），HSK5 级和 6 级考试对于书写方面的要求分别是：

5 级：第二部分，共 2 题。第一题提供几个词语，要求考生用这几个词语写一篇 80 字左右的短文；第二题提供一张图片，要求考生结合图片写一篇 80 字左右的短文。

6 级：考生先要阅读一篇 1000 字左右的叙事文章，阅读材料收回后，请将这篇文章缩写为一篇 400 字左右的短文，不需加入自己的观点。

这些试题考察的是组词成句和概述能力。水平测试是教学的指挥棒，对于教学具有引领作用。我们以《HSK 标准教程 6（上/下）》（姜丽萍主编，北京语言大学出版社 2015、2016 年出版；下文简称《标准教程》）为例说明综合教材中所体现出来的对汉语写作能力的培养。

《标准教程》6 级共 40 课，写作训练设置在练习"写一写"环节，共出现两种练习题型，一种是缩写，共 22 课，占全部的 55%，例如："这篇课文通过家庭生活中的一件小事告诉我们：虽然父母是孩子的启蒙老师，可有时孩子也是父母的老师。要想当好父母，首先要约束好自己的言行，请参考练习 5，把课文缩写成 300 字左右的短文。"另一种是话题作文，其中 13 课（占 32.5%）是讲故事或经历，例如："学完了这篇课文，请想一想，父母对孩子的爱只是简单的爱吗？有时候父母的做法可能孩子不理解，但其实都是对孩子的爱。你跟父母之间有这样的故事吗？请以'父母给我的爱'为题，写一篇不少于 300 字的文章。文章中请写清楚事情发生的前因后果，以及怎样通过这件事情感受到了父母之爱。"另外 5 课（12.5%）练习了调查报告（2 课）、介绍说明（2 课）、建议（1 课）等文体写作，例如："请对 3—4 个不同年龄不同国家不同职业的对象进行调查，主题是调查'你为什么学习外语'，将调查内容填入表中，课上向同学汇报，同时根据调查内容写一篇不少于 300 字的调查报告。"

从上面练习形式和内容来看，这些训练受传统语文写作教学影响较大。传统的语文写作强调的是以想象力为基础的文学创作，更注重人文情怀的培养，在篇章训练中更强调文学手段的修辞表达方式的训练。《标准教程》6 级课本的编写具有一定的代表性，从中能看出目前汉语教学领域综合课教材中对写作训练方式和训练目标的普遍认识。

相比较而言，相同阶段的英语二语写作训练更注重学术思维的训练。

托福和雅思考试成绩是很多英语国家高校录取时的依据。根据相关考试官网介绍，托福考试写作部分[1]要求考生在 1 小时内完成两篇作文：一篇要求就某一话题阐述自己的观点，300 词以上。另一篇先阅读一篇文章，然后播放一段与文章有关的演讲，要求考生总结演讲的观点论据，并陈述这些观点论据是如何反驳文章的论点论据的，150—225 词之间。雅思学术写作也有两个写作任务，[2]一个要求考生从所给图表等视觉性信息中提取信息进行描述，不少于 150 词，一个要求对所给看法或话题展开论述，不少于 250 词。这些测试考察的是读取

---

[1] https://www.toefl.cn/about-toefl-whats-on-the-test.php。

[2] https://www.chinaielts.org/guide/sample_questions.shtml。

和整理、表述信息的能力以及使用材料对论点进行论述的能力。

预备阶段综合性英语教材有 UNLOCK、THINK 等，这些教材高级阶段的写作名称即为学术写作。以 UNLOCK 3 为例，该教材读写分册①共有 10 个单元，每个单元的写作版块包括学术写作技巧、写作任务类型和写作任务的介绍，而且每个单元都为写作版块准备了写作语法（grammar for writing）和批判性思维（critical thinking）的相关训练。以第 2 课为例，写作技巧讲解文章的结构，练习内容是写三个描述段，描述婚礼的规矩习俗，写作语法是增加细节表达和介词短语，批判性思维部分是识别描述的篇章结构。可以看出，写作训练明确以学术写作为训练内容，将语言训练、篇章训练和思维训练同步进行。强调以材料数据为基础提出观点，而不是以想象为基础的文学写作。显然，这种训练为进入专业学习及论文写作奠定了坚实的语言与思维基础，非常值得汉语教材编写者学习借鉴。

（二）论文准备阶段

论文准备阶段，国内各个学校的做法及选择的教材各不相同，但大致有两种情况：一是为论文写作专设课程，例如中国人民大学为汉语言本科留学生论文写作设置的文献阅读与写作系列课程（李泉、段红梅，2010）及为研究生留学生设置的外语公共课汉语写作（高增霞，2020），大连理工大学国际教育学院在大三下学期、大四上学期设置的汉语言专业留学生本科毕业论文写作课（郭涵宁，2016）等，使用教材有《留学生论文阅读与写作（上/中/下）》《高级汉语写作·论文写作》《留学生毕业论文写作教程》等；一是只设置通用高级写作课程，采用的教材如《体验汉语·写作教程高级（Ⅰ/Ⅱ）》《发展汉语·高级写作（Ⅰ/Ⅱ）》等。

就教材而言，专门训练学术写作的教材，目前市场上只有上述三本，市场上主流写作教材还是通用高级写作教材，这些教材大多以记叙文、说明文、议论文为主要的训练对象。以岑玉珍编著《发展汉语·高级写作（Ⅰ/Ⅱ）》（第二版，北京语言大学出版社，2012）为例，共 24 课，3 课练习记叙文，2 课练习说明文，3 课练习观后感读后感，13 课练习议论文，1 课练习读书笔记，最后 2 课介绍毕业论文，显然两节课的篇幅只能做到简单介绍毕业论文的文体知识而不可能进行真正的习作练习。对照英语的通用写作教材，以黑玉琴主编的《高级英语写作》（西安交通大学出版社 2011 年出版）为例，安排了导论、定义、概括、批判性综述、综合性写作、分析性写作、立论、问题—对策、文献等 9 个单元，尽管是以普通的社会文化话题进行写作，但训练目标完全是学术写作技能。根据吕长竑等（2016）的介绍，美国高校对本科国际生设立的写作课程包括以培养学术英语能力为主的学术写作课程和为学生学习专业课程提供语言和专业能力支持的课程，课文内容多与文化话题和现象有关，训练的内容是学术写作、逻辑思维能力、批判性思维能力、学术阅读、学术道德及规范等内容。可见在英语写作课程体系中，对于学术写作能力的训练是一脉相承的，非常值得汉语二语写作教学借鉴。

---

① *Unlock 3: Reading & Writing Skills (Student's book),* Carolyn Westbrook, Cambridge University Press, 2014.

（三）小结

通过对写作课程体系的梳理和比较，可以看出，对外汉语教学界对于学生毕业论文写作前的准备工作是有所欠缺的，无论是课程设置还是教材编写，都缺乏对学术写作的关注和重视，写作课程所训练的内容受国内语文写作训练影响较大，比较侧重文学创作和人文情怀的抒发，但是对于学术素质的培养以及学术思维的训练都很不够。

三、提高汉语学术写作能力的对策

针对汉语学术写作能力培养现状，借鉴英语学术写作能力培养的方式方法，我们认为，目前应该加强学术汉语写作课程体系建设和教材建设，形成立体化、系统化的教学体系。

（一）进一步加强课程研究

学术写作能力绝不会从通用写作能力自动转化而来。（吕长竑等，2016）学术写作能力需要培训，只有通过不断的实践训练才能将通用写作能力转化为学术写作能力。另一方面，学术写作训练需要通用写作能力的支撑，通用写作能力对学术写作能力的提高有重要的影响，二者是相辅相成的关系。这种训练的主要战场是学术汉语写作课。我们的教学实践也说明，开设专门的学术汉语写作课，对于留学生研究生的学术写作能力的提升是非常有帮助的。

高增霞（2020）根据2016—2018年三个学年三个班的留学生研究生学术汉语课的数据，比较了参加学习和没有参加课程学习的学生在汉语学术写作上的表现，发现尽管选择不参加课程学习的学生汉语水平普遍高于参与课程学习的学生，学期末参与课程学习的学生在撰写论文标题、参考文献、引用、摘要方面的能力明显优于没有参与课程学习的学生。出现问题最多的是参考文献和引用，其次是摘要和关键词。问题最少的是正文结构。这说明，对于留学生研究生来说，学术写作不同于普通写作的地方也是学习的难点，需要不断地重复练习才能掌握。

但是一门课程的力量毕竟是有限的，郭涵宁（2016）的教学实践也指出"学术论文写作的训练应该是一个长期的过程"，认为训练过程应该前移到大二。我们认为，也许篇章结构和语言练习有望能够在一两年内有很大的提高，但是知识储备和学术思维却不能在短时期内得到解决。而且也不可能单纯靠语言课得到完全解决。但是我们需要在语言课上关注学术思维的训练，语言学习的过程也应该是知识储备、思维水平不断提升的过程。这方面，英语二语的教学有很好的经验值得借鉴。比如，在入学前的预备阶段，就开始进行一些批判性思维的汉语读写训练。在HSK高级写作部分改革之后，汉语教学中比较关注对资料信息的获取和概括能力，但是训练的素材多为故事类资料，缺乏对其他体裁的材料进行信息提取和综合概括的训练；而议论文的写作练习也多限于感悟，而不是基于文献资料的写作，这些都不利于汉语学术写作能力的提高。

（二）进一步加强汉语学术写作教材开发和建设

高增霞、栗硕（2018）指出学术汉语写作教材的编写和开发建设工作可以说已经具备了非常充分的条件，应该坚持以写作技能训练为核心的原则，以写作技能训练为主、论文规范知识为辅，进行立体化、系列化教材编写。目前市场上面向留学生的专门论文写作教材仅有3套（《留学生毕业论文写作教程》《高级汉语写作·论文写作》《留学生论文阅读与写作》），显然还存在很大的开发空间。

在学科领域方面，目前的几本教材都是以社科方向的汉语学习者为教学对象，缺乏理工科、医学专业汉语学术写作的教材，除了大类的区分，还可以在小类上进行区别，例如除了汉语言专业留学生，还可以开发出以经济、新闻、商学等专业留学生为对象的教材。

在教学阶段上，除了留学生研究生入门基础课教材和本科留学生毕业论文撰写前的写作课教材之外，还可以开发在入学预备阶段的学术汉语写作教材。不过目前来看，入学预备阶段的学术汉语教学还需要等待高校录取政策、汉语水平测试评价体系等多方面的条件成熟。

（三）利用考试杠杆推动学术汉语写作能力培养

《国际中文教育中文水平等级标准》已于2021年7月1日正式实施，相应的中文水平考试高级部分也即将面世。据介绍，"HSK将依据《标准》，在保持现有六个级别考试稳定的基础上，首先增加HSK7—9级，形成'三等九级'考试等级体系，现行的HSK1—6级考试近期不会调整"。[①] 这说明在最近的将来，可能会在中文高级水平测试中出现对学术写作能力的考察，而现在1—6级考试将不会有变动。对于学术汉语能力的培养来说，前者肯定会带来极好的推动，而后者则说明整体的改革还需要相当长的一段时间。

水平测试作为一个重要的风向标，对于教学方向的引领起着重要的作用。当前几乎所有的国内大学在进行国际生本科生、研究生招生时都是以HSK成绩为标准，吴勇毅（2020）、张洁（2021）都提到目前的来华留学生入学标准是造成学生入学后专业学习和研究困难重重的一个重要原因。根据前文分析，当前的中文水平考试在写作能力上考察的并非学术写作能力，所以，非常有必要专门开发针对非母语汉语学习者在学术语言任务环境下真实学术语言能力的水平考试，以此为杠杆，促使学习者重视学术汉语能力的提高。

进入21世纪以来，国际中文教育出现了很多利好趋势：中文被纳入多个国家的国民教育体系，学习者学历层次大幅度提高，学历生逐渐成为留学主力。吴勇毅（2020）高度评价了这一现象，认为这"是一个标志性的转折，是改革开放至今的第一次翻转（甚至是新中国成立70年以来的第一次翻转）"。高层次、高端专业型人才培养需求的增加，要求我们必须重视学术汉语能力的培养，尤其是学术汉语写作能力的培养，"我们应该大力开展对学术汉语本身、学术汉语习得与学术汉语运用的研究，探索出一条高效的培养外国学历生的学术汉语阅

---

① https://mp.weixin.qq.com/s/JmWirdtSOMK4GenuVQLx7w。

读能力和写作能力的新路子，让他们真正成为汉语学术共同体的成员"（吴勇毅，2020）。为达到这个目的，有必要加强汉语水平考试的顶层设计，研究、开发学术汉语能力的水平考试，制定汉语学术能力水平标准，以指导国际中文教学。

四、结语

国际中文教育发展的可喜局面，要求我们必须加强顶层设计，在继续做好大众化、普及化的汉语教学的基础上，关注现在及将来汉语高层次、高端专业型人才培养的需要，及时展开学术汉语能力培养研究，通过开发新的汉语学术能力水平考试、丰富学术教材建设、不断推动学术汉语课程体系改革。而其中学术汉语写作能力的培养，在当前更为急切，也更具体可行。

学术汉语写作能力的培养，不仅仅是汉语书面表达能力的提高，还必须伴随或者说基于学生思辨能力或批判性思维能力的提高。在教学中，写作能力的训练与思辨能力的训练必须同时进行。学术汉语写作能力的培养，应着力培养学生的书面语表达能力、论证能力和互文能力。而在论文写作训练之前，应通过充分展开论说文的训练提高学生的汉语论证能力。

学术汉语写作能力的培养，是一个长期的过程。学术汉语写作的培养目前首当其冲的是为留学生学位论文写作服务，最直接的是在学位论文写作过程中培养和提升学生发现、分析和解决问题的能力及思维能力和文字能力、严谨作风和规范意识等能力和素养。（李泉、王雪娇，2022）不仅仅是学位论文写作阶段，为毕业论文的写作服务，更需要提前到专业学习之前，例如在预科阶段、本科学习阶段等，因此需要从整体上、系统地考虑，不能仅仅"头疼医头"，只为用汉语写作毕业论文服务，而是要放开眼光，建立起一个包含不同阶段、不同层次的汉语学术写作能力课程体系。

参考文献

陈淑梅（2012）汉语言本科专业留学生论文写作指导课课程设置浅议，《海外华文教育》第1期。
邓淑兰（2017）如何在留学生毕业论文写作教学中培养图式意识，《海外华文教育》第6期。
高增霞（2020）留学生研究生汉语学术论文写作需求及能力调查，《云南师范大学学报》（对外汉语教学与研究版）第6期。
高增霞、栗硕（2018）学术汉语写作教材建设刍议，《云南师范大学学报》（对外汉语教学与研究版）第6期。
高增霞、刘福英（2016）论学术汉语在对外汉语教学中的重要性，《云南师范大学学报》（对外汉语教学与研究版）第2期。
郭涵宁（2016）留学生本科毕业论文写作课教学模式探讨，《国际汉语教学研究》第4期。
郭强（2006）论非英语专业博士生英语学术写作能力的培养，《学位与研究生教育》第2期。
金宁（1998）论汉语言专业留学生毕业论文的写作与指导，《河南教育学院学报》（哲学社会科学版）第4期。
孔凡娣（2015）《留学生本科毕业论文统计与分析》，中国人民大学硕士学位论文。

李海燕、张文贤、辛平（2020）本科留学生学术汉语写作课需求调查与课程建设：以北京大学本科留学生学术汉语写作通选课为例，《国际汉语教育》第1期。

李泉、段红梅（2010）来华留学生汉语言本科专业建设问题探讨，《云南师范大学学报》（对外汉语教学与研究版）第3期。

李泉、王雪娇（2022）学位论文写作：汉语国际教育专业硕士人才培养的关键环节，《天津师范大学学报》（社会科学版）第2期。

刘斯婧（2020）《汉语国际教育外国专业硕士学术写作课设计研究》，山东大学硕士学位论文。

罗青松（2004）汉语言专业留学生毕业论文指导初探：谈对外汉语学历教育高级阶段写作教学的原则与方法，载《第七届国际汉语教学讨论会论文选》，北京大学出版社。

吕长竑等（2016）美国高校学术写作课程体系调查研究，《外语界》第4期。

亓华（2006）留学生毕业论文的写作特点与规范化指导，《云南师范大学学报》（对外汉语教学与研究版）第1期。

齐彬（2014）英语学术论文写作能力的构成与培养，《未来与发展》第4期。

单韵鸣、安然（2009）专门用途汉语课程设置探析——以《科技汉语》课程为例，《西南民族大学学报》（人文社科版）第8期。

石琳（2015）《留学生学术汉语写作教学研究》，中国人民大学硕士学位论文。

宋乐乐（2019）《基于需求分析的学术汉语教材研究：以〈高级汉语教程〉为例》，北京外国语大学硕士学位论文。

吴勇毅（2020）国际中文教育"十四五"展望，《国际汉语教学研究》第4期。

熊淑慧、邹为诚（2012）什么是学术英语？如何教？：一项英语专业本科生"学术英语"的课堂试验研究，《中国外语》第2期。

幺书君（2005）韩国留学生汉语学历教育高年级写作课教学探索，《海外华文教育》第3期。

张洁（2021）来华留学生本科入学中文水平标准的探索，《国际汉语教学研究》第3期。

张珊（2015）《中央民族大学汉语国际教育硕士外国留学生论文摘要问题研究》，中央民族大学硕士学位论文。

周珍洁（2020）《留学生学术汉语课程需求调查与分析》，云南师范大学硕士学位论文。

朱立婷（2019）对留学生毕业论文的分析与反思：以汉语国际教育专业尼泊尔学生为基础，《汉字文化》第5期。

Hyland, K. (2000) *Disciplinary Discourses: Social Interactions in Academic Writing*. Pearson Education Limited.

Paltridge, B. & Starfield, S. (eds.) (2013) *The Handbook of English for Specific Purposes*. Wiley-Blackwell.

Petric, B. (2012) Legitimate textual borrowing: Direct quotation in L2 student writing，*Journal of Second Language Writing* 21 (2)：102-117.

（高增霞　中国人民大学国际文化交流学院　gaozengxia@aliyun.com）

融媒体时代汉语学习词典编纂面临的机遇与挑战*

蔡永强

摘 要：融媒体汉语学习词典面临很多超越传统纸质词典的重要机遇，可以突破篇幅限制实现内容扩容，通过文字、图片、符号、音频、视频、动画等多模态输入使得传统纸质词典的内涵得到延伸、外延得到拓展，超越时空限制进行词表及内容的动态更新，通过超链接等形式进一步拓展学习空间，实现线上线下以及不同工具书之间信息互通和共享。虽然也面临与传统纸质词典相同的挑战、语料库建设的紧迫性以及信息来源准确性及适切性等挑战，但长远看来机遇大于挑战，编纂出理想的融媒体汉语学习词典即将成为现实。

关键词：融媒体；汉语学习词典；机遇；挑战；模态

"媒体"一词在《现代汉语词典》（第 7 版）中解释为"指交流、传播信息的工具，如报刊、广播、电视、互联网等"，顾名思义，"融媒体"当为融合了报刊、广播、电视、互联网等媒体形式的交流与传播信息的工具。融媒体理念源于习近平总书记 2019 年 1 月 25 日在人民日报社举行的十九届中共中央政治局第十二次集体学习时的讲话，讲话指出要加快推动媒体融合发展，构建全媒体传播格局。媒体融合即融媒体，是随着二十世纪以来人工智能、5G、AR/VR 技术以及大数据等智能技术的飞速发展而形成的传统媒体与新兴媒体的融合形式。不可否认，新技术支撑体系下滋生的手机及平板移动终端、网络、数字报刊、数字广播影视、桌面视窗、触摸界面等新媒体形式已经成为融媒体的重要支撑。严格来讲，融媒体既是传统媒体和新兴媒体的融合，更是新兴媒体形式之间的融合，正如习近平总书记在讲话中指出的，"传统媒体和新兴媒体不是取代关系，而是迭代关系；不是谁主谁次，而是此长彼长；不是谁强谁弱，而是优势互补"。以习近平总书记"加快推动媒体融合发展"的要求为契机，中国辞书学会于 2019 年 3 月 22 日至 23 日在鲁东大学举行了融媒体辞书专题研讨会，集中探讨了融媒体理念及融媒体辞书的理论与实践问题。与此同时，探讨融媒体与汉语学习词典编纂的研究成果也相继问世，如亢世勇（2020），唐舒航（2021），解竹（2021），王兴隆、亢世勇（2021），杨玉玲（2022），章宜华（2022）等，都从不同角度或层面解析了融媒体理念与汉

---

* 本文为国家社科基金重大项目"白话报刊多层标注语料库建设与研究（1815—1949）"（项目编号：22&ZD306）的研究成果。

语学习词典的编纂及出版问题。

讨论融媒体理念与汉语学习词典编纂的意义不在于简单思考如何运用融媒体理念，而在于如何深度挖掘融媒体理念给汉语学习词典的编纂与出版带来的积极影响，以及如何通过融媒体理论与技术克服传统纸质汉语学习词典编纂与出版中存在的问题或困难。本文试图探讨融媒体时代给汉语学习词典编纂带来的机遇及挑战，以期为汉语学习词典的编纂与出版提供解决方案。

一、汉语学习词典编纂面临的机遇

（一）基于纸质词典篇幅限制的扩容成为现实

融媒体词典的显著特征在于将纸质词典的平面化推向立体化，文本显示充分融合文字、图片、符号、音频、视频、动画等多种模态，文本篇幅无限大成为可能。传统纸质平面词典囿于篇幅，往往存在不可弥补的缺陷，如"由于词典篇幅所限，一些常用的词还没收进来，收词的平衡性、配套性有所缺失"。（张志毅，2020）然而，这种由于受限篇幅而造成的缺陷在融媒体词典中将被轻松解决。

首先，词典[①]收词量不再受到篇幅限制。传统纸质词典的选词立目基本参照各种类型的词汇大纲，例如，《高等学校外国留学生汉语教学大纲（长期进修）》（国家汉办编，北京语言文化大学出版社 2002 年版）、《汉语水平词汇与汉字等级大纲》（国家汉考中心编，经济科学出版社 2001 年版）、《高等学校外国留学生汉语言专业教学大纲》（国家汉办编，北京语言文化大学出版社 2002 年版）、《新汉语水平考试大纲 HSK1~6 级》（国家汉办 / 孔子学院总部编，商务印书馆 2009 年版）、《汉语国际教育用音节汉字词汇等级划分》（教育部、国家语委编，北京语言大学出版社 2010 年版）、《国际汉语教学通用课程大纲》（孔子学院总部 / 国家汉办编，北京语言大学出版社 2014 年版），以及新近出版的《国际中文教育中文水平等级标准》（教育部、国家语委 2021 年 3 月 24 日发布，北京语言大学出版社 2021 年版）等。刘镰力（2000）《汉语 8000 词词典》（北京语言文化大学出版社），邵敬敏（2000）《汉语水平考试词典》（华东师范大学出版社），鲁健骥、吕文华（2006）《商务馆学汉语词典》（商务印书馆），施光亨、王绍新（2011）《汉语教与学词典》（商务印书馆），郭先珍、张伟、周行健（2015）《汉语 5000 词用法词典》等汉语学习词典的选词立目就是依据上述系列大纲生成的。之所以选择数量有限的词语进入词典，一方面是照顾到学习者的语言水平和学习需要，更重要的则是受限于词典的篇幅。我们发现，一些高级水平的外国留学生宁可选择使用《现代汉语词典》也不使用汉语学习词典，根本原因在于学习者觉得《现代汉语词典》收词量足够大，基本上

[①] 下文如无特别说明，"词典"均指"汉语学习词典"。

可以满足词语查询需要。以网络形式呈现的融媒体词典完全不受篇幅的限制，在收词量上尽可放开收录，不但可以将《现代汉语词典》中的所有词语[①]照单全收，而且还可以根据社会发展情况及时收录一些新词新语。除了收录一些常规用词，对于有利于学习者整体学习的习用短语、习语等也可以收入，例如"得慌""我说呢""说的是""倒也是""不是时候"等等，以提高词典的使用效率。同时为了提示学习者词汇大纲规定的学习要求，可以对大纲收录的词语进行特殊标记。

其次，例语例句的呈现数量不再受限。例语例句是词项释义的延伸，对学习者学习领悟词语的意义和用法不可或缺。传统纸质词典限于篇幅，一般将例语例句的数量限定在五个左右，但实事求是地说，五个左右的例语例句似乎并不能有效诠释某些词项的具体用法，特别是在话题内容的覆盖面上不能囊括某些话题领域。对一个词项进行配例，我们往往根据不同的话题领域配置不同的例语例句，例如，《国际汉语教学通用课程大纲》（修订版）在附录部分列出的"汉语教学话题及内容建议表"共列出了个人信息、情感与态度、日常生活、身心健康、文化娱乐、家庭生活、节日活动、旅游与交通、学校生活、教育、语言与文化、文学与艺术、科学与技术、社会交往、价值观念、全球与环境、社会、自然等十八个话题（或主题），并在每一类的后面列出了具体的内容建议，这些话题及内容不但是教材编写的重要参照，也是词典编纂的重要借鉴。鉴于词典用户专业背景的复杂性，理想的词项的例语例句应该尽量覆盖足够多的主题或话题内容，以便于不同专业背景的学习者领会词项的意义和用法。例如，一般词典对"信息"的例语例句处理：

一条信息｜发信息｜互通信息｜信息社会｜我们正处在一个信息时代｜因为掌握了大量的最新信息，我们公司得到了迅速发展｜她出国以后，我们就没有得到她任何信息。（《商务馆学汉语词典》）

信息灵通｜互通信息｜获得信息｜披露信息｜想了解我最近的信息就请访问我的微博｜谁能提供这支乐队的最新信息？（《当代汉语学习词典》）

信息产业｜信息科学｜信息时代｜信息安全｜信息公开｜信息采集｜指纹信息｜垃圾信息｜传达信息｜获取信息｜网络信息平台｜短信是一种基于数字网络的双向信息传递活动。（《当代汉语学习词典》）

从上述配例的内容来看，《商务馆学汉语词典》和《当代汉语学习词典》对"信息"一词的例语例句设置并没有全覆盖《国际汉语教学通用课程大纲》（修订版）列出的"汉语教学话题及内容建议表"中的话题内容。在融媒体词典语境中，基于《国际汉语教学通用课程大纲》（修订版）话题内容的"信息"一词的例语例语至少应包括以下一些条目：

个人信息｜科技信息｜提供信息｜语音信息｜披露信息｜掌握信息｜信息时代｜信息安全｜采集信息｜传递信息｜获得信息｜信息技术｜信息化｜信息革命｜

[①]《现代汉语词典》（第7版）共收词目69000余条，基本上反映了当前现代汉语词汇的面貌，能够满足读者查考的需要。

选课信息｜交通信息｜学术会议信息｜信息产业｜热点信息｜获得信息的渠道｜商务信息｜信息交流和共享｜信息中心｜我们都联系不上她，你有没有她的信息？｜从哪里可以看到更多的科研信息？……

如果借助大规模语料库，我们还可以进一步丰富"信息"的配例，特别是具有完整语义背景信息的例句。与面向母语者的语文词典不同，对面向汉语二语学习者的学习词典来说，例语例句的配置数量对学习者学习领会词项的作用不可忽视，因为汉语学习者对词项的理解和应用并不仅仅基于意义的阐释，多角度多主题领域的例语例句展示能较快地让学习者掌握词项的用法。

（二）文字、图片、符号、音频、视频、动画等多模态展示成为现实，使得传统纸质词典的内涵得到延伸、外延得到拓展

传统纸质词典在释义时基本上使用文字表述，很少使用插图。截至目前，国内出版的各类外向型汉语学习词典数量不下 50 部，但配备插图的词典少之又少。这一方面是由于编纂理念的限制，例如在词典释义方面是否需要以及如何配置插图释义的问题，多数词典都没有充分考虑这一因素。另一方面则是文字篇幅的限制，和文字展示相比，插图会占用更多的版面空间，因此不宜过多使用。其实从理解难度及使用的角度来看，如果仅仅展示词项的文字释义，恐怕难以解决词典编纂中的一些现实困难，例如一些名词、动词、形容词的释义问题，如果单纯从释义的角度去解释，只能把简单问题复杂化。关于对词项的意义理解及用法掌握，王还（1994）早就指出，"我们用一个词并不是严格地按照定义去用的。学汉语的人就不是这样，他们是严格地按照定义去理解运用一个词的，如果我们给的定义只接触到表面现象而没有揭露出本质，他们往往就会用错。"王还先生的这个论断对于编纂外向型汉语学习词典非常具有启发意义，作为汉语母语者，对词语的理解和使用很大程度上是建立在语感之上的，但汉语二语学习者很难形成母语者的这种语感，对词语的理解和使用会"严格按照定义"，这对我们如何科学准确阐释词语的意义是一个巨大挑战。也正是由于这一原因，词语的释义问题才成为了词典编纂的核心问题。例如，兹古斯塔（1982）指出，"词义是词典编纂者所注意的中心问题。因为词典编纂者所有的裁夺，几乎都与在词典中如何处理词义有直接、间接的关系。"因此，释义"从一定意义上说是词典编纂的中心工作。一部词典的质量高低很大程度上取决于释义的质量"（胡明扬，1982）。释义"具有独特的功能，可以供词典编纂者定位语义信息、词典用户查寻语义信息……"（Hartmann & James，1998）。

因此，如何在单纯文字释义之外采取更加灵活实用的释义方式，对学习词典来说尤为重要。蔡永强（2016）指出，对外汉语学习词典的释义方式应该采取元语言释义、语境动态释义、插图释义、对译释义等多维释义模式，但无论采取何种释义模式，都必须以"有利于学习者理解和把握词项的意义和用法"为基本原则。对于传统纸质词典来说，这种多维释义模式无疑大大化解了词典释义的难度问题，但这些多元模式的运用毕竟是基于二维平面的，融媒体时代的汉语学习词典应该在二维平面释义模式的基础上大胆革新，增加符号、音频、视频、动画等多模态展示形式，进一步突破单纯文本展示的局限性。正如杨玉玲（2022）所说，融媒词典不能单纯依靠文字释义，应该充分利用图形、图像、符号、图表、语音、声音、视频等多种形式提高释义的可理解性。在网络、大数据、人工智能等新技术赋能融媒体编纂背景下，词项的立体化释义已成为可能。例如对乐器"钢琴""小提琴""手风琴""口琴""电子琴""竖琴"等的释义，可以在简单文字释义的基础上增加图片和音频、视频释义，学习者只要点一下图标就能听到各种乐器的声音、看到各种乐器的基本演奏方法。再如，对"打"类动词"打架""打包""打毛衣""打点滴""打哈欠""打呼噜""打瞌睡"等可以在简单文字释义的基础上增加图片、视频或动画释义。这种立体化释义模式几乎是单纯文字释义所不能比拟的，大大提高了学习者准确理解词义的可能性。

（三）超越时空限制，及时动态更新词表及内容表述

语言是随着社会的发展而发展的，词典内容的更新可谓词典的生命，如果一段时间内没有及时更新，就不能有效满足用户的多元化需求。因此传统纸质词典一般都在几年内就出版新的版本，对收词数量、内容等进行适时更新，[①]据我们了解，国内目前还没有再版过的外向型汉语学习词典，即均为一次性编纂出版的单行本。词典不再版就会渐渐淡出用户的视线而失去生命力，最终被置诸高阁成为古董。当然传统纸质汉语学习词典缺少再版的个案，主要还是由于用户少造成的，即我们编纂的汉语学习词典并没有进入用户的视野，关于这一点已有学者进行专门研究，如杨金华（2006）分析了外国学生未能广泛使用对外汉语词典的原因，章宜华（2010）调查发现为外国人学汉语编写的汉语学习词典或对外汉语词典销量很小，杜焕君（2010）指出近年来出版的汉语学习词典没有被汉语学习者普遍接受，等等。编多用少与不再版，久而久之形成恶性循环，词典便退出了市场。相反，如果词典出版后能够不断适时更新再版，就不排除被市场和读者接受的可能性，融媒体汉语学习词典为这种可能性创造了广阔的想象空间。

融媒体词典可以借助网络技术完全实现线上呈现，超越了纸质词典的时空限制，可以对收录的词目数量进行动态调整。例如，对一些退出语言交际的词语进行适时淘汰或加以特殊标注，同时也可以将伴随社会发展出现的新词新语及时收录进来。词语的更新是保持词典活力的重要手段，对于一些新词新语既可以专门设立"今日新语"专栏，（杨玉玲，2021）也可以将词目直接加入词典正文并做特殊标注。除了动态更新词典的词表，词典的释义及配例也

[①] 例如《现代汉语词典》，1960 年出版试印本，1965 年出版试用本，1978 年出版第 1 版，1983 年出版第 2 版，1996 年出版修订本第 3 版，2002 年出版增补本第 4 版，2005 年出版第 5 版，2012 年出版第 6 版，2016 年出版第 7 版。再如《牛津高阶英汉双解词典》，截至 2018 年已经出版到第 9 版（1994 年第 4 版、2002 年增补本第 5 版、2004 年第 6 版、2009 年第 7 版、2014 年第 8 版、2018 年第 9 版）。

需要进行适时更新。例如，现代汉语中的"借"是有方向性的，一个是借出，一个是借进，《商务馆学汉语词典》和《当代汉语学习词典》给出的释义及配例如下：

借：❶ 经过同意暂时使用别人的东西或钱；借进（和"还"相对）：从图书馆借书｜向朋友借钱｜我可以借一下你的钢笔吗？｜这是从同学那儿借来的篮球。❷把自己的东西或钱暂时给别人用，借出：班长常常借书给我看｜你还缺多少钱？我可以借给你点儿｜我把那本书借给同学了｜钱我可以借你，但没那么多。（《商务馆学汉语词典》）

借：❶ 暂时使用别人的钱物，过后须归还：借书｜借用｜借阅｜跟人借钱｜向他借支笔｜我借过他一百块钱｜向图书馆借了三本书｜把他的车借来用一下。❷把自己的钱物暂时借给别人使用：出借｜借书给他｜善本书不外借｜不要借给他钱｜我把钢笔借给同学了｜学校图书馆星期天不借书｜这本书借我看看｜请把笔借给我用一下｜幸亏他借了一把伞给我｜要是他向你开口，你借不借？（《当代汉语学习词典》）

两部词典在义项分合上均区分借进和借出并分别进行配例，但从意义理解和配例区分度来看，这些配例的类型重合度较高，并没有涵盖"借"的所有用法。例如，"借"还有以下用法：

1. 这本书可以借多长时间？
2. 正常情况下，可以借三个月，之后还可以续借。
3. 这本书很热门，我去图书馆借了三天了，还是没借着。
4. 这本书借了三天了，还一页没看呢。
5. 这笔钱借了三年了，到现在还没还上呢。

例1、2、4、5中的"借"意味着"持有"，其意义似乎与上述两部词典的解释不尽相同，例3、4"借了三天了"中的两个"借"的意义也存在差异。此外，例5中的"借"同时具有借进和借出意义，到底是借进还是借出好像只能根据语境来判断。鉴于此，融媒体汉语学习词典对于"借"的处理可以考虑增加一个义项，并增强对表示借进意义还是表示借出意义的形式标注，同时考虑增加类型1—5的配例。

再如，"打包"。《现代汉语词典》（第7版）解释为"❶ 用纸、布、麻袋、稻草等包装物品"，《当代汉语学习词典》在此基础上增加了一个义项"❸把在饭店买的饭菜装入餐盒以便带走"，义项❸的增加很具有与时俱进性。融媒体汉语学习词典应该将"打包"的义项❸收入，同时增加实用性配例，亦可在文字释义的基础上设置插图或视频释义，以提高词项意义及用法的可理解性。

（四）能够最大程度为学习者提供超链接等多种形式的拓展学习空间

学习者在使用词典的过程中产生的难懂、读不懂等理解问题基本上是由词汇障碍造成的，即词典在词项释义及配例过程中使用了难度超出用户理解水平的词汇。相较于《牛津高阶英语学习词典》等英语学习词典严格界定释义用词，我国当前出版的汉语学习词典对释义用词均未做出严格限定，或即使在理论上做了限定，但实际操作中并未严格遵守。① 蔡永强（2016）曾对比汉语学习词典与英语学习词典对"水"的释义，结果见表1。

表1 外向型汉语、英语学习词典对"水"的释义对比

释义原则	避免循环释义	紧扣词目进行释义，避免"顾左右而言他"	释文用词能在本词典中找到释义	以易释难，以简驭繁，以通用释冷僻
汉语学习词典		"人类生存、发展所必须的物质；生物体中必不可少的物质"没有紧扣词目释义	"氢""氧""化合物"并没有收入词典中	"氢氧化合物""沸腾""蒸汽""臭"等词语的使用不是以易释难、以简驭繁
英语学习词典		从特征、来源、处所及用途等方面说明"水"的意义，紧扣词目释义	释文用词均在3000或2000释义词语之内	"颜色、气味、味道、雨、湖、河、海、喝、洗"等释义用词通俗易懂

外向型汉语、英语学习词典对"水"的解释的对比揭示的问题是，汉语学习词典的解释没有紧扣词目，使用的部分释义用词在词典中找不到，对生僻词的使用不是以易释难、以简驭繁、以通用释冷僻，这些因素都会大大影响学习者对词项的理解程度。融媒体背景下的词典编纂，这些问题大概率可以得到解决或改善，即词典释文用词都能在本词典中找到释义，包括一些生僻用词。成功"找到"首先应该归功于融媒体词典的扩容，由于融媒体词典的收词范围达到甚至超过《现代汉语词典》，所以一般词汇都可以搜索到。其次应该归功于融媒体时代的丰富的网络资源，上文中提到的词语或专业性生僻用词均可以通过网络资源搜索到。无论是从词典本身搜索到还是通过网络资源找到，"超链接"功能都是必不可少的一项设计。

超链接，"指互联网上一个网页链接本网页或其他网页的目标信息（如文本、图片、应用程序等）"（《现代汉语词典》[第7版]），融媒体词典中的超链接可以界定为，词典释义文本及配例文本中的一个词语可以链接到其他页面中的词项及其释义，或链接到其他网络媒介的相关内容。例如，"水"的释义：

水（water）[名] 最简单的**氢氧化合物**，无色、无味、无**臭**的液体。(《汉语8000词词典》)

水〈名〉一种没有颜色、没有气味和味道的液体，0℃时结成冰，100℃时**沸腾**，变成**水蒸气**。(《商务馆学汉语词典》)

水〈名 n.〉[滴/瓶/片] 无色、无味的液体，是**氢**和**氧**的化合物，化学式为 H_2O water。(《汉语5000词用法词典》)

上述对"水"的释义难度是显而易见的，如果将黑体字设置成超链接，就可以直接为学

---

① 如《当代汉语学习词典》在"出版说明"中指出"释义用词较少，不超过4233个元语言，以及本词典收词"，这是国内汉语学习词典首次清楚标明释义用词使用数量的词典。但据张莹（2022）的考察分析与统计，在《当代汉语学习词典》127531个词例的释义文本中共包含了9063个释义元词，这个数量超出了词典收录的6683个词条，更是远远超出了词典所说的4233个释义元词。

习者提供检索渠道,学习者只要点击黑体字就可以直接跳转到黑体字词条。这种超链接形式不但突破了传统纸质词典音序或部首检索的限制,而且在很大程度上可以化解某些释义用词给学习者理解词项释义造成的困难。此外,也可以将"水"链接到网络媒介中的其他内容,如"百度百科"对"水"的知识介绍,其他网络媒介对汉字"水"的介绍,对"水"资源保护的介绍等等,这些内容拓展进一步丰富了"水"的内涵与外延,提高了学习者对"水"的学习效率。

除了超链接,融媒体词典还可以词云图的形式展示词语的关键用法或搭配,例如通过对名词"电影"的词云图展示,学习者可以清晰地看到与"电影"一词相关的主题词族及其常用的搭配。随着学习者水平的提高,我们也可以通过扩大语料库的规模,获得内容更加丰富的"电影"词云图。例如:

图 1 "电影"词云图示例

词云图为学习者学习词语的主题词族以及常用搭配提供了一种形象的可视化选项,可以设置成静态图,在技术条件成熟的条件下也可以设置成动态生成模式,学习者只要需要,点击一下就可以查询某个词项的词云图。

(五)为实现线上线下互通、不同工具书之间信息共享创造了条件

发展融媒体词典并不意味着完全否定传统纸质词典,二者是此长彼长、优势互补的迭代关系,不是谁主谁次、谁强谁弱的取代关系。传统纸质词典具有很强的物理质感、全本整体感和文化渗透性,能带给读者优越的阅读享受,其主要缺点是携带不便、容量受限、不能及时动态更新以及查阅费时。与此相反,融媒体词典虽然在物理质感、全本整体感和文化渗透性等方面不及传统纸质词典,但具有携带方便、及时动态更新、信息量大、查阅便捷以及可点击收听收看等特殊优势。

融媒体时代背景下,传统纸质词典也面临升级换代的重大机遇和现实需求,纯文本展示形式已经越来越不符合词典用户的心理预期及现实需求。传统纸质词典应该在既有文本显示的基础上，采取图片、符号等展示形式，并以扫码形式建立音频库、视频库，为读者提供了解词义的多种选项。除了释义的多模态显示，也应该建立例语例句的语音配例库，学习者通过扫码可以听到配例的普通话朗读。总之在现有技术背景下，传统纸质词典也可以实现融媒体化，通过点读等方式给读者以基于纸质平面的视听体验。而基于传统纸质词典的线上融媒体词典的开发更应该成为融媒体时代汉语学习词典的主流方向，线上融媒体词典除了具备融媒体化的传统纸质词典的优势以外，还可以在前文提到的内容扩充、内容动态更新、音频视频展示、同类词典资源共享等方面做更深入探索。例如，网易有道词典就采取了同类词典资源共享的形式，集合了《简明汉英词典》《牛津词典》《新牛津英汉双解大词典》《韦氏大学英语词典》《柯林斯英汉双解大词典》等权威词典数据，为学习者了解词项的意义和用法提供多种选项。这种资源共享形式非常值得编纂融媒体汉语学习词典借鉴学习。

再如，Pleco Chinese Dictionary 也是一款比较成熟的网络翻译学习词典。该词典植入了两款免费使用的词典数据——广受欢迎的开源词典 CC-CEDICT（收录反复更新的词条 110000 条），以及有道自己的 PLC 词典（收录 125000 个词条并进行词性标注，以及超过 25000 个带拼音的例句），另有通过付费升级可使用的来自权威出版商的其他二十多款词典数据。Pleco 汉语词典共收录 13 万余中文单词和 2 万余拼音例句，提供即时中文转英文功能，支持手写、语音输入、读取文件直接翻译功能，设置链接和交叉参考（轻松查询汉字组成部分、将词语拆分成单字、查询含某个字的词语、搜索所有词典查看例句），全面支持简繁汉字，词目发音可显示注音字母和拼音（甚至还支持粤语），具有强大的全面的翻译和学习功能，是广受汉语学习者喜爱的一款词典软件。Pleco Chinese Dictionary 也为融媒体汉语学习词典的编纂提供了重要参照和借鉴。

二、汉语学习词典编纂面临的挑战

融媒体时代为编纂融媒体汉语学习词典创造了充满无限想象空间的机遇，但汉语学习词典的融媒化，也面临着无可回避的一些挑战。限于篇幅，我们只谈三点。

（一）传统纸质词典的挑战

融媒体词典的创想是在传统纸质词典诸多问题还没有得到解决的基础上起步的，这些问题同样也是融媒体词典编纂需要面对的难题。

例如，张志毅（2012）曾提出词典编纂需要面对十二个热点理论问题：（1）实用主义、规范主义、描写主义三种主导思想及其有机结合问题；（2）解码词典和编码词典的对比和融合问题；（3）传统释义方法、新兴释义方法及其综合问题；（4）辞书元语言研究及其应用；

（5）语料库研究及其应用；（6）辞书的信息处理与计算词典研究；（7）辞书编纂现代化和辞书的电子化研究；（8）辞书网络化研究；（9）语言和各种知识词典化研究；（10）国际辞书比较研究；（11）读者需求研究；（12）各国辞书史研究，先进经验吸收和借鉴研究。这些宏观层面的问题研究与实践也同样适用于融媒体汉语学习词典。

在微观层面上，融媒体汉语学习词典也面临与传统纸质词典同样的系列问题：

（1）如何科学厘定外向型汉语学习词典与母语者语文词典的界限？如何看待学习词典与语文词典既有本质区别又存在有机联系？

（2）在释义方面，学习词典如何在借鉴现有语文词典的基础上实现创新从而摆脱自身的"内汉"痕迹？换言之，我们对外向型汉语学习词典的内涵与外延的界定还不是很清晰。

（3）如何科学解决词典用户的释义关切？当前汉语学习词典的释义用词几乎完全凭借主观判断，没有一个客观的标准，在这一点上应该广泛借鉴英语学习词典的做法，制定释义用词词表，确保词项释义的释义用词不超出词表范围。

（4）如何在编纂过程中凸显汉语汉字的自身特点？汉字的间架结构及笔画笔顺、汉语语法的意合特征及短语与句子构造规则的一致性、语素构词规则、特有句式等如何在词典中具体体现？

（5）如何同时从让评论家获得愉悦与让学习者获得引导两个角度展开汉语学习词典批评？词典批评作为词典研究的重要分支，主要功能在于对一部辞书做出公正科学客观的评价，从而从整体上推动辞书编纂质量建设，丰富和发展词典学理论研究与编纂实践。当前汉语学习词典批评体系尚未构建，已有相关研究也尚处于雏形阶段。

（6）如何尽快实现出版载体多样化？《2013—2025年国家辞书编纂出版规划》提出"辞书数字化及语料库建设项目，大力提高辞书编纂出版数字化、网络化水平"，汉语学习词典的编纂应该不断完善出版载体的多样化，配套出版基于纸质词典的光盘词典、网络词典、电子词典、手机词典、掌上词典等非纸质形式，同时建立专门的国际中文教育学习词典网站，为词典编纂、词典评论、词典使用提供互动交流平台。（蔡永强，2016）

（二）面向汉语学习词典编纂的语料库建设迫在眉睫

语料库在国际中文教育研究中具有无可替代的作用，目前已开发使用的面向国际中文教育的语料库主要有北京语言大学HSK动态作文语料库、全球汉语中介语语料库，中山大学汉语中介语语料库，暨南大学汉语中介语语料库，南京大学汉语中介语语料库、双语词典研究中心英汉双语平行语料库等。然而，这些语料库相较于《柯林斯COBUILD英语词典》《牛津高阶英语学习词典》《朗文当代高级英语辞典》所依托的"CO-BUILD语料库"等大规模语料库，无论是规模还是基于语料内涵的地域、语域及语体代表性等方面，都逊色很多。例如，"就规模而言，词典编纂用的理想语料库，其字节数量跟词典条目数之比，较合适的量应为

10000∶1。例如，4亿字的平衡语料库，对于编一部收词4万条的辞书较为适用"。"到目前为止，中国既没有理想的语料库，也没有一部来自语料库的真实文本的词典。在这方面，我们比辞书强国晚了近40年"。（张志毅，2012）

面对这种现状，我们不但要继续开发建设新的面向国际中文教育（汉语学习词典编纂）的语料库，而且要大规模扩容现有语料库。只有建成了规模够大、内涵够丰富的语料库，才能为汉语学习词典的编纂提供活语言的真实文本。

（三）信息准确性及适切性定位的挑战

网络信息时代，各种信息来源庞杂、良莠不齐，语料库一般都经过人工化处理，在准确性等方面不会存在太大的问题，但语料库之外的其他文字、图片、符号、语音片段、音频、视频等信息，在准确性、文化代表性等方面往往存在诸多问题。

融媒体汉语学习词典的灵魂就在于融合各类媒体，特别是新媒体形式，这为信息的准确性及适切性定位带来较大的挑战。汉语学习词典是为汉语学习者打造的专门性工具书，对内容的选择具有一定的特殊性，有一些内容出现在母语者学习词典中具有适切性，而出现在汉语学习词典中的适切性可能就值得讨论，例如：

是谁家的牛吃了这块地里的庄稼？∥做事不专心的人，不能开汽车。∥你们抓着偷自行车的人了没有？∥他腰里别了一把刀。(《当代汉语学习词典》(初级本))

这小姑娘长得真好看，等大了奶奶给你寻个人家，好不好？∥房子里没有厕所，你尿在这个盆里吧。∥我都二十九了，已经成大龄青年了。∥他穿着草鞋上山砍柴去了。∥给孩子买点儿好吃的东西解解馋。(《商务馆学汉语词典》)

宁死也要把小孩子抚养成人。∥这块麦子亩产250斤也打不住。∥只怕打着灯笼也找不出这样一个好媳妇儿来。∥他的颧骨很高，看相的说是主贵。(《中日大辞典》)

这些人的心太黑了，连救命的药也造假。∥一盘青菜要上千块钱，真够黑的。∥这油看上去很浑浊，该不会是地沟油吧。∥工商部门严厉打击并依法取缔非法经营场所。(《当代汉语学习词典》)

我们在教学实践中发现，汉语学习者的有些语言表达问题其实来自网络词典，例如Pleco汉语词典，一些用例往往出现一些不符合汉语表达习惯的说法（试以"写"为例）：

写一手匀溜的字∥写一张仿∥终天不停地写∥收到款子，写个字儿给他∥我信笔写了几个字就寄出了∥这两个字写倒过了。

这些"写"的用例是不太符合汉语表达习惯的，要么使用范围狭窄，要么使用时间过时，总之不太适合出现在学习词典中。我们在教学中遇到学生的这些表达，也多半会指出使用存在问题并给予改正。

总之，融媒体词典的"融合"特性决定了信息来源的复杂性，如何确保这些语言文化信息的准确性和适切性是非常值得考量和研究的问题。

三、余论

由于传统纸质词典受到短则三五年长则十几年出版周期的限制,往往词典出版了,其中的某些信息就已接近过时了。融媒体汉语学习词典的融媒性及动态更新性彻底改变了这一限制,我们甚至完全可以说人工智能、网络及大数据等智能技术赋能的融媒体汉语学习词典彻底改变了辞书的编纂生态、传播生态和评价生态,虽然在理论、实践及技术层面上还面临诸多挑战,但"理念演绎辞书"(张志毅,2020),机遇大于挑战,珍惜机遇,正视问题,就一定能编纂出理想的融媒体汉语学习词典。

融媒体汉语学习词典是词典的新形态,并不简单等于电子词典。融媒体汉语学习词典的介质可以是传统纸质辞书的技术化处理,也可以是线上电子词典形式。但无论从制作成本还是使用的便捷性来看,基于互联网的线上电子学习词典都应该是融媒体词典的主要发展方向,因为它几乎满足了词典用户的所有需求和期许。

参考文献

爱知大学中日大辞典编纂所编(2010)《中日大辭典》(第三版),大修館書店。
蔡永强(2006)略论对外汉语学习词典的编写原则,郑定欧、李禄兴、蔡永强主编《对外汉语学习词典学国际研讨会论文集(二)》,中国社会科学出版社。
蔡永强(2011)对外汉语学习词典编纂的用户友好原则,《辞书研究》第2期。
蔡永强(2016)《对外汉语学习词典学》,学林出版社。
杜焕君(2010)教师视角的对外汉语词典用户需求研究:对外汉语词典用户需求调查,《广东外语外贸大学学报》第5期。
胡明扬(1982)《词典学概论》,中国人民大学出版社。
靳海峰(2017)基于内容和用户体验的移动汉语学习调查研究,中国人民大学硕士学位论文。
亢世勇(2020)关于汉语融媒体学习词典的思考:以《当代汉语学习词典》为例,《鲁东大学学报》(哲学社会科学版)第2期。
李泉(2012)国际汉语教学辞书编撰新创举:《汉语教与学词典》评介,载《对外汉语研究》第八期,商务印书馆。
李宇明、王东海(2020)中国辞书历史发展的若干走势,《鲁东大学学报》(哲学社会科学版)第1期。
吕靖(2020)数字时代:纸质辞书的挑战与融媒体词典的机遇,《出版广角》第13期。
唐舒航(2021)融媒体时代数字化词典编纂出版的现状及其问题,《西华大学学报》(哲学社会科学版)第5期。
王还(1994)对外汉语教学:汉语内部规律的试金石——以"反而"为例,《世界汉语教学》第1期。
王兴隆、亢世勇(2021)新时代融媒体汉语学习词典的融合特征及其优化路径:以《当代汉语学习词典》为例,《语言文字应用》第4期。
解竹(2021)浅析融媒外向型汉语词典的发展路径,《传播与版权》第8期。

徐玉敏主编（2005）《当代汉语学习词典》（初级本），北京语言大学出版社。
许舒宁（2021）论融媒体时代对外汉语学习词典的编写与出版，《出版广角》第14期。
杨金华（2006）外国学生未能广泛使用对外汉语词典原因探究，王德春主编《对外汉语论丛》（第五集），学林出版社。
杨玉玲（2021）解码编码双驱动的融媒汉语学习词典编纂理念与实践，《北华大学学报》（社会科学版）第5期。
杨玉玲（2022）融媒时代外向型汉语学习词典编纂理念与实践，《首都师范大学学报》（社会科学版）第2期。
张莹（2022）《基于元语言理论的外向型汉语学习词典释义研究：以〈当代汉语学习词典〉为例》，北京语言大学硕士学位论文。
张志毅（2012）辞书强国：辞书人任重道远的追求，《辞书研究》第1期。
张志毅主编（2020）《当代汉语学习词典》，商务印书馆。
章宜华（2010）汉语学习词典与普通汉语词典的对比研究，《学术研究》第9期。
章宜华（2019）论融媒体背景下辞书编纂与出版的创新，《语言战略研究》第6期。
章宜华（2021）融媒体视角下多模态词典文本的设计构想，《辞书研究》第2期。
章宜华（2022）略论融媒体辞书的技术创新和理论方法，《语言文字应用》第1期。
郑定欧（2004）对外汉语学习词典学刍议，《世界汉语教学》第4期。
郑艳群（2008）理想的对外汉语学习词典模型，《辞书研究》第2期。
兹古斯塔（1982）《词典学概论》，商务印书馆。
Cowie, A. P. (1999) *English Dictionaries for Foreign Learners: A History*, Oxford University Press.
Hartmann, R. R. K. & James, G. (1998) *Dictionary of Lexicography*, Routledge.

（蔡永强　中国人民大学国际文化交流学院　caiyq@ruc.edu.cn）

汉语学习词典称呼语语用信息编纂模式考察与分析

章 欣

摘 要：语用信息是学习词典应收录的重要信息之一，它直接关系到学习者语用能力的提高。文章通过考察三部汉语学习词典对常用称呼语的编纂情况，分析了现行汉语学习词典呈现语用信息的特点，并借鉴英语学习词典的编纂理念与方法，就如何丰富汉语学习词典中的语用信息提出了若干建议。

关键词：汉语学习词典；语用信息；称呼语

随着学习词典编写实践的不断深入，语用信息的编纂逐渐成为词典学研究的新课题。（杨文秀、张柏然，2005）五大英语学习词典都已将语用信息视为词典应收录的重要信息；（荣月婷，2015）国内学者也开始重视语用信息的作用，认为对语用信息的提炼与整理是学习词典编纂过程中无法回避的重要工作，（包诗林，2015）向词典用户传达正确的语言知识和得体的表达方式是学习词典的重要任务。（蔡永强，2016）语用信息处理得是否精当，是衡量学习词典编纂质量的一项具体指标，是评价学习词典功能的重要标尺。（冉永平，2009）

语言的语用信息主要附着在传达情感义和态度义等典型语用信息的词汇上，如称呼语、话语标记语、模糊限制语等。（杨文秀，2005；荣月婷，2015）其中，称呼语作为最基本的交际策略，是影响语言交际活动顺利开展的首要因素，受到词典编纂者的普遍关注。考察不同词典对这类词语的收录、解释情况，将从一个侧面反映汉语学习词典语用信息编纂模式的整体特点。本文以汉语常见称呼语为研究对象，通过考察三部汉语学习词典对其语用信息的收录与呈现方式，拟为丰富汉语学习词典中的语用信息提出若干建议。

一、称呼语的语用信息研究

（一）称呼语的内涵与特点

称呼语，是在言语交际中，处在一个言语事件两端的讲话者和受话者，通过一定的渠道（口头、书面或电讯）交际时直接称呼对方所使用的名称，（么孝颖，2008）是人们用于指代称呼对象、识别身份以及在交际中定位人际关系的符号系统。（刘永厚，2010）它不仅起着选定听话人的作用，而且隐含着参与者的身份、说话人与听话人之间的社会关系、说话人与所

谈及之人之间的社会关系等规约性含义,还体现出说话人的礼貌程度、情绪情感以及说话场合的正式程度等等。(杨文秀,2005)

与表示人们相互之间各种社会关系、社会角色的称谓语相比较,称呼语最突出的特点是处于动态的语言环境中,语言交际过程中的各个变量,如说话者的主观态度、情感、动机和受话者的年龄、性别、身份、地位以及言语事件的时间、地点、场合等,都会影响到称呼语的恰当选择与使用,并传递出不同的语用信息。(么孝颖,2008)如果使用不当,会影响交际双方的关系,更会妨碍交际的顺利进行。

(二)称呼语的语用信息维度

称呼语在语言使用中的灵活性与特殊性,使之成为外语词汇教学的难点之一。其语用信息问题受到外向型学习词典研究者的关注,研究重点主要集中在分析不同语言学习词典对称呼语的处理模式上,涉及汉语学习词典的相关研究还不多见。杨文秀(2005)、于屏方等(2016)就英语、日语、法语等学习词典对称呼语的处理情况进行了系统全面的梳理。概览其研究成果,可以归纳出外语学习词典对称呼语语用信息的分析框架,包括人物关系、熟知程度、情绪情感、说话态度、社会地位、使用场合等。这对分析汉语称呼语的语用信息具有很好的参考价值。

汉语本体研究方面,文秋芳(1987)、荣晶(1994)从社会语言学的角度,讨论了影响汉语称呼语使用的条件,如:与被称呼人的关系、与被称呼人关系的密切程度、被称呼人的性别与年龄、社会地位、使用场合、地域差异等。这些因素是汉语称呼语重要的语用信息,在词典编纂中应予以足够重视。

综合外语学习词典的编纂经验以及汉语社会语言学的研究,笔者认为,汉语称呼语在学习词典中呈现的语用信息应涉及以下9个维度(详见表1)。这些内容是下文分析现行汉语学习词典中称呼语语用信息详细程度的主要依据。

表1 汉语称呼语的语用信息维度

语用信息维度	具体说明
人物关系	显示说话人与听话人之间的关系情况,如亲属关系、同事关系等。
熟知程度	显示说话人与听话人之间是否熟悉、关系是否密切。
情绪态度	显示说话人的感情、态度等,如尊敬、詈骂、戏谑、褒、贬等。
社会地位	显示听话人的社会地位、权力、辈分等。
年龄性别	显示听话人的年龄或性别。
使用环境	显示使用称呼语的环境,如正式、非正式场合,前后搭配等。
语体信息	显示使用称呼语的语体色彩,包括书面语和口语两类。
地域差异	显示使用称呼语的地域范围。
时域信息	显示使用称呼语的时间范围,如古代用语、旧时称呼等。

二、汉语学习词典中称呼语语用信息考察

（一）考察范围与考察对象

1. 考察范围

随着国际中文教育事业的日益发展，外向型汉语学习词典的编纂工作不断推进，在规模和种类上都取得了可观的成果。本文选取其中三部重点考察，分别是：《汉语常用词用法词典》（李晓琪等编，北京大学出版社 1997 年版；简称《常用词》）、《商务馆学汉语词典》（鲁健骥、吕文华主编，商务印书馆 2006 年版；简称《商务馆》）和《汉语 5000 词用法词典》（郭先珍等主编，华语教学出版社 2015 年版；简称《5000 词》）。这三部词典是 20 世纪末对外汉语教学、21 世纪初汉语国际推广以及目前国际中文教育三个历史时期的重要代表，都强调了语言的运用，对词语的语用信息给予了相当的关注，集中展示了国内三大对外汉语教学基地（北京大学、北京语言大学、中国人民大学）在学习词典编纂方面的研究成果。考察它们对称呼语语用信息的收录情况，有助于我们了解汉语学习词典研究领域对语用信息的处理模式，并为今后的词典编纂提供有益的启示。

2. 考察对象

结合汉语作为第二语言教学的实际需要，本文的研究对象从《新汉语水平考试大纲》5000 词词表（简称"词表"）中选取。据初步统计，词表包含称呼语名词 72 个。根据 BCC 语料库的使用频率以及汉语母语者的语感判定结果，有 15 个称呼语在日常交际中最为常用[①]，分别是："阿姨、宝贝、大夫、服务员、姑娘、老板、老师、师傅、叔叔、同学、先生、小伙子、小姐、兄弟、医生"。本文拟对它们在上述三部汉语学习词典中的语用信息进行考察，研究视角涉及语用信息内容收录与呈现方式两个方面。

（二）称呼语语用信息的收录考察

1. 称呼语的收录情况

考察显示，15 个词语的概念意义均被收录于三部词典之中，但它们作为称呼语的词条或用法却未能全部收入。从数量上看，《常用词》收录的称呼语最多，有 13 个，没有称呼语词"兄弟、医生"；《商务馆》收录 11 个，没有收录"服务员、老板、小伙子、医生"；《5000 词》收录的称呼语最少，仅 10 个，"姑娘、老板、小伙子、兄弟、医生"都未列其中。总体来说，词典编纂者对"阿姨、宝贝、大夫、老师、师傅、叔叔、同学、先生、小姐"9 个词做称呼

---

① 词表包含的 72 个称呼语名词，在 BCC 汉语语料库（bcc.blcu.edu.cn）中用例超过十个的有 40 个。笔者请 10 位汉语国际教育专业的硕士研究生对这 40 个词语在日常交际中的常用程度进行了母语语感判定，8 位以上母语者认定为常用的词语共 15 个，即本文的考察对象。

语的情况都给予了一致的关注，但是他们对"姑娘、服务员、老板、小伙子、兄弟"这5个称呼语却重视不够；更为遗憾的是，"医生"作为 BCC 语料库中使用频率较高、汉语母语者普遍认可的常用称呼语，其语用信息在三部词典中竟都未出现。

2. 称呼语的语用信息量

对于词典收录的称呼语，语用信息愈详细具体，愈有助于词典用户对称呼语的正确得体运用。换言之，语用信息量是评估词典称呼语编纂有效性的一项重要指标。依据表1的研究框架，如果某词条的语用信息涉及"语用信息维度"的一个方面，则计数1；不涉及，则计数为0。各项指标的总和反映出称呼语语用信息量的丰富程度。以"阿姨"为例，《商务馆》的处理如下：

阿姨：①对跟自己母亲同辈、年纪也差不多的女性的称呼。认识的或不认识的都可以用：阿姨好｜张阿姨，您去买东西啊？｜阿姨，您买点儿什么？②指托儿所、幼儿园的保育员或家里的保姆，也可以做对这些人的称呼：她毕业以后，当了托儿所阿姨｜您这么大年纪，怎么不请个阿姨帮帮忙呢？｜阿姨，请你把这两件衣服洗一洗。

上述对称呼语"阿姨"的释义中，有对说话人与听话人关系的说明（说话人自己与跟母亲同辈、年纪差不多的女性；说话人与保育员或保姆），对交际双方熟知程度的介绍（认识的或不认识的都可以用），以及对听话人社会地位、年龄性别的解释（与母亲同辈；跟母亲年纪差不多的女性）；其例证中，还提供了称呼语和姓氏共现的使用环境（张阿姨），因此该词的语用信息在"人物关系""熟知程度""社会地位""年龄性别""使用环境"五项均计数为1，即语用信息量为5。

统计15个词在各部词典中的语用信息可以发现，《商务馆》收录的称呼语语用信息最丰富，总量为34；《常用词》和《5000词》涵盖的称呼语语用信息量几乎相当，分别为24和23（如表2所示）。考虑到各部词典收录的称呼语数量不同，按照平均语用信息量（即语用信息总量／收词数量）来比较，《商务馆》《5000词》中称呼语的平均语用信息量要远远高于《常用词》，这从一个侧面体现出进入新世纪以来汉语学习词典越来越重视词语语用信息的趋势。

表2 称呼语词条所反映的语用信息量

语用信息维度[①]	《常用词》	《商务馆》	《5000词》	总　计
人物关系	6	10	8	24
熟知程度	0	1	0	1
情绪态度	4	6	6	16
社会地位	1	1	1	3
年龄性别	4	6	4	14
使用环境	4	9	4	17

---

① 本文考察的15个称呼语，均不涉及"地域差异"维度的语用信息，故统计中略去此项。

续表

语用信息维度	《常用词》	《商务馆》	《5000词》	总　计
语体信息	3	1	0	4
时域信息	2	0	0	2
总　计	24	34	23	81

就具体的语用信息而言，各部词典提供的"人物关系""使用环境""情绪态度"和"年龄性别"四方面的语用信息最为明显，"熟知程度""语体信息"等维度的信息不甚充分，有些维度的信息尽管有所提及，但并不完整。具体表现为：

（1）人物关系不完整。例如，三部词典关于"宝贝"称呼义项的处理，均是"对小孩子的爱称"。但从BCC汉语语料库的数据看，"宝贝"共出现91次，用于长辈对小孩子的爱称32例，占比35%左右；用于朋友间的称呼有59例，占比超过64%，其中36例为恋人之间的昵称。可见，从使用频率的角度看，"宝贝"用以称呼朋友或恋人更为常见，词典对"宝贝"人物关系的解释却忽视了这一点，造成人物关系不完整的局面。

（2）熟知程度不清晰。仍以"宝贝"为例，三部词典都没有清晰地说明使用该称呼语时说话人与听话人之间的熟知程度。BCC语料显示，在称呼小孩子的32例中，家长称呼子女、晚辈的有28例，陌生人称呼孩子的仅4例；而其他用例，全部用于恋人或熟悉的朋友之间。简言之，"宝贝"多在关系密切的人之间使用。这一语用信息如果不明确呈现，可能会影响外国学生的得体使用。

（3）使用环境不充分。称呼语使用的场合是什么、哪些成分可以与之前后搭配是称呼语使用的重要问题，但三部词典对这方面的关注并不充分。比如，三部词典对15个称呼语的使用场合（正式/非正式）都没有涉及；对姓氏与某些称呼语共现的情况，也只是通过个别例句加以展示，并没有清晰、准确地提示与说明。词典中对使用环境的说明不够充分，将制约学生对称呼语的灵活、正确使用。

（4）语体信息不明确。不同类型的交际领域是制约语体色彩的一大因素。根据交际环境精心选择语体色彩与之匹配的词语，对提高语言的表达效果具有积极的意义；反之，如果不熟悉词语的语体信息，使用不恰当，就会使人感觉很不协调。考察发现，三部词典中，只有《常用词》《商务馆》对"大夫、姑娘、小伙子"或"兄弟"的口语用法给予了一定程度的关注；而其他词语应在什么语体中使用，诸词典均未做出明确说明。

（三）称呼语语用信息的呈现方式考察

词典语用信息的呈现方式有宏观结构和微观结构两个方面。在宏观层面上，进入21世纪以来，汉语学习词典对称呼语的处理手段有了一定的发展：相较于《常用词》，《商务馆》和《5000词》两部词典在附录部分分别补充了《汉语亲属称谓表》《亲属关系简表》，专辟一栏对亲属关系的称呼语语用信息进行了集中介绍。这种做法力求宏观、系统地提供亲属类称呼语的语用信息，加强了学习者对亲属关系称呼语的全面认识，也丰富了称呼语语用信息的呈现方式，体现了新世纪汉语学习词典在语用信息编纂方面的进步。

微观层面上，三部词典对称呼语语用信息的呈现方式有三种：释义、例证与注意栏。表3显示，通过例证反映语用信息、体现用法和交际情景是最为常见的手段（如例1）；其次是词项的释义，在解释中加强对用法的介绍（如例2）；用"注意栏"提示用法的手段使用频率不高，只有《商务馆》使用了3次（如例3）。可见，现行词典呈现语用信息的方式手段还较单一，有待创新。

表3 称呼语语用信息呈现方式出现频次

呈现方式	《常用词》	《商务馆》	《5000词》
释义	7	10	8
例证	12	11	8
注意栏	0	3	0

例1 大夫：~，我牙疼（《常用词》）｜大夫，我得的什么病？（《5000词》）

例2 老师：对教师的尊称，也指在某些方面值得学习的人。（《5000词》）

例3 兄弟（xiōngdi）：注意 口语中"兄弟"常用来称呼年纪比自己小的男子，表示亲切：小兄弟，你刚来，有什么需要帮忙的，请告诉我｜兄弟，你去哪儿？｜大兄弟，来一趟不容易，要多住几天，到处玩玩。（《商务馆》）

三、英语学习词典对语用信息编纂的启示

上节的考察结果显示，汉语学习词典在语用信息编纂方面还有很大的提升空间。五大英语学习词典在编纂实践中积累的成功经验，为汉语学习词典的发展提供了很好的可资借鉴的蓝本。参考学习他们对称呼语的编纂模式，有助于提升汉语学习词典对称呼语语用信息的编纂质量。

（一）英语学习词典对称呼语的编纂模式

本节以英语称呼语 sir 为例，考察《柯林斯COBUILD高阶英语学习词典》（第五版）（*Collins COBUILD Advanced Learner's English Dictionary*, 5th Edition，外语教学与研究出版社2010年版；简称《柯林斯5》）和《牛津高阶英汉双解词典》（第八版）（*Oxford Advanced Learner's English-Chinese Dictionary*, 8th Edition，商务印书馆、牛津大学出版社2015年版；简称《牛津8》）两部词典对称呼语的编纂情况。

1.《柯林斯5》中称呼语的语用信息

《柯林斯5》对语用信息的编纂体现在宏观和微观两个层面。宏观结构的前言部分专门设置了"语用学"（Pragmatics）一章，介绍了该词典使用的7个语用信息标签，分别是：

approval（赞成）、disapproval（反对）、emphasis（强调）、feelings（情感）、formulae（客套话）、politeness（礼貌用语）和 vagueness（模糊语言）。称呼语 sir 属于礼貌用语（politeness），词典在微观结构上对它的处理情况如下：

sir (sirs) ① People sometimes say **sir** as a very formal and polite way of addressing a man whose name they do not know or a man of superior rank. For example, a shop assistant might address a male customer as **sir**. *Excuse me sir, but would you mind telling me what sort of car that is? Good afternoon to you, sir.* ② **Sir** is the title used in front of the name of a knight or baronet. *She introduced me to Sir Tobias and Lady Clarke.* ③ You use the expression **Dear sir** at the beginning of a formal letter or a business letter when you are writing to a man. You use **Dear sirs** when you are writing to an organization. *Dear Sir, Your letter of the 9th October has been referred to us.* ◆◆◇ N-VOC politeness N-TITLE CONVENTION

分析 sir 词条，可以看出《柯林斯 5》编纂称呼语语用信息的特点：

（1）义项划分详细、释义具体。《柯林斯 5》将 sir 做称呼语的语用义项划分为两个：义项 1 是对陌生男性或地位较高男性的礼貌称呼，用于正式场合；义项 3 介绍惯用语 Dear sir 的用法，在正式或商务信函中对男性的称呼。在释义方面，不仅包含的语用信息非常详细，如义项 1 涉及 5 个维度，分别是熟知程度（a man whose name they do not know）、情绪态度（very polite way of addressing a man）、社会地位（a man of superior rank）、年龄性别（a man）和使用环境（formal），义项 3 的语用信息有年龄性别（a man）和使用场合（a formal letter or a business letter）两个维度，而且对使用语境也进行了具体的示例说明（如 For example, a shop assistant might address a male customer as sir.），这种做法有助于词典用户结合例证加深对称呼语用法的认知。

（2）语用信息呈现方式清晰。《柯林斯 5》对语用信息的呈现方式，除了"释义+例证"模式之外，还利用页边标注的形式，用 3 个标签显示了称呼语 sir 的使用频率（◆◆◇）、称呼语性质（N-VOC）以及语用功能（politeness）。这样的表达手段，清晰明了、言简意赅，便于词典用户查找和掌握相关信息。

2.《牛津 8》中称呼语的语用信息

《牛津 8》对称呼语语用信息的处理体现在微观层面。其对称呼语 sir 的编纂情况如下：

sir noun **1** used as a polite way of addressing a man whose name you do not know, for example in a shop/store or restaurant, or to show respect（对不认识的男性的称呼或对男性的尊称）先生：*Good morning, sir. Can I help you?* 早上好，先生。您要点儿什么？ *Are you ready to order, sir?* 先生，可以点菜了吗？ '*Report to me tomorrow, corporal!*' '*Yes, sir!*' "下士，明天来向我报告！" "是，长官！" *'Thank you very much.' 'You're welcome, sir. Have a nice day.'* "多谢。" "不客气，先生。祝您愉快。" → compare MA'AM(1) → see also MADAM (1) **2 Dear Sir/Sirs** used at the beginning of a formal business letter when you do not know the name of the man or people that you are dealing with（正式信函中对不知其名的男性收信人的称呼）先生，阁下：*Dear Sir/Sirs* 亲爱的先生/诸位先生 *Dear Sir or Madam* 亲爱的先生或女士 **3 Sir** a title that is used before the first name of a man who has received one of the highest British honours (= a KNIGHT), or before the first name or a BARONET（贵族头衔，用于爵士或准男爵的名字或姓名前面）爵士：*Sir Paul McCartney* 保罗·麦卡特尼爵士 *Thank you, Sir Paul.* 谢谢，保罗爵士。→ compare LADY(6) **4 (BrE)** used as a form of address by children in school to a male teacher（中小学生对男教师的称呼）先生，老师：*Please, sir, can I open a window?* 老师，请允许我打开一扇窗户好吗？→ compare MISS n. (4)

IDM | **no sir!** | **no siree!** (informal, especially NAmE) certainly not 绝不：*We will never allow that to happen! No sir!* 我们绝不允许那样的事发生！绝不会！ **yes sir!** | **yes siree!** (informal, especially NAmE) used to emphasize that sth is true（强调所言不虚）的确：*That's a fine car you have. Yes sir!* 你这辆车真好。的确好！

在发扬《柯林斯 5》优点的基础上，《牛津 8》对称呼语 sir 的语用信息编纂与呈现方式还有进一步的发展：

（1）语用信息更为丰富。《牛津 8》将称呼语 sir 划分为三个义项，除了与《柯林斯 5》的两个称呼语义项相同之外，还增加了英式英语的使用说明，即"（中小学生对男教师的称呼）先生、老师"，突出了语用信息的"地域差异"维度。

（2）呈现方式更为多样。一是运用括注和标签手段"(BrE)"，显示称呼语的使用场合。二是利用"辨析""参见"手段构建了相关称呼语的语用网络：在不同义项下，《牛津 8》将同一语境下语用信息相近的词语放在一起，如在义项 1 释义与例证之后，标注"→辨析 MA'AM（1）"和"→参见 MADAM（1）"；义项 4 后，标注"→辨析 MISS n.（4）"。这样的处理，有助于词典用户将 sir 的不同义项与其他称呼语 MA'AM、MADAM、MISS 联系起来，构建起相关或相近称呼语的语用网络，便于学习者系统掌握英语的称呼语系统。

概括起来看，《柯林斯 5》和《牛津 8》对称呼语的处理模式，对汉语称呼语语用信息的编纂有三点启示：一是要注重宏观结构对汉语语用知识的解释与说明；二是在微观结构释义层面，要更为细致地描写称呼语的使用情况，对语用信息丰富的词语，可增设义项；三是采取多种呈现方式，如标签、括注、参见、辨析等，凸显语用信息。

（二）汉语称呼语语用信息编纂样例设计

受英语学习词典的启发，笔者以"宝贝""小伙子""兄弟""医生"为例，标示其语用信息，拟对汉语称呼语微观层面的语用信息编纂进行一点尝试。

宝贝（bǎobèi）：（名）1.［件/个］珍奇贵重的东西：这个花瓶是爷爷的宝贝。｜他的书法越来越有名，很多人都把他写的字当成宝贝。2.〈口〉〈称呼语〉(~儿) 对小孩子的爱称：宝贝儿，快睡觉吧。｜小宝贝儿，你叫什么名字？**注意**：认识的或不认识的都可以用。3.〈口〉〈称呼语〉(~儿) 对爱人、恋人的昵称，或年轻女性对亲密朋友的昵称：宝贝儿，我保证爱你一生一世。｜宝贝儿，快做饭啊，我饿死了。｜宝贝儿，好久不见了。**注意**："宝贝"多用于非正式场合，表示对爱人、恋人的昵称，说话者男性、女性均可；表示对亲密朋友的昵称，说话者多为年轻女性。（参见张彦，2008）

辨 宝贝、亲爱的：两个词都用于非正式场合的口语交际中，都可表示对爱人、恋人或亲密朋友的昵称。但"亲爱的"还能用于非亲属的熟人之间（如同事或同学之间），甚至陌生人之间（如售货员与顾客），也可以简称为"亲"，使用者女性多于男性，女性间使用多于男女之间和男性之间。（参见符冬梅、易红，2016）

小伙子（xiǎohuǒzi）:（名）〈口〉1. ［个/位/群］年轻的男子：这个小伙子真帅。｜小伙子爱上了一个姑娘。2.〈称呼语〉长辈或年长的人对年轻男子的称呼：小伙子，你今年多大了？｜小伙子，干得不错啊！**注意**："小伙子"多用于非正式场合，认识的或不认识的都可以用。→参见姑娘（见……页）。

兄弟（xiōngdi）:（名）〈口〉1. ［个］弟弟：我有一个兄弟。｜她的兄弟比她小两岁。2.〈称呼语〉称呼比自己年纪小的男子（表示亲热）：兄弟，我对不起你。｜兄弟，麻烦你让一下儿！**注意**："兄弟"多用于非正式场合，可用于熟悉的人，也可用于陌生人。→参见大哥（见……页）、妹子（见……页）。

辨 兄弟、哥们儿：两个词都用于非正式场合的口语交际中，表示亲热，可用于熟悉的人，也可用于陌生人。"兄弟"是对比自己年纪小的男子的称呼，说话者男性、女性均可；"哥们儿"多为男性使用，称呼同辈的朋友或者跟自己年龄差不多的男子。

医生（yīshēng）:（名）1. ［个/名/位］为病人看病的人：他是一名牙科医生。｜这个医生救了我的命。2.〈称呼语〉对医生的称呼（加不加姓氏均可）：医生，救救我吧！｜王医生，我得了什么病？

辨 医生、大夫："医生"可用于书面语、口语，正式或非正式场合；"大夫"多用于非正式场合的口语交际中。

以上四个称呼语的义项解释是否全面、准确还有待语料检验，呈现方式是否科学也需要进一步讨论。但我们相信，词典编纂者在微观处详细说明、简明展示称呼语语用信息，有意识地构建汉语称呼语语用信息网络的这些尝试，将有利于词典用户习得汉语称呼语系统，进而实现准确、得体的交际。

四、结语

本文通过考察三部不同时期的汉语学习词典对称呼语语用信息的处理情况可知，语用信息越来越受到汉语学习词典研究的重视，词典涵盖的语用信息量逐渐丰富、呈现语用信息的方式也有所拓展。当然，在具体词语的处理方面，还存在提升的空间。为有效增加有关词条的语用信息成分、使反映语用信息的方式更加多样，笔者认为，可在以下几个方面继续努力：

第一，拓宽学术视野，关注语言学领域在词（组）、语句和语篇等各个层面的语用研究最新动态，将研究成果有机融入词典编纂之中。汉语词汇语用方面研究的新成果，可为词典编纂提供更为精准的释义信息；而其他语言的语用研究或词典编纂经验，能够为充实丰富词典的语用信息维度提供更开放的视角和研究框架。吸收不同视域的研究动态，有助于提升汉语学习词典词条释义的科学性与准确性。

第二，充分借助语料库的丰富资源，将语料库数据作为编纂词典的出发点，开展基于语料库的词典编纂研究。依托现代汉语语料库的大数据，确保收词、例证、词频信息、搭配信息等方面的科学与合理；对中介语语料库中的学生偏误加以分析，不仅要将外国学生的学习难点收入词典，更要让编写的语用信息能够有效规避偏误，提升词典收录词语和语用信息的针对性。

第三，借鉴五大英语学习词典的编纂理念与经验，充分展现汉语的语用信息、强调词语的实际用法，以切实帮助外国学生提高中文水平。在宏观层面，要合理规划、全面布局汉语语用知识的概述；在微观层面，不断创新和丰富呈现手段，简洁明了地展示各类语用信息，力求在学习词典中构建完整的语用信息网络，促进词典用户从宏观和微观两个角度，既集中又具体地全面习得汉语的语用信息。

参考文献

包诗林（2015）学习型词典语用信息的选择与呈现：兼谈《现代汉语学习词典》的编纂实践，《现代语文》（语言研究版）第 12 期。
蔡永强（2016）《对外汉语学习词典学》，学林出版社。
符冬梅、易红（2016）汉语称呼语"亲爱的"语用功能探析，《伊犁师范学院学报》（社会科学版）第 1 期。
郭先珍、张伟、周行健主编（2015）《汉语 5000 词用法词典》，华语教学出版社。
李晓琪、刘德联、牟淑媛等编（1997）《汉语常用词用法词典》，北京大学出版社。
刘永厚（2010）汉语称呼语的研究路向综观，《语言文字应用》第 3 期。
鲁健骥、吕文华主编（2006）《商务馆学汉语词典》，商务印书馆。
冉永平（2009）词汇语用信息的语境依赖与词汇释义之缺陷，《中国外语》第 2 期。
荣晶（1994）汉语称呼语的使用及其相关因素，《思想战线》第 2 期。
荣月婷（2015）《对外汉语学习词典中语用信息体系构建研究》，苏州大学博士学位论文。
文秋芳（1987）从社会语言学看汉语称呼语的使用规则，《南京师大学报》（社会科学版）第 4 期。
杨文秀（2005）《英汉学习词典中的语用信息研究》，上海译文出版社。
杨文秀、张柏然（2005）英语学习词典中的语用信息研究述评，《外语学刊》第 3 期。
么孝颖（2008）称谓语＝称呼语吗？——对称谓语和称呼语的概念阐释，《外语教学》第 4 期。
于屏方等（2016）《外向型学习词典研究》，商务印书馆。
张彦（2008）小议称呼语"宝贝"，《科教文汇》（上旬刊）第 12 期。
Collins COBUILD (2006) *Collins COBUILD Advanced Learner's English Dictionary* (New Edition)(《柯林斯 COBUILD 高阶英语学习词典》)，外语教学与研究出版社。
Hornby, A. S. (2014) *Oxford Advanced Learner's English-Chinese Dictionary* (8th Edition)(《牛津高阶英汉双解词典（第八版）》)，商务印书馆、牛津大学出版社。

（章欣　中国人民大学国际文化交流学院　zhangxin80@ruc.edu.cn）

《中文教学与研究》征稿启事

《中文教学与研究》(Chinese Language Teaching and Studies)是中国人民大学国际文化交流学院主办的语言学及应用语言学学术年刊,由商务印书馆出版发行,每年一期。本刊以促进国际中文教育学科建设为宗旨,主要刊发面向中文作为第二语言教学及相关领域的研究成果。竭诚欢迎海内外业界同行、研究生以及相关学科的学界同人惠赐佳作。

(一)主要栏目

国际中文教育发展研究;中文教学理论与方法研究;汉语言文字本体与教学研究;专门用途汉语教学研究;文化教学与传播研究;汉语学习词典研究等。

(二)稿件要求

1. 论文字数:以8000—10000字为宜,特殊情况可适当放宽。

2. 交稿内容依次包括:题目、作者姓名、摘要及关键词(摘要以200—300字、关键词以3—5个为宜)、正文、注释(当页脚注用①②③……编号,每页重新编码)、参考文献、作者单位(学校院系)及电子邮箱。

3. 例句:全部用五号仿宋体,用(1)(2)(3)……编号,全文统一编码,并在例句后面用括号注明出处(括注文字用宋体)。

4. 正文引文格式为:吕叔湘(1979:60)……,括注格式为:(吕叔湘,1979:60)。

5. 参考文献格式采用"著者—出版年制"(按作者姓名音序排列),不同文种分列。例如:

蔡永强(2017)《任务与过程:汉语读写教学一体化研究》,北京语言大学出版社。

陈天琦(2021)《互动视角下现代汉语叹词研究》,中国人民大学博士学位论文。

高增霞(2005)从非句化角度看汉语的小句整合,《中国语文》第1期。

李禄兴(2006)单语外向型汉语学习词典的设例,载郑定欧、李禄兴、蔡永强主编《对外汉语学习词典学国际研讨会论文集》(二),中国社会科学出版社。

Dowty, D. (1991) Thematic proto-roles and argument selection. *Language* 67(3): 547–619.

Wilkins, D. A. (1976) *Notional Syllabuses*, Oxford University Press.

6. 投稿要求:来稿请以word. doc和pdf两种格式以附件的方式发送至本刊编辑部邮箱,插图请单独发送原图,图片文件名与文中图题一致。详细格式、体例请参看本刊近期文献。

7. 来稿时请在邮件正文写明:作者信息(姓名、工作单位、职称、学位、主要研究方向),联系方式(通讯地址及邮编、移动电话、电子邮箱)。

8. 本刊实行双向匿名审稿制，评审结果在 3 个月内通知作者，请勿一稿多投。稿件刊用后，赠送样刊两册，并付稿酬。

9. 稿件接收电子信箱：zwjxyyy@ruc.edu.cn。

《中文教学与研究》编辑部

《近代汉语官话方言课本文献集成》出版

乔全生主编、余跃龙编著的《近代汉语官话方言课本文献集成》由商务印书馆出版。该书是国家社科基金重大招标项目《近代汉语方言文献集成》的结项成果之一。

该书辑录了珍藏于日本各文化机构的近代日本汉语教学中具有代表性的教科书 65 种，涵盖一般语言教学以及职业用语教学等多个领域，除个别无法考证年代者，其余课本年代大多在 1700 年至 1945 年间。《集成》以刊印本为主，辑录的文献主要是由近代日本人编写的、用于教授日本民众学习汉语官话的课本，部分由中国人编写、日本出版社刊行的汉语官话方言课本也在本书收录范围之内。《集成》在日本学者六角恒广《中国语教本类集成》基础上，遴选了数十部全中文或是汉日、日汉对译编著的、反映汉语官话方言的课本文献；同时增补了编著者在日本收集的其他汉语课本文献。所收集官话课本文献分属于日本四个时期：（一）江户时代课本文献（10 种）；（二）明治时代课本文献（6 种）；（三）大正时代课本文献（12 种）；（四）昭和时代课本文献（37 种）。这批文献所记录和研究的方言以北京方言及东北官话方言为主，兼有其他官话方言。其口语程度高，内容较为丰富，包含社会生活的各个方面，是研究清末及民国时期北京方言及东北官话方言的语音、词汇、语法及其发展演变的宝贵材料，是我们了解近代北京及东北等地文化教育、民俗信仰弥足珍贵的资料，也是研究国际中文教育史、海外汉学、汉语作为外语教学教材编写等的重要资料。